教|学|新|探|索|丛|书

■ 裴娣娜 李长吉/主编

教学论思辨

JIAOXUELUN SIBIAN

■ 李长吉/著

教育科学出版社

·北京·

总　序

　　改革开放三十年来，中国教学论学科发展进入了新的阶段，在开拓理论视野、转变教育观念以及探索新的研究方式和方法方面取得了许多重大的研究成果，中国教学论学科发展实现了从传统走向现代的历史性超越。

　　这套由浙江师范大学一批中青年学者撰写的《教学新探索丛书》，正是中国教学论学科建设中诸多研究成果之一。这套丛书的主要特点有如下几个方面。

　　1. 多视角聚焦学科前沿

　　丛书不仅涉及学科建设的概念与范畴、理念与方法的问题；而且涉及教学的应用性与技术性层面的问题，主要解决学科建设的实践性问题。针对已经进入研究者视野的教学论原理、体悟教育、学生自主、实践教学、学业评价、信息技术课程实施、数学教学的文化取向、历史教学思想等问题，研究者重新思考其中具有研究范式转变意义的重大变革，这对于促进教学论学科发展具有重要意义。

　　2. 追求原创意义的研究成果

　　近年来，我国教育科学界一直在追求具有原创意义的研究成果。难能可贵的是，相对人们耳熟能详的传统教育思想和教育实践而言，此套丛书的作者们已经初步创建了具有原创性的教育话语体系，如《教学论思辨》一书对教学主体、教学内容、教学历程、教学方法以及教学研究等方面进行了形而上思考；又如《体悟教育研究》，立足于个体文化生命的生成与提升，从认识论角度考察悟性认识现象，关注教育过程中意义的建构；在《自主的学生：学校教学生活中的现实建构》一书中，作者从自我伦理、权利自我、能力技术三个层面，将"学生自主"定位于学生个体的一种学习与生活状态乃至其生存态度和生存方式，实质在于使学生真正成为富有人格尊严、自由精神、独立自主、个性丰富，具有创造性和建设性的自在自为的存在者，成为自我的权利主体和责任主体，等等。这些新概念、新思想、新观点有利于开拓人们的学术视野，引发人们在教学论学科发展的一些基本问题上做更深层次的思考。

3. 基于实践又高于实践，具有对教学实践问题的解释力、预测力和指导性

教学论学科发展研究既需要清晰而独特的理论视角，又需要深入地关注实践，要有对教学实践问题的解释力、预测力和指导性。丛书各册的研究没有停留在直觉的把握、经验的感悟上，而是基于实践又高于实践。研究者从理清结构、把握关系的角度，运用理论对教学现象进行分析、抽象和提炼，依据变革性实践以及对理论逻辑的充分论证，关注理论的原点和实践的原点，提高了教学论研究的学理性与科学性水准。

丛书中这些著作大多数是在博士论文的基础上进一步修改、补充和完善而成的，因此选题精当，议题相对集中，思路明晰，内容翔实，研究方法合理，为进一步深入研究教学理论与实践问题开辟了新的视角和思路。

教学论学科的发展，首先要确立自觉的学科意识，通过专题性研究实现我国教学理论与实践研究在研究主题、价值功能和研究范型三个方面的重要转换，这是学科发展的一项基础性工作。教学论学科问题涉及多个方面，不可能指望通过一套书或几篇论文就可以解决，这套丛书只是一个新的开始，有许多问题尚待进一步深入细致的研究。当然，要全面揭示教学理论与实践若干基本问题的内涵和实质，还需要通过实践不断检验和完善。

未来是美好的，但需要我们去创造。我们期望有更多的中青年学者通过自己开拓性的研究，加快教学论学科的建设与发展。我们要提倡批判、突破与超越，提倡实践、探索与反思，使我们从事的事业不断创新发展，我想，这正是我们出版这套丛书的基本出发点。

裴娣娜

2009 年 6 月

目　录

前　言

形而上的思辨对教学论研究的意义

在科学方法与人文方法名声鼎沸的时代，形而上的思辨似乎已是明日黄花。但从形而上的思辨的历史作用、特征、功能三个方面来看，这种方法对于教学论研究而言，仍有独特意义。当然，本书只是作者对教学问题的一些零星、零散甚至凌乱的思考，与真正意义上的形而上的思辨还有很大的差距，本书名为"教学论思辨"，实为"教学论思考"，思辨或许是笔者追求的境界吧！

一

人们最初对教学的审视起于身临其境的体验，止于对经验的感受与记录，是对教学活动常识性的描述与解释，因此审视的结果往往是直观的、表象的、零散的。当朴素的自然哲学让位于道德哲学、哲学的目光从自然转向了人之后，一些哲学家出于营造、论证或实践其哲学学说的需要，开始关注人的教化问题。从这时起，教学论研究开始置于哲学的羽翼之下，形而上的思辨初露端倪。人们对于教学问题已不满足于常识性的解释，而是从某种哲学观出发，运用思辨方法对教学进行较为深刻系统的阐述，所形成的成果或是其哲学学说的不可分割的组成部分，或是其哲学观的直接推演。柏拉图正是用这种形而上的思辨建立了他理想的教育之国。在《理想国》中，他从其哲学中的政治、伦理及认识论学说出发，演绎了一套阶段明晰、前后衔接的教学体系，详细规定了不同阶段的教学目标、内容和方法。

夸美纽斯《大教学论》的问世，标志着教学论从哲学怀抱中脱颖而出，成为一门崭新的学问。尽管这时的教学论已不再是哲学的附庸，但在研究传统上，研究者们依然秉承了前人开创的形而上的思辨研究。有所不同的是，其后的教学论研究已不再是某种哲学观的直接推演，而是在形而上学观念的支配下，以自然法则或儿童的天性为基点来营造教学理论。在《大教学论》中，夸美纽斯把适应自然作为"事物本身不变的性质"，即不证自明的公理，认为以自然为借鉴是"把一切事物教给一切人们的教学艺术的主导原则"。他反对从互不联系的、肤浅的经验中拾取一些方法来改进教学，认为这种方法是后验的，他"愿意用先验的方法去证明这一切，就是从事物本身的不变的性质去证明"①。在论述教学原则、教学方法、学制等问题时，他总是从他的这一形而上学公理中进行推演："首先，找出自然界的基本法则；其次，从动植物或人类生活中找出反映这种法则的例子，然后，找出当时学校的教学与自然法则相悖谬之所在；最后，指出正确的原则或规则。"②

赫尔巴特认为，"教育学作为一种科学，是以实践哲学和心理学为基础的。前者说明教育的目的，后者说明教育的途径、手段与障碍"③。据此，他从心理学出发论述教学过程、课程等问题。然而，尽管赫尔巴特提倡"对其他的实验科学作一番审慎的考虑"，以免使教育学"成为各学派的玩具"，"像偏僻的、被占领的区域一样受外人的治理"，并企图把心理学作为使教育学科学化的钥匙，但一方面，这时自然科学的研究规范还没有渗入教育学当中，另一方面，这时真正的心理学还没有建立起来，他所寄以希望的心理学仍以形而上的思辨为不二法门，致使他的研究仍未能跳出形而上的思辨的窠臼。

进入 20 世纪以来，以形而上学为本体的哲学逐渐让位于方法论哲学和分析哲学，加上科学主义和人文主义研究范式的勃兴，形而上的思辨研究势头有所减弱。尽管如此，它仍然在一定程度和范围内影响着教学论研究。凯洛夫认为，教育学同其他社会科学一样，离开哲学便不可能建立起真正的科学体系，教育学的一切根本原则都必须建立在哲学原理基础上。④ 他以马克思主义哲学作为观察教学现象、研究教学规律的认识论和方法论，通过理论思辨构建了包含教学目的、任务、过程、原则、方法、内容、组织形式等范畴的教学论体系。凯洛夫主编的《教育学》中译本在我国先后印刷过 18 次，发行上百万册，对我国的教学论研究有着深刻的影响，影响之一就是对形而上的思辨研究的认同。

---

① 夸美纽斯. 大教学论 [M]. 傅任敢，译. 北京：人民教育出版社，1984：3.
② 赵祥麟. 外国教育家评传：第 1 卷 [M]. 上海：上海教育出版社，1992：477.
③ 赫尔巴特. 普通教育学·教育学讲授纲要 [M]. 李其龙，译. 北京：人民教育出版社，1989：190.
④ 凯洛夫. 教育学 [M]. 陈侠，等，译. 中译本. 北京：人民教育出版社，1956：28.

通过上述对教学论研究流脉的粗略梳理可以发现，形而上的思辨曾是教学论研究的主流范式，并且现今仍在发挥着作用，因此，没有理由对它置之不理甚至拒斥于教学论研究的门外。

二

19世纪末，自然科学的发展促进了工业化生产的形成。为获得大量适合工业化生产的人才，教育必须超越哲学玄思，成为一种高效率的规范行为，因而教学论研究者的主要任务开始转向对教学现象进行事实性研究，寻找规律性联系，使教学活动技术化、操作化。在此情形下，形而上的思辨研究遭到了一系列批判。然而，尽管人们颇有微词，却无法否认这样一个事实：无论是在研究教学的整个过程，系统地提出关于目的、内容、方法的综合设想方面，还是在严格地分析各种观念、澄清各种关系方面，形而上的思辨都有着无法替代的作用。形而上学是"表述和分析各种概念、对存在的原理及存在物的起源和结构进行批判性、系统性探究的事业。"① 而"思辨"一词按《大不列颠百科全书》的解释，源于拉丁语 speclum，有"镜子"的含义，可以用来指语言反映潜在于物质世界的真实。对于形而上的思辨，亚里士多德曾有过论述，他认为第一哲学（形而上学）的主题是关于宇宙中首要原理的科学，是关于自身的科学，是关于各种前提或最高原理的科学。而理性的沉思活动则不以本身之外的任何目的为目标，具有较高的严肃的价值。②

形而上的思辨所关注的内容具有间接性，所涉及的问题多不与课堂教学策略、学业成就等现实存在的领域直接接触，而是把目光集中在两个方面：一是范畴、性质、体系、理论构成等"纯粹"理论的内容，二是教学的目的、实现途径、价值、终极关怀等。表面上看，形而上的思辨似乎对教学实践领域漠不关心，而总是在哲学玄思的象牙塔中津津乐道。事实上，它不是不关心教学实践，而是在较高层次上对教学实践给予关注，这种关注虽然不能给教学实践开具处方，提供立即见效的灵丹妙药（事实上这也不是形而上的思辨的任务），但却在关注的同时，苦苦探寻提升或超越现实实践之路。具体地说，形而上的思辨探讨第一方面的问题，目的在于为提出新的、能使教学实践为之改观的综合设想提供赖以依存的理论形式；探讨第二方面的问题则旨在为提出这种综合设想累积材料。一旦形式与内容兼备，形而上的思辨对教学实践的意义就远非一两条立竿见影的建议能比了。

形而上的思辨假定研究者可以直接接触并了解对象，无须借助外在工

---

① 舒伟光，等. 当代西方科学哲学述评 [M]. 北京：人民出版社，1987：274.
② 同①，第274—275页。

具。它崇尚理性力量，主张利用逻辑演绎和理论分析从形而上学观念中获得教学论认识。这些认识的印证一般不能通过实例检验获得，而是通过研究主体的内省，相互间达成理性共识实现的。形而上的思辨所强调的理性是一种理论理性，它不同于科学主义所倡导的工具理性。认同这种理论理性力量对于现代教学理论研究是极具意义的：首先，它可以使研究者在理论研究中摆脱权威与习惯的束缚，增强反思与批判意识；其次，它可以使研究者增强对教学实践的观察与分析能力，在沸沸扬扬的教学实践中保持独立，从而更好地把握教学实践的走向；第三，它可以使研究者清醒地对待历史和国外的教学论研究，并能有选择地消化和吸收其他学科的成果。对于理性，先哲苏格拉底曾作过如此表白："我也怕如果我以眼睛去看着事物或试想靠感官的帮助来了解它们，我的心灵会完全变瞎了，我想我还是求援于心灵的世界，并且到那里去寻求存在的真理好些。"① 这虽然过于夸大了理性的力量，但在任何缺乏理性的时代，标榜理性的力量应是不无裨益的。

三

形而上的思辨在教学论研究中主要承担着整合、规范与创造三种功能。

关于教学论所要探讨的问题，我们可以从心理学、生理学、社会学、人类学、经济学等学科角度进行研究。然而，从不同学科进行研究的结果往往是一系列不同的画面，它们只能从不同角度说明这些问题，难以形成综合的立体图景。通过形而上的思辨，人们可以在思维领域内寻求统一性，从而使这些研究得到整合。逻辑实证主义者认为，形而上的思辨无法用具体的经验来验证，在二者间难以形成一一对应的逻辑关系，因而卡尔纳普宣称，在形而上学领域内的全部断言和陈述都是无意义的。殊不知，形而上的思辨所探讨的是事物的终极与本质，它既包含了一般经验的成分，又超出了一般经验的具体，它是对一般经验的哲学概括，是在观念层面上对具体事实的整合。

形而上的思辨主要通过两种方式来规范教学论研究，即进行批判性反思和提供建议。批判性反思是指研究主体以哲学、逻辑学、语言学、科学学等为背景，以自然科学与人文科学中的规范学科为参照，以研究主体的研究观念为尺度，体察、观照和校验教学论研究，对现实教学论研究进行诊断，透视出其症结所在。提供建议是指研究主体在进行批判性反思后，从认识论基础、逻辑线路、话语系统、概念体系及理论的清晰度与解释力度等角度，以逻辑与历史相统一、认识论与方法论相统一、事实与价值相统一、理论与实

---

① 北京大学哲学系. 古希腊罗马哲学 [M]. 北京：商务印书馆，1961：175.

践相统一等基本方法论原则为依据，对教学论研究的取向做出应然性的判断。批判性反思往往是破坏性的，而提出建议则往往是建设性的。通过这两种方式，形而上的思辨可以经常检讨教学论研究中存在的各种不规范行为，给教学论研究者敲警钟，敦促他们不断地审视和修正走过的路。还可以从更高的角度规划今后的研究蓝图，使研究者归其位、司其职，减少盲目与冲动，增强理性；减少实利与迷信，增加学术性；减少各种违章行为，增强研究的规范性。

形而上的思辨除了进行抽象、概括、总结、反省之外，更重要的意义在于创造。在一种深远的境界中，描绘关于教学的种种蓝图，通过研究主体的深刻感悟来提供典范。这种典范往往是根本性的、恢宏的，提出新的精神，展示新的可能性选择。从"教育适应自然"到"学校即社会、教育即生活"，从"教学活动是一架严密运行的机器"到"学生是教学的主体"，教学理论的每一次进展都离不开形而上学观念的突破。可见，形而上的思辨虽然不是通过提供物质设备或事实性结论来影响教学论研究，却通过创造新的教学信念来控制教学论研究，而这些控制往往是根本性的、决定性的，能够使人们从新的角度来看待和组织经验材料，完成对原有理论的修正或否定。盘点一下教学论研究史上有过杰出贡献的人物可以发现，他们往往是这样一群人：因其以睿智的思想表达了对社会及人生的深刻感悟，当之无愧地戴上了哲学家的桂冠；又因为他们对教学论问题时有青睐，每每引导着人类教学思想的变革，被赋予了教育学家的美誉。这种哲学家兼教育家的双重身份，使得他们的哲学中闪烁着教学论的智慧，也令他们的教学论研究中刻印着鲜明的哲学痕迹。哲学家介入教学论研究，往往会令教学论为之改观，这似乎也可以说明形而上的思辨的创造力所在。

教学论研究与教学实践是两种不同性质的活动，前者以教学活动本身或教学活动的成果为研究对象，是一种理论思维活动。尽管有时这两种活动是在同一活动过程中完成的，但教学论研究也应保持其独立性。适当地进行一些形而上的思辨可以更好地完成对现实实践的超越与提升。当今科学主义与人文主义两种范式此消彼长的竞争给人们造成了一种假象，似乎教学论研究舞台上只有科学与人文共舞。通过上述分析可以确认，决不能忽视形而上的思辨的存在。

四

近几年我对教学论的思考主要集中在五个方面。

围绕教学主体，主要思考了教师、学生两个方面。对于教师，我的思考侧重在教师的知识分子身份、教师的智慧生活两个方面，我感到，当下教师的知识分子身份缺失严重，教师应该追求有智慧的生活。对于学生，我在梳理了学生的主体命运后，强调不应该把学生仅仅当成是受教育者，其领受教育者、获取教育者两个身份也应该得到认同。

围绕教学内容，我主要是对当下流行的几个关键词进行了思考。教学离不开知识，但是知识教学的目的绝对不仅仅是知识或相关的技能，而是应该立足于更高的层面，实现学生由知识到智慧的转化，这是教学价值的最终追求。教学具有文化的使命，其目的是通过教学把学生塑造成为"文化人"而不只是知识的拥有者，讲授文化是课堂教学的责任。回归生活世界也是教学的旨归，回归生活世界的意义、目的、回归怎样的生活世界、怎样回归生活世界等问题都需要讨论。

围绕教学历程，我侧重在对课堂的运行和建设、教学过程的阶段、教学评价等方面的问题进行了思考，认为课堂的运行与建设应围绕三个中心，教学过程应该包含"普遍化""个人化""现实化"三个阶段，三个阶段的价值取向、教学方式等都有所不同。教学评价问题的核心是评价主体和评价内容体系问题，我在本书中试图构建起评价主体的体系与评价内容的体系，并在一定意义上探讨了评价标准问题。

围绕教学方法，我主要思考了反思、建构、对话三种方法。对于每一种方法，我都力图侧重在对其深层次的理解方面予以讨论，这是因为教师如果达成了这种深层次理解，就会发挥自身的实践智慧，创造出操作性的做法。

教学研究问题是我思考得最多的问题，对此，我主要关注了研究起点、研究范式、研究取向等方面的问题。以人的存在方式为研究起点，融通已有的四种范式，处理好研究问题与研究主义的关系等是思考的基本结果。另外，我对于时下流行的叙事研究也做了一点儿尝试。

第一章

教学主体思辨

　　教师除了要做好常规意义上的工作外，还应该回归其知识分子的身份，进而影响整个社会文明的发展。作为知识分子，教师所追求的生活应该是一种智慧生活。学生的身份除了受教育者之外，还是领受教育者和获取教育者，这是确证学生主体的必然选择。

第一节　教师：作为知识分子

　　理解教师的身份可以有多重视角。如从课堂教学的角度，可以认为教师是"传授者""指导者""合作者""参谋"；从学生的角度，可以认为教师是"监护人""朋友"等。这些描述是集中在教师专业领域内部进行诉说的，是对教师作为专业人士的规约。从教师的工作特点、在社会生活领域中的作用和影响来看，我们还应该从知识分子视角来审视教师的身份，也就是相对于专业领域而言，教师知识分子的公共性和人文性。

　　从教师作为知识分子的视角切入，探究教师的身份，不仅可以丰富"教师"这一范畴的内涵，也能对教师的教育实践与社会生活带来启示。特别是近年来，随着教师专业化浪潮的兴起，对教师成为专业人士的呼声越来越高，教师专业的特征与标准、教师专业化的途径等问题成为新近研究的热点。在这种氛围下，无论研究者还是教师本身，都容易因浓郁的专业情结而对教师超乎专业属性的公共特征与人文特征有所忽视，进而影响教师知识分子身份的确认与履行。

　　正是在上述意义上，这里试图对教师的"知识分子"身份进行分析，分析的重点放在对教师履行其知识分子身份状况的反思以及教师作为知识分子的理想诉求两个方面。

一、教师履行知识分子身份状况

　　在一般意义上，受过高等教育、从事着与知识相关的工作、具有一定的专业技能等是知识分子的基本条件，当然，仅仅具备这些条件还不能成为知识分子，作为知识分子还应具备两个条件："第一，一个知识分子不只是一个读书多的人。一个知识分子的心灵必须有独立精神和原创能力。他必须为追求观念而追求观念，一个知识分子是为追求观念而生活，或者说知识分子是以思想为生活的人。第二，知识分子必须是他所在的社会的批评者，也是现有价值的反对者。批评他所在的社会而且反对现有的价值，这是苏格拉底式的任务。"① 也就是说，知识分子"是一群被称为是'社会良心'和'社会

　　① 殷海光. 什么是知识分子？［EB/OL］．［2006－10－24］．http：//www. e-economic. com/info/8103－1. htm.

眼睛'的人。他们是善于独立思考，不断进行反思和批判，不盲从与迷信，能够凭着理性的判断，在强权面前发现并坚持真理的人"①。从上述对知识分子内涵的约定来看，现实我国教师的知识分子身份正在逐渐边缘化甚至缺失。②

（一）公共意识淡泊，退避公共文化而专注学科教学技术

随着社会生活日益多元化，以及社会文化生产能力的提高，过去借以修身养性、陶冶人格的文化越来越成为消费品。从文化消费品的制作者来看，影视制作人、报刊网络传媒工作者、书商、文化经纪人等新的"文化人"都积极参与其中。这些人受他们的经营意识、经济利益的驱动，经常会制作传播一些非教育甚至反教育性质的文化产品，以此影响包括学生在内的大众消费者。在这种形势下，作为受过高等教育、个人修养与境界都较高、且负有教育责任、以教育为生的教师来说，更应该超越自己是某学科教师的角色定位，以一个教育者的襟怀对现今文化进行关注，关心文化的教化价值，引导大众特别是未成年人文化商品的消费，关怀公共领域的文化状态、引领社会文明。遗憾的是，教师越来越远离公共领域，退回到专业和学科之内，以学科专家为追求的理想，谋求自己在本学科教学技术上的成熟与优化，淡化其公共身份，把自己等同于其他专业技术人员。把课程、教学、学生作为全部的关注点，其余事宜则视而不见，在日常学习与进修提高时，只是关注本学科教学的发展状况与技术要求，不重视运用本学科领域内的知识与文化进行公共性质的言说。

公共意识淡漠的另一种表现是缺乏参与公共活动的热情。毫无疑问，学校是教师工作最主要的场所，课堂教学是教师工作的最主要形式，但绝不是唯一的场所与形式。古有智者走四方进行文化传播，如孔子周游列国进行思想宣讲，亚里士多德创立漫步学派进行文明启蒙；近有陶行知等人的生活教育、社会教育。但在当代就很难列举出这样超越专业领域进行文明影响的教师了，这虽然有管理体制上的原因，但最主要的恐怕还是教师孱弱的公共意识。现代的教师往往行走在学校和家庭两点之间，很少在公共媒体上抛头露面，发表的论文、随笔，也仍旧谈的是诸如如何教学生的专业领域内的问题。在传媒技术相对落后的时代，教师工作的场所当然是教室和学校，除此之外很难有展开其工作的机会。科学技术手段的进步，书刊报纸大众化、电

---

① 林建华，李伟. 论 20 世纪 40 年代自由主义知识分子的特征认知及其意义 [J]. 北方论丛，2005（3）：95—100.

② 需要说明的是，这里所列举的三个方面是教师队伍当中的一些现象，不意味着整个教师群体普遍存在这样的问题。

视的普及、互联网的兴盛、各种论坛与集会的增加，等等，都为教师提供了新的工作场所，也孕育了新的工作形式。面对这些虚席以待的场所和富于挑战的工作形式，教师如果仍旧无动于衷，岂不是自动放弃了教育机会？教师职业的灵魂是影响人的发展，对于生活在社会公共领域的学生来说，仅仅来自课堂的影响是不够的，对于教师而言，单靠课堂的影响也是不尽职的。

（二）精神倦怠，习惯低俗生活

教师理应成为理性、自由、真理、正义的维护者，应以引领文明、批判落后、倡导新文化为己任，而不是沉湎于世俗风气中，这样才会在面对社会和学生时，无愧于"教师"这一神圣的称号。但目前在教师中蔓延着低俗的习气，沉沦于之中浑浑噩噩者有之，能够卓然独立不流俗的教师却不多见。

"教师"一词的通常含义，是指有知识有文化的人。在文明程度较低的社会或区域中，教师往往被称为"文化人"。所谓文化人，大意是指除了识字、懂某一学科知识之外，还能就很多方面都有所了解、能够提出新见解、提供新思想的人，能够给人以教化、令人信赖、令人鼓舞的人。以此标准检视教师，会发现教师群体中有一些人其实是有专业知识缺普遍文化的人，是有知识没文化的人。他们沉沦于日常生活中，交际、饮酒、打牌、聊天、看肥皂剧，与周围人的生活贴得很近却缺乏对日常生活的反省与体悟。至于阐释生活的意义，进行日常生活的理性批判，倡导和引领文明生活，等等，都是别人的事。像康德一样对头顶星空的敬畏与内心道德律的检讨，则更是遥远的故事了。本应是文化的制造者、传播者、阐释者，却越来越成为文化的边缘人。教师除了看自己所教学科的书之外，很少看其他的书，甚至教过几轮后就连自己专业的书也不看了，还美其名曰"已经很熟了"。偶尔翻阅文化书籍，也多是通俗杂志或流行小说等文化快餐类的东西，与能够涵养文化、超拔心性、提升人格、砥砺精神的图书基本无缘。

教师通常被认为是有知识、有才智、志趣高雅、富于理想的人，是社会的精英，是社会文明程度的标尺。他们的心思所致、旨趣所在会有意无意地对人们特别是学生产生影响。遗憾的是，当今教师的崇高情怀与为思想而生活的心性越来越薄弱。对社会发展与人类前景宏远关怀、以纯净的心灵对教育问题进行真诚而热情的思考，这些师者本应常思常新的功课，如今很少有人去做了，与之相反，一些教师的功利心态越来越浓厚。盘点一下一些教师的功利行为，主要有两点：第一，爱慕虚荣，把自己当成荣誉的奴隶，为了获得教坛新秀、教学能手、优秀教师、特级教师等称号，不惜抛弃教学的正道去作秀；不惜牺牲个人思考去虚构所谓的论文；抄袭、找人代笔炮制所谓的科研成果；把学生当成获取荣誉的工具，不顾学生的心灵健康成长，把知识以粗糙的方式"填鸭"给学生，以求自己的学生比别人考得好；小学低年级就开始让孩子们像高三学生一样做考卷训练应试能力，对考试成绩不好的学生施以心灵其至肉体的暴力；第二，追求功利，课前准备草草应付，课上信马由缰，把时间与精力用在工作时间外以赚钱为目的的补课、办班上；翻检各种资料拼凑练习册并以"自愿"的方式向学生兜售；与不良商家合谋推销产品；以选班、调座为条件收受家长馈赠；趁节日、生日、婚日之时向学生施以"启发诱导"。

（三）屈从权威，缺乏社会批判意识

在教师所处的权力结构中，教育理论家与相关学科专家是教师直接接触的权威，他们经常以演讲、撰写论文与著作、演示等方式对教师进行引领和指导。权威掌握着教育理论的言说与解释权力，他们通过对理想的教育状态的勾画，运用学术性较强的话语系统，向教师描述"好的教育应该如何"。这些意蕴深远、内涵丰富的思想理论体系无疑对教师发展与教育实践走向有积极的引领价值。但这些思想理论体系真正发挥作用的前提是教师立足于自己教育实践环境与实践能力进行理性反省，通过自己的反思与批判融通教育理论与实践。缺乏反思的功夫，总是认定理论家所言是金科玉律，就会使教师处于一种自惭形秽状态，总是认为自己的观念、能力、技术等有问题，自己没有达到别人的水准，自己作为教师问题成堆，在教育理论家及其描述的教育理论面前，自己似乎是一个罪人。在这种内心压力下，教育理论工作者描绘的各种美好教育，成为教师虚构自己罪恶感的标尺。

在这种状态下，教师对于权威的态度一般会有两种，一是采取极端的做法，以"理论脱离实践"为借口远离教育理论及其传播者，即便迫于行政压力参与了理论学习的活动，也总是保持警惕和戒备心理，与理论保持一定的距离。这种情形一般在变革时期发生在教龄较长的教师身上。这一方面是由于老教师对自己多年教学经验与水平的自信，一方面是源于其面对新理论新思想的不适应感，在这种情形下，他们宁愿退回到经验之塔里黯然神伤。另一种做法经常出现在年轻教师之间，他们为了表现自己"先进"，争先恐后地披上理论的外衣，总是迎合权威的话语方式，刻意模仿理论语言，照抄权威的课堂行为。在说课或撰写科研论文时，为了显示自己已经接近其至达到了权威们的要求，经常是以一段新理论开头，在言说的过程中也是新词不断，全然不顾自己尚未领会的新理论新词语与内容是否一致贴切。

无论是退回到经验之塔里，还是穿上理论外衣，实质都是对权威的无条件服从。对权威的无条件服从构成了教师的"集体无意识"，它导致教师在权威面前俯首称臣，不敢进行反思与理性批判，进而导致了权威及其理论的实践乏力。

在一定意义上说，教师是社会文明的代言人，除了专业领域之外，他还

应对整个社会加以关心。主要是关注两个方面，一是社会事务，二是教育习俗。

随着社会文化日益多元，各种价值标准都在社会上流行，自由、民主、平等、公正、诚信等人类普遍价值受到了冲击，出现了种种不良的社会现象。教师面对这些不良现象，应该承担起"社会良心"的责任，对强权、压迫、愚昧、落后、低俗、虚假等现象进行理性批判，维护正义，坚守道德情操，做社会的"牛虻"。无论时代如何发展，教师的"人类良知与普遍价值的代表"身份是不能放弃的，教师要走出学校，进入社区等领域进行文化常识、价值常识、道德常识的批判与引领，为学生、家长与公众建立一个象征性的新世界，这是教师的重要使命之一。

教育不仅仅是教师的事情，与社会、家长也有着密切的联系。受种种原因的影响，当前在社会和家长群体中流行着一些不良教育习俗，如要求孩子获得好的考试分数，以素质教育为借口让孩子参加各种特长训练，热衷于让孩子参加奥数班、英语班、作文班等课程辅导班，等等。孩子们在学校学习结束后便匆匆忙忙地"上班"，不仅正常的吃饭、休息、锻炼和发展个人兴趣等都受到了冲击和影响，学生对学校里学习的内容也没有了深入思考、回味的时间。教师在这些不良习俗面前应该是立场坚定、态度明确的评论者和引导者，有责任让社会和家长对教育形成正确的认识，引导他们以平和、长远的心态对待社会的竞争与孩子的教育，而不是只管学校里面的事，对于社会不良教育习俗视而不见甚至推波助澜。

二、教师作为知识分子的理想诉求

上述一些教师知识分子身份逐渐边缘化与缺失现象的存在，使得教师在人们心目中的形象打了折扣，产生了"老师，您是知识分子吗？"① 的怀疑。教师知识分子身份的边缘化与缺失，不仅会降低其在公共领域本应发挥的作用，也势必会影响教师在专业领域内部的工作效果。教师作为知识分子的一员，应该承担起其知识分子的责任与道义，履行其知识分子身份。具体说来，教师应在以下三个方面回归其知识分子身份。

（一）拥有公共情怀，引领社会文明

在一般意义上，知识分子"担负着社会和民众的启蒙与教化的功能，追求并确立具有普遍性意义的价值存在，是文化与价值的'立法者'和'裁决

---

① 高志忠，蔡兴蓉. 老师，您是知识分子吗？[J]. 教师博览，2005（10）：26—27.

者'，他们拥有提供有约束力的审美判断、区分价值与非价值或非艺术判断的权力"。① 按照曼海姆的理解，知识分子是"自由漂浮"与"非依附性"（free-floating，unattached）的群体，这种"无根性"可以使知识阶层超越阶级或阶层利益，进而达到普遍、公正的判断和对真理的传播，他们是"漆黑长夜的守更者"。②

作为知识分子的一员，引领社会文明是教师的公共性质的基本要求。教师是属于学生、属于学校的，但同时作为构筑人类社会的一分子，也是属于社会的。在社会生活中，他们扮演着超乎学校与专业的"公共知识分子"角色。所谓公共知识分子是指"越出其专业领域经常在公共媒体或论坛上就社会公众关心的热点问题发表自己的分析和评论的知识分子，或是由于在特定时期自己专业是社会的热点问题而把自己专业的知识予以大众化的并且获得了一定的社会关注的知识分子"③。

一方面，从教师工作的场所来看，教室和讲台实际上就是一类公共媒体或论坛，虽然教师在教室里、在讲台上的演讲内容主要是在专业领域内，但经常会有教师非专业领域的言行对学生产生影响，学生成年后回忆起他们的教师，记忆深刻的恐怕还是那些非专业领域的印象。而且，这类公共媒体或论坛具有电视、报纸、公共演讲厅等无法比拟的未来指向性，具有相对较强的未来社会文化的塑造功能，因为这时的听众，将在若干年后成为法定意义上的社会公民。另一方面，从教师工作的内容来看，教师从事的是知识的传播、交流、应用以及创造等与知识相关联的工作，随着社会的发展和进步，知识越来越大众化，吸引了越来越多的社会关注。教师作为"知识的代言人"，其言谈对学生的社会生活具有极强的导引与暗示作用。因此，教师所守护、倡导的意义和价值，会在一定意义上成为社会文明的导向。

（二）为理想而生活，追求精神独立

知识分子个人修为中最为可贵的，是对精神独立的不懈追求。"士不可以不弘毅，任重而道远。"④ 真正的知识分子往往超越世俗的愿望，以精神的独立为最大的慰藉。他们执著于对真理的追求，具有独立的人格和学术品行。他们为了追求精神的独立，可以远离功名利禄接受贫窘孤寂；可以不逢迎"显学"而专注自己的心性与价值判断。以陈寅恪为例，他完全有机会过上稳定和相对富裕的生活，但为了自己的精神追求，他却选择了"流浪者"

---

① 于文秀. "文化研究"学派的知识分子理论研究 [J]. 学术界，2005（3）：57—68.

② 陶东风. 知识分子与社会转型 [M]. 开封：河南大学出版社，2004：4.

③ 朱苏力. 公共知识分子的社会建构 [J]. 天涯，2004（5）：161—174.

④ 论语. 泰伯.

和"边缘人"的生活；① 在别人追踪历史著名人物的时候，晚年的陈寅恪却特立独行地研究起了历史上绝非著名但却有才气与气节的柳如是，并用十年时间著成《柳如是别传》。

从教师的公共身份来看，教师作为人类灵魂的工程师，在塑造人类灵魂的过程中，首先需要解放自己的精神。正如萨义德所说的："对于公共领域的知识分子来说，最为重要的是超越学术界限的某种独立意识，也即你真正是在用自己的声音并从你自己的信仰意识出发来发言，你可以尽最大努力去不与我们社会的极权者合作。"② 如果教师不能进行独立的反思和判断，不能保持自己的立场，而盲从于习俗，迷信于权威，那么可想而知会"塑造"出什么样的人类灵魂。

对于教师个人而言，精神的独立自有其独特的价值。一方面，教师经常会受到各种力量的冲击。不同的教育理论、理论权威、学科专家都在不断地规划教师的职业轨迹，面对各种言说，教师如果不能审慎地判断和抉择，就会徘徊迷茫、不知所从。另一方面，教师在社会生活中安身立命的根本，是拥有理性化的知识，凭借这种知识，教师在公共生活中陈述观点、裁决争端等思考和判断活动才能有效力，具有权威性。而理性化知识的获得，必须以精神的独立与自由为前提。

（三）代表社会良知，参与社会批判

知识分子是社会的良心，是社会的眼睛，他们往往富有高尚的道德情怀，充满正义、公允与同情心，具有为人类共同的理想与普遍价值孜孜以求的热忱。正是对于这种社会角色的忠诚，知识分子才能获得大众的赞誉。尽管在后现代主义者看来，以"宏大叙事"为特征的人类能够普遍认同的价值与知识正在随着多元时代与"读图时代"③ 的到来而瓦解，作为正义与真理的代言人的"普遍知识分子"的神话破灭了，但知识分子的"社会良知的代表"的身份仍是多数人对其的期待。除了前文曼海姆关于知识分子的"自由漂浮"特征的论述肯定了知识分子能够进行普遍、公正的价值判断外，葛兰西的有机知识分子论突出了知识分子在塑造公众"常识"方面所具有的关键性作用；古德纳认为知识分子本身就是一个新的阶级，他们拥有"文化资

---

① 在萨义德看来，"流亡这种状态把知识分子刻画成处于特权、权力、如归感这种安适自在之外的边缘人物"，他认为真正的知识分子应该是"放逐者与边缘人"。参见：爱德华 W. 萨义德. 知识分子论 [M]. 单德兴，译. 北京：生活·读书·新知三联书店，2002：53.

② 于文秀. "文化研究"学派的知识分子理论研究 [J]. 学术界，2005（3）：57~68.

③ "读图时代"是后现代主义者的观点之一，认为在当代社会，用以宣讲真理与普遍价值对人进行规劝训诫的阅读文本正在被图像、符号所替代，图像、符号越来越成为人们的阅读对象，在这种阅读对象面前，每个人的理解都是合法的。

本"，有共同的"批判性的话语文化"；萨义德更是呼吁知识分子的"业余性"，呼吁其不要受专业的限制，应当寻找共通的观念和价值。法国学者德布雷关于知识分子的定义，更能说明知识分子的社会良知身份："所谓知识分子，就是创建、传播、重复或改变文化象征、文化形象的人，他们控制着象征、符号和意义系统。"①

通常，知识分子总是生活在社会政治经济体制和基层社会组织内部，积极地入世、审查社会现状、针砭社会时弊和谋求社会进步是知识分子应尽的义务，正所谓"士之仕也，犹农夫之耕也"②。"知识分子"一词在法国的出现，是源于"德雷福斯事件"：犹太军官德雷福斯在受到国家不公正的待遇后，以左拉、雨果等人为代表的文人为德雷福斯辩白。这批具有批判意识敢于为正义批判当局的人士，就被称为知识分子。这在一定程度上表明了"知识分子"一词的原初含义中有"勇于社会批判"的意味。从对知识分子的社会期待来看，他们不是封闭在专业领域内、对社会没有超乎专业之外的影响的单纯专业人士，而是具有批判精神和反抗意识的人，是公众的"意见领袖"。他们"掌握着理性批判的武器，具备为正义而献身的勇气，以'我不下地狱谁下地狱'为口号，宣告'挑战一切传统和权威'"③。

教师作为知识分子，更应成为社会良知的代表，因为他们的常规性工作内容之一，就是宣讲和传递社会生活中的真理、正义与公理。在授业、解惑的同时传道，在表述渊博知识的同时，传递德高、身正的信息。从苏格拉底的"美德"到柏拉图的"正义"，从孔子的"仁"到孟子的"浩然正气"，无不表达着社会良知。"教师"之"教"，按《中庸》的解释，就是"天命之谓性，率性之谓道，修道之谓教"；"教师"之"师"，按照传统理解，有"经师"与"人师"之别，人师则是教师的理想形象。所以，教人以道才能称为教师。不能传递和代表社会良知的教师，或许只能称为经师。

在我国传统的士、农、工、商社会结构中，教师属于士阶层，他们在国家权力结构中拥有一席之地，历来有"家事、国事、天下事事事关心"的情结与行动。进入现代社会以后，虽然知识分子经常处于权力的边缘，是"统治阶级中的被统治者"（布迪厄语），但这并不能成为知识分子逃避社会批判责任的托词，他们拥有独特的符号系统与思想价值体系，这是知识分子进行社会批判最为锐利的武器。呼唤正义与善的《理想国》、传言掌握半部就可以治天下的《论语》、宣讲出世无为却时时为治国治民担忧的《老子》《庄子》等，都是知识分子进行社会批判的典范。

---

① 陶东风. 知识分子与社会转型 [M]. 开封：河南大学出版社，2004：13.

② 孟子·滕文公下.

③ 董红霞. 经济转型时期的中国公共知识分子 [J]. 集团经济研究，2005（8）：37—38.

自后现代主义者福科、利奥塔等人宣告了元叙事的危机并对知识的合法性提出质疑以后，以宣讲真理与普遍价值为工作目标、以知识的合法性为其工作前提的教师，势必出现价值困惑与精神游移。加上市场经济所引发的文化的商品化与消费品化，对科学与技术的钟爱所导致的工具理性的盛行，不断增加的专业压力对教师时间与精神自由度的侵占，使得教师作为知识分子的公共性与人文性发生萎缩。但是教师不应该因此而自怨自艾、随波逐流，教师所应操守的社会角色要求重建其知识分子身份，向公共领域复归。教师要保持其独立精神，调整世俗心态，提升利益标准，创造和丰富新的文化，以传播理性知识与普遍价值为己任，坚持启蒙与教化的传统，为社会文化立法，真正成为社会的良心与意义的守护者。

第二节　教师的智慧生活

考察教师的生活状况可以发现，教师或多或少地过着缺乏智慧的生活：依顺社会的风俗习惯，在生活河流中随波逐流，对于自己的所作所为缺乏了解和意义解释，不能在所做事务与个人之间建立意义联系，缺乏对个人生活的畅想和追求，不能对生活进行反省和创造，等等。这种缺乏智慧的生活状况在教师的日常生活与教学生活中都有不同程度的表现，探讨教师的智慧生活，对于提高教师的生活质量与教学质量应该能够有所帮助。

一、智慧生活的意义

智慧生活就是知道自己无智慧但不沉溺于这种境遇中，转而追求智慧的生活，是不断地智慧起来的过程，是经历智慧、为智慧所苦恼、不断超拔自身智慧的过程。具体到教师身上，智慧生活需要从日常生活与教学生活两个方面进行理解。

教师的智慧生活就是身处日常生活中，能够对生活进行理性审视与自我反思，不断对自己的生活进行超拔，使生活的本身成为追求智慧的过程。但在教师的日常生活中，功利性的诱惑、消遣式的娱乐、无所事事的交往，以及不断增加的职业压力、周而复始的工作、错综复杂的人际关系、日益增加的社会期待等，使得他们经常不自觉地流于世俗生活。由此，教师的生活变得感性化了，"跟着感觉走"成了教师的无意识选择。

在教学生活中，面对常规课程与教学习俗，教师的智慧生活是指如下三种状态：第一，生活在"此在"中的时候，不为具体繁杂的现实教学生活所累，也不因暂时的成功而沾沾自喜、停滞不前，而是充满对无限的敬畏和渴望；第二，身在教学生活中，既能对教学活动和事件进行规划、管理和实践，又能在思想上超越现实教学生活，认识到现实教学生活的种种局限，愿意为未来美好的教学生活付出努力，而不是面对各种局限自怨自艾；第三，在这种对无限丰富的教学生活的追求过程中，不断探索、尝试，经历挑战和创造，一次次完成对自身认识和现实实践的超越，不断经历和品味困难与成功喜悦。

教师的日常生活之所以应该成为智慧生活，是因为缺乏理性的生活会使教师无法把握生活世界的真谛，会使得生活目标游离、缺乏动力。"太忙碌于现实，太驰骋于外界，而不遑回到内心，转回自身，以徜徉自怡于自己原有的家园中。"① 这样的生活对于教师来说只能是生存，而不是真正意义上的生活。超越感性生活，运用理性为自己建设一个美好的精神家园，可以使教师在日常的感性生活中不断觉悟和领会，进而"形成了自我的理解和对生活的环境、目的、意义的把握，形成了自己的生活哲学，说到底形成了自己的实践的生活智慧"②。此外，教师作为社会的"知识人"与"文化人"，在一定意义上也代表着"智慧人"，这种社会期待也需要教师塑造自己的智慧生活，从而对公众社会生活进行智慧引领。

教师的教学生活应该成为智慧生活是因为：第一，课程本身就是人类智慧的结晶，课程作为教师生活的重要内容，需要教师不断领略前人的智慧，挖掘前人的智慧思想，而不是简单地用"知识"来简化课程；第二，教师的教学不是简单机械的重复性劳动，他们的教学设计与实施是对饱含智慧的内容的转译与传递，期间教师会不断受到各种智慧挑战，这些挑战需要教师努力使教学设计和实施充盈智慧；第三，教师肩负着涵养学生智慧的责任，在这种智慧性任务的压力下，教师应有不断求索智慧的动力；第四，教师在本质上是一种设定性存在，是为了学生的未来而由社会设定的，在这个意义上，教师是学生的未来，由此，教师开始热爱智慧、追求智慧，因智慧的无止境界无法企及而为智慧所痛苦，这些智慧体验虽然是教师自己的历程，但其实也是在成就学生的智慧生活。

二、智慧生活的样式

教师智慧生活的样式可以从生活目的、生活意义和生活方式三个方面进

---

① 黑格尔. 小逻辑 [M]. 贺麟，译. 北京：商务印书馆，1980：31.

② 金生鈜. 理解与教育——走向哲学解释学的教育哲学导论 [M]. 北京：教育科学出版社，1997：41.

行描述。

（一）以智慧为生活目的

随着社会生活多元化时代的来临，各种各样的价值取向存在于生活之中，教师曾经熟悉和习惯的生活目的面临各种挑战，教师不同程度地出现了价值困惑。"眼前各种熟悉的形式日趋解体所引起的痛苦心情，对神经脆弱的人，可以使他感到终极的实在不过是一种混乱，但对神智坚强、见识远大的人，却能使他体会到这一真理：动乱迷离的现象世界不外乎是一种假象，决不能掩蔽存于其背后的永恒的统一。"① 遗憾的是，一些教师成了神经脆弱的人，因感到生活目的的混乱而失去了对终极实在的信仰和追求，转而趋向暂时性和过于现实化的生活目的。表现在日常生活方面，是讲求功利、贪图安逸、认同低俗文化，以"打发日子"的心态对待生活，缺乏对生活目的的高远追求，不对生活目的进行反省；表现在教学生活中，则是忙于应付各种教学事务，以完成工作为目的，被动接受教学生活的种种局限和不理想状态，缺乏对教学生活的反审和超越意识。

智慧是一种境界。"智慧之境并不是一种抽象的精神形态，也没有任何神秘之处，它之与人同在，即'在'主体以道观之的求真过程、'在'从心所欲不逾矩的向善过程、'在'合目的性与合规律性相统一的审美过程之中。总之，主体的存在融合了其境界，境界本身又在主体现实地、历史地'在'中得到确证。"② 把智慧作为生活的目的，就是不断向智慧境界靠近。当然，以智慧为生活目的、对永恒无限的智慧的追求或许不能直接带来实惠和利益，"但是爱好永恒无限的东西，却可以培养我们的心灵，使得它经常欢欣愉悦，不会受到苦恼的侵袭，因此，它最值得我们用全力去追求，去探索"③。

（二）不断询问生活的意义

生活是否有意义，生活有哪些意义，怎样的生活才是有意义的，这些对生活意义的询问对于生活者是极为重要的，否则，就会失去生活的方向与动力，使得生活沦落为简单的生存。"人被宣称为应当是不断探究他自身的存在物——一个在他生活的每时每刻都必须查问和审视他的生存状况的存在物。人类生活的真正价值，恰恰就存在于这种审视中，存在于这种对人类生

---

① 汤因比. 历史研究：中 [M]. 曹未风，等，译. 上海：上海人民出版社，1997：319.
② 杨国荣. 理性与价值——智慧的历程 [M]. 上海：上海三联书店，1998：443.
③ 斯宾诺莎. 知性改进论 [M]. 贺麟，译. 北京：商务印书馆，1960：20.

活的批判态度中。"① 在教师的生活中，运用每个人独特的视角来寻找、品味和建构生活的意义，用各自生命的独特内涵来悦纳生活，这才是真正的生活，也就是智慧的生活。

询问生活的意义表现在日常生活方面，是能够审视各种事件与活动对于自身的价值，并能够不断对生活的意义加以提升。按照冯友兰先生的理解，正是各种意义合成一个整体，构成了每个人的人生境界，依次为自然境界、功利境界、道德境界和天地境界。② 其中，天地境界可以理解为智慧境界。在日常生活中不断询问生活的意义，就是不断地由自然境界向天地境界靠近。

表现在教学生活方面，询问生活的意义是能够在课程教学活动与学生以及教师自己之间建立起意义联系，使教学不仅仅是工作或活动，而是师生有意义的生活的一部分，从而使教育成为"人对人的主体间灵肉交流活动，包括知识内容的传授、生命内涵的领悟、意志行为的规范，并通过文化传递功能，将文化遗产交给年轻一代，使他们自由地生成，并启迪其自由天性"③。而不是"像训练家犬一样地训练学生，把他们拖入自己粗劣的知识框架中，利用分数、考试以及学生对于失败的恐惧心理来束缚青年人的头脑"④。

（三）以创造的方式生活

智慧生活是可能性生活，当某方面变成现实生活后，又孕育着新的可能性，所以它永远是对可能生活的追求，这是由智慧的无限性所决定的。"尽可能实现各种可能生活，这是一个关于幸福的价值真理。"⑤ 同时，智慧生活是无限延展的，对智慧的追求永远不可能穷尽。"生活世界原则上是一个直观给定的世界。当然，给定，只是在它的流动着的边缘域的流动和起伏中的给定。"⑥ 作为可能性的和无限延展的智慧生活，最为恰当的生活方式就是创造。通过创造，教师一方面可以使生活回归其可能性与无限延展性，避免单调重复的机械生活，另一方面又可以创造出新的生活，创造出新的生活意义和生活方式，使自己始终处于新的生活状态中。在现今社会中，"社会秩序产生强有力的形式，使得个人几乎根本意识不到可以按照自己的决定生活，

① 恩斯特·卡西尔. 人论 [M]. 甘阳，译. 上海：上海译文出版社，1985：8.
② 冯友兰. 中国哲学简史 [M]. 北京：北京大学出版社，1996：291.
③ 雅斯贝尔斯. 什么是教育 [M]. 邹进，译. 北京：生活·读书·新知三联书店，1991：3.
④ 王治河. 扑朔迷离的游戏——后现代哲学思潮研究 [M]. 北京：社会科学文献出版社，1998：239.
⑤ 赵汀阳. 论可能生活 [M]. 北京：生活·读书·新知三联书店，1994：118.
⑥ 加达默尔. 哲学解释学 [M]. 夏镇平，等，译. 上海：上海译文出版社，1994：190.

其至在他个人生活的私人领域也是这样"①。教师虽然在秩序中生活着，但不能因此就放弃自己决定自己生活的权力。以创造为生活方式追求智慧生活，是在秩序中寻求自由的通衢。教师的生活方式是自我选择的结果，除了社会秩序外，在物质贫乏的环境中，在职业压力日渐增加的条件下，在社会生活充斥感性与实利的氛围里，仍然可以选择创造这一生活方式。选择的决定性力量是价值观，当然，这种价值观是关于生活方式的价值观。

创造作为生活方式，表现在教师日常生活中，主要是深刻理解生活，创造新的文化。与常人一样，教师的日常生活也是由各种事件与关系构成的，但作为知识分子而非大众常人，除了要应付这些事件与关系外，教师还应对生活内容进行抽身反省，对事件与关系进行个人化的理解。通过个人化的独特理解，教师可以发现和创造出生活的独特内涵，当这些独特内涵以言语或文本的形式说出来时，也就形成了新的文化。这些新文化不仅可以涵养教师自己的智慧，提升个人的修为，而且对于教化社会、引领文明也有着必不可少的价值，尤其在消费文化、快餐文化日益泛滥的今天，这些来自生活的智慧更具有深远意义。

表现在教学生活中，创造作为生活方式体现为创造性地对待知识与教学。目前，"我们处在一个史无前例的知识极大丰富的时代，但与此同时，我们的认识也已经奄奄一息了"②。为此，一方面，面对日益丰富的知识，教师必须经过反思、加工和整合这些创造性活动后，才能有效地进行传授，进而提高教师自己与学生的智慧水平。另一方面，"教师既是教育研究者，又是教育过程的计划拟定者、教育过程的创造者、教育学领域的科学创造的参加者"③。创造是教师的属性之一，只有在创造中，教学活动才能富于生机与活力，才能成为智慧活动。此外，在教学生活中，教师还应当给学生以更多的创造的机会，使学生参与创造当中，发展他们的智慧。"教师的职责现在已经越来越少地传递知识，而越来越多地激励思考。除了他的正式职能以外，他将越来越成为一位顾问，一位交换意见的参加者，一位帮助发现矛盾论点而不是拿出现成真理的人。他必须集中更多的时间和精力去从事那些有效果的和有创造的活动：相互影响、讨论、激励、了解、鼓舞。"④

---

① 加达默尔. 哲学解释学 [M]. 夏镇平，等，译. 上海：上海译文出版社，1994：111.

② 埃德加·莫兰. 方法：思想观念——生境、生命、习性与组织 [M]. 秦海鹰，译. 北京：北京大学出版社，2002：101.

③ 斯卡特金. 中学教学论——当代教学论的几个问题 [M]. 赵维贤，等，译. 北京：人民教育出版社，1985：361.

④ 联合国教科文组织国际教育发展委员会. 学会生存——教育世界的今天和明天 [M]. 华东师范大学比较教育研究所，译. 北京：教育科学出版社，1996：108.

三、智慧生活的方略

教师怎样过智慧的生活，这是一个非常复杂的问题，很难给出全面的回答，但至少下列建议应该是有益的。

（一）构筑知识基础

"智慧是掌握知识的方式。它涉及知识的处理，确定有关问题时知识的选择，以及运用知识使我们的直觉经验更有价值。这种对知识的掌握便是智慧。"① 因此，追求智慧生活的首要条件就是要不断获取知识，以知识构筑智慧的基础。这里的知识基础有两个方面的要求，一方面，这种知识基础是无止境的，需要教师持续不断地补充和完善。"只有神才拥有智慧，人只能爱智慧"，虽然这种说法有些消极，但也道出了智慧的一个秘密：智慧具有无限性，是一个不断追求的过程，没有终点。自认为自己已经具有智慧的人，其实是没有智慧的人，像苏格拉底一样"自知无知"，是不断接近智慧的前提条件。另一方面，智慧只有在心智运作过程中才能发生，单纯的积累知识、单调的重复，熟练程度的训练都不会获得智慧。智慧产生于自我对知识的领悟，领悟的过程就是由一个知识人成为智慧人的过程。领悟知识的有效途径是学习哲学，哲学是爱智慧的学问，是对知识的综合融会，是针对具体事务的观念反思，它的终点是对人生的了解感悟。

（二）提升道德涵养

除了知识基础外，达到智慧境界的另一个必要条件是提升道德涵养，这是由智慧与道德的密切关系所决定的。正如孟子所言，"仁之实，事亲是也；义之实，从兄是也；智之实，知斯二者弗去是也"② 荀子也认为"是是、非非谓之知，非是、是非谓之愚"③。在伦理道德修养达到一定境界以后，也就涵养了智慧。至真、至善、至美是伦理的最高标准，其实这也可以看作是智慧的标准。

在西方哲学中，哲学的意蕴是爱智慧。在中国哲学看来，哲学是明智的意思，至于达成智慧之境，则需要一个成圣的环节，也就是将明智赋予道德与人格，使明智道德化、人格化。因此，教师追求智慧生活的过程，不单是理性明晰、思维通达，还要注入道德与人格才能智慧起来。一个过着智慧生

---

① 怀特海. 教育的目的 [M]. 徐汝舟，译. 北京：生活·读书·新知三联书店，2002：54.

② 孟子·离娄上.

③ 荀子·修身.

活的教师，其理性与思维自不必说，其道德与人格的功夫也是不可或缺的，理智界、道德界、人格界达成一致，不断提升，这就是智慧生活。以孔子为例，其生活是智慧的，这种智慧是仁且智的，单有智，则生命中有晦暗的角落，仁且智，则整个生命通体澄明，这种附加了道德强度与人格强度的明智，正是教师与常人不同的要求，因为他要影响人，就必须以道德与人格作为支撑，单有理智是绝对不够的。

（三）精神上与现实生活保持距离

智慧生活属于精神文化生活范畴，追求的是理想层面的生活意义，这种生活需要以经济、政治等现实生活为存在基础，因而也容易受到现实生活的牵制，现实生活中的各种力量、规则、习俗，都会在一定程度上对教师的精神和理想形成限制其至控制。如果教师在这些限制面前不能与之保持必要的张力，就会使自己的精神陷入现实生活中不能自拔，智慧生活也就无从谈起。教师要想过上并引领真正意义上的生活即智慧的生活，"至少需要在精神上与日常事务的惯例和压力保持距离"①。当然，追求智慧的生活不是要教师脱离现实生活而远遁山林，而是为了从超越现实生活的视角关注和审视现实生活，摆脱自满和狭隘。以教学生活为例，保持距离并不意味着抛弃现实教学活动，转而专注内心的玄思冥想。教师要在教学生活中摆脱把教学当成单纯职业任务的这一狭隘认识，并在教学活动中进行不断的反思和领悟。追求智慧的生活不是在教学生活之外的追求，而是使教学生活本身变成追求智慧的过程。

（四）以智慧心态面对课程与学生

课程与学生是构成教师生活的两个不可或缺的元素。教师过智慧的生活，使生活成为领略智慧与追求智慧的过程，就必须以智慧的心态来对待这两个元素。教师每天面对的课程是人类知识、精神与文化的结晶，是人类的智慧。直面人类积淀下来的智慧，对这些智慧进行选择、重组、传播、再塑造是教师的神圣使命。如果教师不是以对智慧的虔敬来对待课程，不是以传播和涵养智慧为出发点来教授课程，而是仅仅把它当成是通常意义上的知识，以粗劣的方式进行宣讲和灌输，那实在是对人类智慧的肢解。教师每天面对的学生，是人类智慧的承载者、继承者与创造者，是他们保证着智慧之光绵延下去。如果教师不能以智慧的内容教导他们，不能以智慧的方式引领他们，不能以智慧为目的塑造他们，而是把他们当成知识容器，或者当成

---

① 弗兰克·富里迪. 知识分子都到哪里去了 [M]. 戴从容，译. 南京：江苏人民出版社，2005：30.

"建构者"任由他们凭借对生活的肤浅认识与狭隘的个人经验进行"自我建构"，都是对智慧流脉的扼杀。

总之，"人的智慧，不管从哪里起，只要是真诚与谦虚，总是在长远的过程与广大的层面中开发出的。只要解悟与智慧开发出，一旦触及，总是沛然也"①。智慧生活是不断地契悟，是不断地虔敬，是一种内在的超越企向。所以教师的智慧生活没有终点，是对"不为尧存，不为桀亡"②的"天行有常"之"常"的追求过程，也就是爱智慧的过程。如果非要描绘出教师智慧生活终点的话，较为恰当的说法应该是"与天地合其德，与日月合其明，与四时合其序，与鬼神合其吉凶"③。这种高度的和合境界应该是终极的、圆润的智慧境界。

第三节　学生：不只是受教育者

用"受教育者"这一词语来指称学生已经难以涵盖"学生"的丰富内涵。学生是受教育者的同时，还具有"领受教育者"与"获取教育者"身份，学生的三种身份对教学活动与教师身份提出了相应的要求。

一、质疑"受教育者"称谓

在教育工作者的话语系统中，通常用"受教育者"这一词语来指称学生。这种对学生的称谓在过去以"授受"为基本甚至唯一的教育活动样式时期，或许不会引起怀疑和争议，但在以课程改革为标志的教育新景观时代，它已经难以涵盖"学生"的丰富内涵。④

"受教育者"称谓之所以不能涵盖"学生"的丰富内涵，是因为这个称谓至少表达和传递了如下四种信息。

第一，从师生关系来看，这一称谓意味着教师与学生之间是主体与客体的关系。学生是受动的客体，是教师施加教育活动的对象。教师规划、控制

---

① 牟宗三. 中国哲学的特质 [M]. 上海：上海古籍出版社，1997：8.

② 荀子·天论.

③ 易经·乾卦.

④ 正如吴康宁教授所言："学生是具有超越性的受教育者，在师生互动的具体教育场景中，学生常常会在实际上变为'非受教育者'，并有可能在实际上充当'教育者'。"参见：吴康宁. 学生仅仅是受教育者吗？[J]. 教育研究，2003（4）：43—47.

着教育活动，学生只能遵照教师的意愿与指令行事。在这种意义上，所谓的民主、平等、对话等新型师生关系的建立缺乏现实化的土壤。

第二，从教学形态来看，教学是教师自己发布信息的活动，"受教育者"是听众。仔细、谨慎、忠实地聆听教师的话语是学生的全部职责；清晰、准确、生动、形象、具有艺术性和感染力几乎是对教师教学技能的全部考查标准。在这种教学形态下，交流、合作、分享、探究、体验等新的教学方式也难以保证必要的空间和时间。

第三，从教学活动设计来看，教师是设计的唯一主体，学生是教学设计的对象。从课程目标到内容的选择与安排，教师具有相当大的课程权力，学生是教师整个安排中的一个受动对象，教师的价值取向与方法论是教学活动设计样式的决定性力量。由此，学生由活生生的人对象化为一个静态的、等待被安排从而才能受到教育的机械性的存在。可见，在"受教育者"这一命题下，学生是"课程目标设计的参与者""课程资源的开发者""创生课程的主体"等理念，只能是浪漫主义者的美丽诗篇。

第四，从教学评价来看，教师与社会包揽了整个评价活动。教学评价要评的是教学的价值，由于学生是受动的教育对象，学生作为应然的价值主体经常会被教师和社会所代替，在价值目标的定位、价值内容的选择、价值实现途径与方式的运用、价值获得状况的评价等方面，学生没有多少表达自己看法的机会。由此导致当前所倡导的"学生参与评价""发展性评价""过程评价""动态评价"等新型评价得不到落实。

尽管人们在对"受教育者"进行定义时，附加了"积极""能动""主动"等理想性规约①，但由于"受教育者"即"被动接受教育者的教育安排的人"这一隐喻的存在，以及这种隐喻包含的上述种种信息，"受教育者"身上所附加的理想性规约经常是形同虚设。而教育活动所应关注的是"人的潜力如何最大限度地调动起来并加以实现，以及人的内部灵性与可能性如何充分生成，质言之，教育是人的灵魂的教育，而非理智知识和认识的堆集"②。因此，有必要对"学生"的内涵进一步挖掘，从而对学生的身份进行重新确认。

---

① 在国内一本有一定影响的《教育学》中，对这一点有如下的描述："受教育者发生变化过程，是接受教育影响的过程。由于受教育者是具有能动性的人，因此，这一过程也应该是受教育者主动掌握和运用教育影响用以改变自身的过程。"参见：南京师范大学《教育学》编写组. 教育学[M]. 北京：人民教育出版社，1984：30.

② 雅斯贝尔斯. 什么是教育 [M]. 邹进，译. 北京：生活·读书·新知三联书店，1991：3.

二、学生的领受教育者与获取教育者身份

"学生"这一概念是一个动态的、过程性的概念，也是一个多视角的内涵丰富的概念。站在教育者的角度，针对某一个具体的教育活动安排，我们可以说学生是受教育者，但当我们站在学生的立场上，着眼于学生发展历程中所能际遇到的宽泛意义上的教育时，"受教育者"这一概念就显得静态、单一和狭隘了。

具体说来，在现今的时代精神背景下，除了"受教育者"之外，"学生"这一概念还包含了"领受教育者"与"获取教育者"两重含义。

"领受教育者"可以理解为，对教育者设计和安排的教育情境、信息、活动进行领悟和接受的人。与"受教育者"相比较，"领受教育者"这一概念包含了如下含义。

第一，从师生关系来看，教师是向全体学生发布和传播知识的主体，这时的知识对所有的学生都是同样的"信息"，具有公共性，可以称为公共知识。这时的学生已不再是被动的接受者了，他有权力进行个人化理解和选择，学生可以看成是对公共知识进行理解、选择的主体。这期间，教师的责任就不只是传播公共知识了，在传播的同时，还要帮助学生完成知识的个人化的过程。

第二，从教学形态来看，教学的发动还是源于教师对公共知识的发布和传播，但学生面对这些信息，不是一味地接受，而是进行选择性学习。学生不是必须严格地皈依教师传授的内容，他可以根据自己已有的经验背景以及价值需求，针对教师所传播的公共性的知识进行个人化的理解和接受。也就是说，当教师发布了公共知识后，学生可以根据自己的情况，接纳、改造，甚至拒绝这些信息，进而赋予这些公共性的知识以学生个人的味道，成为个人化的知识。

第三，从教学活动设计来看，师生双方都参与教学设计。对于教师而言，设计的对象主要包括两个方面，一是对自己需要传播的公共知识的组织；二是如何帮助学生完成个人化的过程。当然，这两个方面的设计都离不开对学生的了解和洞察，但不能直接对学生进行设计。对于学生而言，教学设计主要针对的是如何理解教师所传播的公共知识。也就是说，学生对公共知识的个人化的理解和接受，并不是自由散漫、我行我素的，而是要经过一定的训练、按照一定的规范进行，在训练与规范方面，教师有着不可推卸的教育责任。

第四，从教学评价来看，由于教学包含了教师传播公共知识、学生进行知识的个人化两个系列的行为，在评价时就要针对这两类行为进行，既要评

价教师传播的系统性、准确性、生动性等情况，也要评价学生的个人化情况，如个人化的意识、方法、效果等。这样，教师与学生各自都要履行评价主体的责任，相互进行评价，同时也都要作为评价的对象而存在。

"获取教育者"可以理解为，对他人、周遭环境与条件、社会历史文化中可能包含的教育资源自觉进行开发和利用的人。与"领受教育者"相比较，"获取教育者"这一概念具有如下意蕴。

第一，从师生关系来看，学生是自觉开发和利用教育资源的主体，是主动获取教育的人；教师是直接的、经常出现的教育资源。教师努力提高自身的知识与道德等修养的价值，在于尽可能多地适应学生的需要，为学生提供可以利用的资源。当然，教师资源与其他资源是有区别的，教师本身既是资源，又是"如何看待资源"与"如何开发和利用资源"的指导者和帮助者。

第二，从教学形态来看，学生是教学活动的真正发动者。教学过程是学生从自己的价值需要出发，面对直接的和潜在的教育资源，进行选择、利用和开发的活动。其间，教师既要作为学生学习的重要资源，又要作为学生主动"获取教育"的促进者、维持者和帮助者。通常，这种教学形态是以学生的探究为主的，探究的目的是为了进行意义建构。

第三，从教学活动设计来看，教师与学生都是教学活动的设计者。教师作为设计者，主要围绕"作为教育资源呈现的内容、时机、样式、手段""促成并维持学生主动获取教育的方式方法""如何教会学生成为获取教育者"等问题进行设计；学生作为设计者，需要对获取什么样的教育、如何利用和开发教育资源等方面进行设计。

第四，从教学评价来看，一方面要评价教师促使学生成为获取教育者的状况，要评价学生作为获取教育者的成熟程度。另一方面要评价教育资源的开发与利用状况，要评价学生开发和利用了教育资源后，身心各方面所起的变化。

三、教学活动的三方面内容与教师的三种身份

前面在分析了"受教育者"身份所渗透的消极信息的基础上，提出并描述了学生的"领受教育者"与"获得教育者"两种身份。需要说明的是，"受教育者""领受教育者"与"获得教育者"是学生身份的三个基本内涵，不能因为领受教育者与获得教育者两种身份的提出就否定学生的受教育者身份。受教育者身份是领受教育者与获得教育者身份的基础，没有"受教育"的过程，学生的"领受教育""获取教育"将缺乏必要的知识与方法基础，不知道为什么要领受与获取、领受与获取什么、如何领受与获取。

教学活动就是促进学生成长的活动，依据学生身份的三种内涵，学生成长的实质，是由受教育者成长为领受教育者，进而由领受教育者成长为获取

教育者的过程，是始于受教育者，经过领受教育者，终于成为获得教育者的过程。因此，教学活动应该包括三个方面的内容，首先是使学生成为受教育者的活动。在这类活动中，通过教师的宣讲与规约，学生熟悉学校和教学生活，了解和学会遵守教学的基本规范，获得必备的基础知识、基本技能、基本态度、基本方法；其次是使学生成为领受教育者的活动。在这类活动中，学生能够有独立的见解与判断，对于教师发布的公共知识能够进行有选择性的理解和把握，通过领受（而不是被动接受）公共知识，获得个人化的知识；最后是使学生成为获取教育者的活动。在这类活动中，学生成为主宰自己教育生活的主人，能够在教师的促进和帮助下，通过利用和开发教育资源，主动为自己的发展去获取教育。这三个活动之间是递进的关系，在这种关系中，学生的自我意识与主体能力不断得到增强。

当然，使学生成为受教育者、领受教育者和获取教育者的这三类活动在实际的运行过程中不是机械的前后关系，在不同的活动内容和活动情境当中，三类活动的顺序和侧重点可以有所变化。一个完整的教学活动应该包括教师的系统宣讲，同时又不只是教师的讲授，还应包括学生的领受教育和获取教育的活动，这既是组织和展开教学活动的一个思想基础，又是教学活动结束时对其进行评价的三个要点。

与学生的三种身份相对应，教师的角色也应该包括三个方面。第一，相对于学生的受教育者身份，教师是发布教育者。在教学活动的规划、执行、评价等过程中，教师负有不可推卸的责任，知识的系统宣讲无疑是教师的首要任务。无论教学理念"新"到何种程度，对教学活动的管理和领导，以及把知识系统、清晰、准确地讲授给学生，都是对教师工作的基本要求。第二，相对于学生的领受教育者身份，教师是引导教育者。教师的责任不仅在于宣讲公共知识，还在于引导学生把宣讲的内容内化为他们自己的、具有个人特质的个人化的知识，在于教给学生进行知识个人化的智慧。第三，相对于学生的获取教育者身份，教师是提供教育者。教师要为学生主动地获取教育提供相应的资源，提供必要的获得教育资源的渠道，提供开发和利用教育资源的方法。

遗憾的是，教师过于执著于"发布教育者"身份，过于强化了学生的"受教育者"身份。或许可以有些夸张地说："他们像训练家犬一样地训练学生，把他们拖入自己粗劣的知识框架中，利用分数、考试以及学生对于失败的恐惧心理来束缚青年人的头脑。这种教育制度执行一种落后、无知的顺从主义而说它是真理；它导致创造力的衰败而说它是深邃的洞察；它破坏了年轻人最珍贵的东西——丰富的想象力而说它是教育。这种做法是具有灾难性的，它是对人性的摧残，是对人的全面发展的压制。因此我们必须否定这种建立在普遍方法论之上的神话式教育。"① 教师作为教育者，意味着他是发布教育者、引导教育者和提供教育者，这三个方面的身份既是由学生身份所决定的，也是学生三个身份能够得以确认和实现的必然要求。

第四节　学生的主体命运

我国传统教学中学生主体身份的缺失是现今学生主体理念的实践未能如人所愿的历史源头，西方教学传统中学生主体精神的张扬则可以提供相应启示。在我国，现实教学实践中主体表现乏力，其原因主要是人们赋予学生主体的地位过于低微。关注学生主体的生命价值，是解决这一问题的出路所在。

一、我国传统中学生主体身份的缺失

在我国传统社会的教学实践中，学生主体地位往往弥散于家庭和教师的掌控之中，主体身份缺失的现象极为突出。

（一）家庭本位

在我国传统的社会关系体系中，"家"占有至高无上的地位，家庭（作为一个个单元的小家庭和整个家族）的血统、门第、个人所处的辈分、出生顺序基本上决定了个人的命运，决定了他的地位、权利、成就机会等。自个人出生起，其身体、生命和生活均已不属于自己，而隶属于家，成为家的附属品，任由宗法纲常和家规家法的制裁。因此，个体在进入教学社会接受教育时，是以"家的一员"的身份进行的，目的是为了衣锦还乡、光大门楣，如果不能功成名就，则"无颜见爹娘"。因而他的活动也就必然充盈着家的气息，受家的钳制。在这种情形下，学生的主体方位感会消解于家庭中，主体自我意识淡泊，听命家庭的安排，由此导致他们的主体身份丧失。

（二）教师本位

在家庭本位的笼罩下，具体到教学活动中，则又存在教师本位现象。教师是教学活动中至高无上的权威，他根据社会、家庭的要求，具体执行对学生塑造、打磨的工作，学生则唯命是从，不容许有丝毫的背叛。

荀子认为，教学中应当"师云亦云"，否则，"言而不称师，谓之畔；教

---

① 王治河．扑朔迷离的游戏——后现代哲学思潮研究［M］．北京：社会科学文献出版社，1998：238－239．

而不称师，谓之倍。倍畔之人，明君不内，朝士大夫遇诸涂不与言。"① 荀子是站在性恶论的立场上论证教师的地位、贬抑学生主体的。汉代强调人性是善恶相混的杨雄同样认为学生的命运是由教师掌握的——"师哉！师哉！桐子之命也。"② 在教学活动中，尽管目标是由社会、家庭预设好的，但课业内容、学习进程、教学方式等事项几乎都是由教师一手制定的，且多在教学活动进行之前就公布停当。学生对各种各样的"教条""为学之序""弟子之规"只能唯唯诺诺地遵从。西方教学思想史上尽管曾一度存在"教师中心说"，但也有"学生中心说"与之对峙。在我国传统教学中，依稀可见的只有依个人禀赋的"因材施教"、提倡师生相互作用的"教学相长"，以及胡瑗"视诸生如其子弟，诸生亦信爱如其父兄"等论说，但这些思想的火花仍是产生于教师本位的方圆之内，根本无法与积习深重的师道尊严抗衡。

在家庭本位和教师本位的压力下，学生的主动精神受到抑制、自由个性无法伸展，逐渐成为因循守旧、唯书唯上、畏缩不前、依附顺从的"人才"，而社会对此类人才的认同和褒奖则又强化了这种价值信念，使之成为我国传统教学价值观念中的共识，进而成为现今无视学生主体的源头。

二、西方传统中学生主体精神的张扬

在西方教学价值观念中，坚持学生本位、承认并尊重学生的主体地位是其特点之一。尽管柏拉图主义、德国国家主义者强调社会效率，尽管涂尔干、那托尔普、凯兴斯泰纳等人呼吁社会本位，但从总体上看，把学生作为教学价值活动主体的信念仍是大多数人的心声。这是因为，在西方价值观念中，个人主义、个人中心论、个人至上论是其核心内容，由此派生出来的教学主体信念也必然带有鲜明的个人痕迹。

这种学生本位的主体信念由来已久。早在"人是万物的尺度"这一振聋发聩的口号喊出后，古希腊先哲们就开始摆脱对物、神的崇拜而转向人自身，并逐渐发现人这一理性动物的精致奇妙所在。他们认定包括教学活动在内的一切活动都是为了人而存在、为人服务的。教学活动作为伸展人的最崇高的部分——理性的有效手段，作为使人和谐发展的必要途径，教学活动的价值就在于使理性充分展开，使身心和谐发展。这一点可以从先哲们对理性、心灵、沉思的孜孜以求，以及对和谐发展的课程体系的褒奖上得到印证。到中世纪时期，基督教统治下的教学理念又从反面表达了这种意思：人是有"原罪"的，教学的任务在于拯救儿童被肉体禁锢了的心灵，教学的价

---

① 孙培青，李国钧. 中国教育思想史：第 1 卷［M］. 上海：华东师范大学出版社，1995：780.

② 同①，第 296 页。

值在于彼岸的世界，在于使人以后能够升入天堂。在这里，教学仍是为个人存在的。

文艺复兴时期，人的地位再一次得到了提升："人是一件多么了不得的杰作！多么高贵的理性！多么伟大的力量！多么优美的仪表！多么文雅的举动！在行为上多么像个天使！在智慧上多么像个天神！宇宙的精华！万物的灵长！"莎士比亚在《哈姆雷特》里的这段美文表达了这一时期的主流精神，召唤凸显人的主体地位。事实上，在教学领域，维多里诺等人也正是坚持这样的信念进行教学实践的。此后，卢梭、福禄倍尔、裴斯泰洛齐等人适应自然的教学思想使学生是主体的信念进一步得到强化，并影响到杜威，杜威则把这一思想发挥得淋漓尽致。他提出的学校即社会、教育即生活、经验即生长，以及学生学习活动化、生活民主化的主张也是学生是教学主体的最好注脚。

在当代，以马斯洛、罗杰斯等为代表的新人文主义者把人的自我实现看作是教学的最高准则，认为教学要使学生的完整个性充分展现，教学活动就是学生塑造完整个性的、自主的和不受控制的过程，在这一过程中，教师要理解学生，并协助而不是教导他们、灌之以大量的间接经验。在教学实践中，西方很多学校里的学生有着极大的自主权、选择权、决定权和评价权，这样的材料很多，这里不再赘述。

可见，"学生是教学活动的主体"这一信念在西方有着悠久的历史渊源，又在当代被许多人所认同，是其教学主体认识上的一个显著特征。尽管也有人强调社会主体和教师主体的作用，但在多数情形下，这两类主体是围绕学生中心而形成的。联合国教科文组织的有关建议也表达了这种学生为教学主体的信念："我们应使学习者成为教育活动的中心；随着他的成熟程度允许他有越来越大的自由；由他自己决定他要学习什么，他要如何学习以及在什么地方学习与受训。这应成为一条原则。即使学习者对教材和方法必须承担某些教育学上的和社会文化上的义务，这种教材和方法仍应更多地根据自由选择、学习者的心理倾向和他的内在动力来确定。"[①]

三、主体表现乏力的现实[②]

学生主体在我国现实教学实践中表现乏力主要体现在以下几个方面。

---

① 联合国教科文组织国际教育发展委员会. 学会生存——教育世界的今天和明天 [M]. 华东师范大学比较教育研究所，译. 北京：教育科学出版社，1996：263.

② 笔者曾就教学价值观念问题进行了问卷调查，学生主体问题是调查的一部分。调查共发放问卷 1200 份，回收有效答卷 972 份，调查对象涉及甘肃、黑龙江、河南和江苏四个省份。

（一）主体作用

在多数人的心目中，学生主体的作用并没有得到应有的重视，他们更看好教师和家长的决定性力量。学生作为实践的主体，作为教学价值活动的最终体现者，其主体作用原本是教学的内在规定，在这里却无法得到足够的伸展。造成这种认识偏差的原因可能有以下几点：一是我国传统文化中师道尊严、权威至上、长幼尊卑的价值取向使得学校成了表达成人意愿的场所；二是传道、授业、解惑的教师作用观赋予了教师主宰教学活动的权力，学生被认为理应无条件地听任教师、家长的安排，在这其中，看不到师生间的对话与交流，看不到对儿童天性的启迪、对儿童潜力的挖掘、对儿童人格的尊重；三是长期以来形成的学生习惯于被动式学习的情形，使得学生不善于表达自己的意愿，缺乏参与意识与自我规划自我管理的能力，这也使其主体资格大打折扣。

这种忽视学生主体作用的观念在实践中会导致学生积极性、主动性、自觉性和独立性无法进入教学目标视界，使学生的进取精神与创新精神不能得到较好的培养，无法满足现时代需要。这就要求我们在主体作用的认识上，正视学生主体的不可替代作用，在从理论上确立学生主体地位的同时，教育教师、家长和学生自己摆正学生主体的位置，并设法使其在实践中得以确证和发挥。

（二）主体自觉

主体的自觉程度表达着主体主动参与教学活动的愿望，学生应该是积极的参与者，这才能保证教学价值的顺利实现。因此，理想的状态应是绝大多数学生对否认和放弃自己一方主体的论说持反对态度，遗憾的是在这一点上只有68.5%的人做到了。造成为数不少的学生主体自觉程度不够的原因可能有以下几个：顺从、老实、听话的"好孩子""好学生"标准，使得他们不愿违背家长和教师的意愿，不愿意表达自己的独立见解与个人意志；建立在家长的血缘关系、经济关系基础上的重忠孝的文化传统，使得学生主体意识迷失于家长意志之中；传统的等级制度以及长期以来统领整个社会的单位制度折射到教学中，教师成了尊者与领导，学生习惯于在心理上成为教师的依附者。

主体自觉程度不高的直接后果是导致学生消极被动、机械呆板地学，使教学缺乏应有的生机与活力，这对于教学价值的实现是极为不利的。因此探讨如何唤醒教学主体的自我意识，如何为学生主体意识的展示提供机会和条件，是一个不容回避的话题。

（三） 主体信任

对学生的信任程度往往影响着其自主体性的真正发挥，对于学生主体而言，只有教师和家长信任他，才能在实践中给予充足的时间和机会来展示他的主体性。学生被信任的情况是喜忧参半：一方面有 90％的教师倾向于满足学生在学习方面的要求；另一方面只有 21％的家长认为师生关于学习方面的言论更应相信学生自己的。

导致家长不信任学生的原因主要有：缺少沟通；把孩子视为实现自己愿望、光大门楣的工具而非完整、独立的人；封建的家长观念，不承认儿童的生命价值与人格价值是与家长平等的，等等。教师和家长在信任学生问题上的强烈反差说明，近年来关于学生主体的理论宣传在教师中已取得一定成效，但对家长的影响却还远远不够，需要大力加强这一方面的工作。家长对学生不信任，不仅影响教学的正常进行，也是导致与学习问题有关的家庭暴力事件不断出现的原因之一。

（四） 主体交流

主体交流是理论或理念范畴的主体在实践中得以确证的过程。在这一点上教师、家长的热情很高，而学生的态度却相对冷淡。82.5％的教师认为经常与学生交流有关学习的事情很重要；86％的家长认为与学生交流有关学习的事情很重要。相比之下，只有 68.5％、66.5％和 44.5％的学生分别认为经常与教师、其他同学和家长交流学习上的事情很重要。

一部分学生之所以不愿意就学习问题与他人交流可能有以下三个方面的原因：一是害怕，主要是怕教师说他笨，怕家长不够耐心而态度粗暴，怕招惹同学的讥笑，这一点提示我们一方面要教育学生对交流持正确的态度，另一方面要在教师、家长具有足够的交流热情与愿望的同时，注意交流方式的改进；二是学生对学习的认识过于狭隘，错把学习只是当成了对教材的研读，认为只要上课认真听讲并把教材熟记于心，就算完成了学习任务，与其他人无关，别人对自己学习的帮助不会很大，这一点提示我们要提高学生对学习的认识，并帮助他们认清交流的价值；三是学习任务太多，压力大，没时间去交流，这一点提示我们要为学生交流创造条件和机会，促成交流的发生。说到底，学生对与他人交流学习上的事持消极态度，是缺乏主动精神、被动学习的心理定式所致，如果这一定式不被打破，任何其他的努力都不会有明显的收效。而要想改变这种情形，使学生积极主动地与他人交流，就必须以尊重其主体地位、唤醒其主体意识、加强对学生主体的信任为前提。

四、学生主体地位低微问题的分析

不给予学生相应的主体地位从而导致其主体地位低微，这是我国当代学生主体理念在实践中表现乏力的最主要原因。正是由于这种现象的存在，才使得学生主体的作用在一定程度上被忽略，学生的主体自觉程度不高，使得部分教师和家长对学生主体信任不够，学生不愿与另外两类主体进行交流。

学生主体地位的低微，除了受我国传统教学价值观念的影响外，其现实原因还包括以下几个方面。一是社会对教学的种种价值期待往往具体地转化为对学校管理层与教师的要求，很少向学生本人做出及时的宣传和明确的解释，学生没有机会了解社会价值期待的内涵与对自身的意义，因而主体意识不强。在社会眼中，学校是价值实现的场所，学校领导、教师、家长是实现相应价值的责任人，学生则成了被改造和训练并用以实现其价值期待的被动加工对象。二是教学理论界所着眼的实践在某种程度上只着眼于教师的实践，在"学生主体"问题上的论证、说明、鼓吹与倡导均是面向教师而做的，很少有与学生面对面的宣传与鼓励。导致理应成为教学活动主体的学生不知主体为何物，不了解作为主体应有的权利，不知道如何为争取主体地位而努力，不清楚怎样在教学活动中发挥自己的主体性。三是教师面对大量事先规定好的教学任务、面对固定而严格的工作绩效评价体系，即便在内心中接受了"学生是主体"这一观念，也无暇顾及学生主体的种种表达；同时，教师所具有的社会主体代言人的身份、社会对教师的种种待遇也使其不得不优先考虑社会主体的愿望，按社会需要的人才规格来锻造学生，即使这种锻造是以牺牲学生主体性为代价的。四是家长与孩子间的亲缘关系一方面使得家长过度地使用了爱的权利，从竭力照顾好衣食住行到设计未来发展蓝图，热衷于承揽孩子的一切事情。使得孩子缺少发挥主体性的机会，久而久之也懒得利用这种机会、不会利用机会。另一方面，亲缘关系使得家长视孩子为自己的特殊财产，有着天然的管理与控制权力，家长往往以自己的年龄、经验、认识水平为资本限制孩子的主体精神。五是就学生自己而言，一方面缺乏自信，不敢为自己的未来负责、独立自主的精神与能力较弱，使他们过分地依赖家长和教师。另一方面，即使适时而正确地亮明了自己的观点，采取了自主的行为，也往往得不到成人的嘉许，最终无法使主体地位得到确证。

学生主体地位低微的现象在教学中有多种表现，其中，教师对其教学活动中的多种权力的占有是最为突出的表现之一，具体包括以下几个方面。一是教学目标上教师有极大的决定权。现行教学目标往往是教师在对教育目标和学校教学总目标的理解基础上设计的具体的单元目标与课时目标，虽然设计过程中也在一定程度上考虑了学生的情况，但这种考虑往往是宏观的、总揽性的，对于每个学生而言仍是过于抽象和笼统，不能内化为学生的自觉行为，因而这种目标只是单向的教的目标，是教师的工作指导。只有那些经过双方协商的、学生主动参与制订的、针对每个学生各自实际情况的目标，才能获得其真实意义，因此教学目标体系中还应有个人目标的存在。但对于这种个人目标，我国教学中无论理论还是实践都没有多少反映，而是在"教师主导"的口号下沿袭着教师决定教学目标的习惯。二是教学内容上教师有极大的解释权。相对于教师和学生而言，课程与教材只是达至人与人之间交流与沟通，从而使学生获得提升的客体或中介，只有师生双方共同对教学文本的解读，对话才可能出现，交往才可能发生，意义才可能生成。教师一言堂式的讲授往往剥夺了学生理解文本的权利，使理解窄化为对教师言语的理解，对知识逻辑的理解，此间看不到主体意义的参与。三是教学过程上教师有极大的控制权。如果承认教学是双边活动的话，那么活动双方对于活动本身都应该有相应的控制权，否则就只能是"单边"的。然而在现实中，教学过程的模式、步骤、进程等几乎都控制在教师手里，学生基本上要听命于教师的安排，即使有所控制，也只能是秘密的、消极怠工式的。四是教学方法上教师有极大的选择权。作为具有丰富的个人特质的生命体，学生个体的认识方式、理解方式、掌握方式本来是千差万别的，很难有普适的方法。而教师为了在一定时间内完成规定的教学任务，并力求使大多数学生都能达到预期目标，往往选择他们认为最为经济有效的方法和途径进行教学活动，并且为了保证预想的效率效果的实现，对学生的其他方式方法进行干预，这在一定程度上也是对学生主体地位的一种否定。五是教学评价上教师有极大的裁决权。评价是对教学活动及其结果的价值评判，学生作为活动的参与者、结果的体现者，在作为评价对象的同时也同样享有评价者的权利。而现实中的评价多是教师对种种教学状况的判断与裁决，在这里，学生只有听任裁决的义务，看不到主体活动的影子。

教学中教师的决定权、解释权、控制权、选择权、裁决权的极度膨胀，使得学生缺少应有的自觉性与积极主动性，使学生主体地位无法得到实践的确证。从逻辑上讲，学生主体地位指的是学生在教学活动中的地位，是通过教学活动表现出来的，而不是一种抽象的称谓。它在教学中产生、存在并表现在教学中，故而也应在教学中培养。教师应该适时适度地将权力下放，把"学生主体"落到实处，这既是承认尊重学生主体地位的真实表现，也是唤醒、培养学生主体精神的必由之路。当然，这里对教师各种权力的评说是针对目前学生主体所遭遇的情况而言的，并不表示对教师这些权力的全盘否定。

五、关注学生主体生命价值

（一）关注学生主体生命价值是哲学的时代主题

在康德的主体性哲学中，人是能动的、有目的地创造世界的人，是哲学图景的中心。他要求"每个有理性的东西都必须服从这样的规律，不论是谁在任何时候都不应该把自己和他人仅仅当成工具，而应该永远看作自身就是目的"[①]。把康德这种主体性思想引向极致的是尼采，在他看来，"每一种伟大的哲学所应当说的话是：'这就是人生之画的全景，从这里来寻求你自己的生命的意义吧！'"进而他宣称"一切价值的重估——这就是我关于人类最高自我认识行为的公式，它已经成为我心中的天才和血肉"[②]。

针对唯科学主义所造成的人本沦丧、价值缺失、工具理性猖獗等种种无视他人生命存在的不良后果，生命哲学、存在主义、现象学、解释学、对话哲学的代表人物们等对此进行了激烈的批判。他们认为，全部哲学的核心必定是有思想、有感情的个人，要求关注个人的存在意义，寻求人性复归，"不再重视理论上得到发展的那些知识和专业化的精神文化成果，而竭力倾听现代人的不断变化着的思想倾向和因境况和历史而异的感受"，要求"深切地去体验生活，否认和放弃一切原则上的体系的假设，……指向人的生命过程，力图从中归纳出生命的普遍性特征"[③]，这是因为生命之流"是数学才能不能掌握的，只能由一种神圣的同情心，即比理性更接近事物本质的感觉所鉴赏"[④]。他们指出"人们本想把一件东西培养成与他原来不同的另一种样子，结果他们的关心却似乎把这东西毁掉了，作为技术统治的牺牲品，它呈现出一种灰暗或粗杂的色调，在这种色彩的笼罩下，人之为人的个性被剥夺了，他不再能自我认识"[⑤]。他们运用"生活""意义""生成""体验""理解""对话""走进"等诗化的概念，呼唤对人的生命意义的回归，鼓励人们去寻找业已被遗忘的精神家园。

---

① 康德. 道德形而上学原理 [M]. 苗力田，译. 上海：上海人民出版社，1986：86.
② 周国平. 尼采——在世纪的转折点上 [M]. 上海：上海人民出版社，1986：31，162.
③ 蒋永福，等. 西方哲学史：下册 [M]. 北京：中共中央党校出版社，1990：251，33.
④ 梯利. 西方哲学史：下册 [M]. 葛力，译. 北京：商务印书馆，1979：351.
⑤ 雅斯贝尔斯. 现时代的人 [M]. 周晓亮，等，译. 北京：社会科学文献出版社，1992：9.

在上述思想影响下，20世纪出现的文化教育学、永恒主义教育、人本主义教育、存在主义教育、教育人类学等不约而同地关怀人的生命的完整性、生成性、人文性、主体性、个性，以此作为教育意义的寓所与教育价值的标准。

（二）关注学生主体生命价值是教学面临的迫切任务

教学，作为人类自主建构的活动，其目的无外乎对人的生命价值、劳动价值、能力价值的挖掘。然而，"在19世纪后半叶，现代人让自己的整个世界观受实证科学支配，并迷惑于实证科学所造就的'繁荣'。这种独特现象意味着，现代人漫不经心地抹去了对于真正的人来说至关重要的问题。只见事实的科学造成了只见事实的人"①。受这种唯科学主义思潮的影响，教学领域也普遍出现了人文精神的失落，在面对挖掘何种价值的问题时，人们不约而同地把目光聚焦在学生的劳动价值与能力价值上，仅仅满足于通过教学使学生的技术与能力获得提升，而忽视了他们的生命价值——这种人的价值构成中居于最高层次的内容。

不能否认，学生的劳动价值、能力价值是实现其生命价值的不可或缺的手段，但如果认识只停留在这一水平上、教学只满足于这一层次的价值开发而不是以提升生命价值为指归，那无疑是在舍本求末了。"在一个人们普遍挨饿的社会里，主张实用的人作为政治家或许是对的，因为满足身体的需要，此时也许最为迫切，但若把此义宣布为终极的哲理，那他无疑是错误的。"因为关注人的生命价值才是教育的本义，"生命必然有某种内在价值；假如生命只有作为其他生命的工具才有用，那生命就一点用处也没有了。……有时我们必须超出那根相继有用的链条，找到一个链条所要悬挂的地方；否则，那根链条的任何环节都将失去实际用途"②。教学活动离不开知识的传承、技能的培养，但在知识与技能中不存在对学生的终极关怀，无法对终极价值进行叩问，因而知识与技能说到底只是立身之术，而非立身之本。因此，教学过程说到底是学生精神的成长过程，是其生命价值的生成过程，是人作为万物之灵长的本性得以逐渐展开的过程，而非理性知识与实用技能的堆积。在此一法门下，才有谈论知识、技能的余地。也就是说，在生命价值得不到张扬时，劳动价值、能力价值便无从谈起。用雅斯贝尔斯的话来说，"所谓教育，不过是人对人的主体间灵肉的交流活动，包括知识内容

① 胡塞尔. 欧洲科学危机和超验现象学 [M]. 张庆熊，译. 上海：上海译文出版社，1988：7.
② 罗素. 教育论 [M]. 靳建国，译. 上海：东方出版社，1990：7.

的传授、生命内涵的领悟、行为意志的规范，并通过文化传递的功能，将文化遗产教给年轻一代，使他们自由地生长，并启迪其自由天性。因此，教育的原则，是通过现存世界的全部文化导向人的灵魂觉醒之本原和根基，而不是导向由原初派生出来的东西和平庸的知识"①。

（三）关注学生生命价值是教学活动的内在要求

教学活动首先是一种认知活动，这一活动要受到学生身心发展规律与知识内在逻辑规律这两种规律的制约，合规律性是教学活动的首要原则。但是，教学的本义绝非把外物原封不动地移入学生头脑中，使学生变成储藏知识的仓库，而是用种种实然性的事实与应然性的价值开启他们的天性，启迪他们的智慧，并使这些事实与价值在他们的头脑中经过判断、选择、深化和广化，创生出新的事实与价值。这就涉及了另一个重要的原则——合价值性原则。所谓合价值性原则，是指教学活动要能够满足学生的教学需要，使学生在活动中体验或领悟到教学对自身生命活动的意义，进而个体世界与生活世界对接，生成教学意义、实现教学价值。教学只有与学生建立起这种价值联系，才能够使教学目标内化为学生的需要，使之不至于成为游离于个体身心的外部压力；才能够使教学内容成为学生与生活世界对话与交流的媒介，而不是学生不得不完成的硬性任务；才能够使教学手段与方法注入主体精神，成为富有灵性的读解世界文本的指导语而不是冷冰冰、孤零零的机械的工具。

教学活动又是交往活动，从交往的最一般意义上理解，其含义是指学生个体与每一教师个体、教师群体、每一学生个体、学生群体之间的互动，这种人与人之间的往来必然要涉及伦理问题。在当代伦理学界普遍较为认可的一些道德原则中，我—你原则与自由原则是两个基本原则。我—你原则强调人与人之间是平等对话关系，这种关系"不仅消解并超越了抽象普遍性对人的统治，使普遍—特殊结构向整体—部分结构转变，而且还消解并扬弃了人的自我中心结构，使人的存在获得了开放性和创造性"②。自由原则的核心是自由，按照罗杰斯的解释，"自由是使人敢于涉猎未知的、不确定的领域，自己做出抉择的勇气这样一种品质。自由是一种对自己抉择的道路所负的责任。自由是个人对自己是一个显示过程的认识，而不是一个静态的终极物"③。可见，这两条教学活动必须遵循的伦理原则所反映的共同主题是对人

---

① 雅斯贝尔斯. 什么是教育 [M]. 邹进，译. 北京：生活·读书·新知三联书店，1991：3.

② 何中华. 回到自身：世纪之交的哲学重建 [J]. 学术月刊，1995（10）：10—18.

③ 瞿葆奎. 教育学文集·教学：上卷 [M]. 北京：人民教育出版社，1988：711.

的生命价值的认同与尊重。

综上所述，关注学生主体的生命价值，这是承认其主体身份、提升其主体地位、张扬其主体精神和展现其主体力量的必由之路。应该明确"创建学校的目的，是将历史上人类的精神内涵转化为当下生机勃勃的精神，并通过这一精神引导所有学生掌握知识和技术"①，而不是相反。

---

① 雅斯贝尔斯. 什么是教育 [M]. 邹进，译. 北京：生活·读书·新知三联书店，1991：33.

第 二 章

教学内容思辨

　　知识、文化与生活是教学活动的三个主题。知识教学的使命不在于传递大量的知识，而是为了"转识成智"；文化教学的使命不在于展示和获取多种文化，而是为了培养有文化修养的人；生活教学的使命不在于沉浸在生活海洋中去经历和体验，而是为了超越现实生活、追求理想生活。

第一节 教学的知识使命：转识成智

教学活动离不开知识，它与学生、教师构成了教学活动的三个要素。从教学的起源来看，知识需要传播，所以出现了教师，知识需要延续，所以出现了学生。在这个意义上，教师与学生都是为了知识而由社会设定出来的，有了教师与学生以后，知识便理所当然地成为师生活动的对象，成为师生活动的对象性存在。教学活动就是由设定性存在（教师、学生）与对象性存在（知识）构成的社会活动。所以，教学离不开知识，教学永远是关乎知识的教学。

但是，在理解教学的知识使命问题上，长期以来人们较多地关注了教学的知识传承价值，忽视了通过知识促进学生智慧发展的价值，即"转识成智"的价值。正是由于对知识传承价值的偏爱与对转识成智价值的忽略，知识教学才出现了种种问题，如单纯以知识的传授和学习为目的，以教师讲授与机械记忆为教学的主要方式，等等，致使知识教学受到了怀疑和指责。为此，有必要对教学的转识成智价值进行探讨。

一、知识与智慧的紧密关系

按照《中国大百科全书·教育卷》的解释，"所谓知识，就它反映的内容而言，是客观世界在人脑中的主观印象。就它反映的活动形式而言，有时表现为主体对事物的感性知觉或表象，属于感性认识；有时表现为关于事物的概念或规律，属于理性认识"。智慧是一个复杂而深邃的概念，有学者认为，智慧是"人们运用知识、经验、能力、技巧等解决实际问题和困难的本领，同时它更是人们对于历史和现实中个人生存、发展状态的积极审视、观照和洞见，以及对于当下和未来存在着的、事物发展的多种可能性进行明智、果断、勇敢地判断与选择的综合素养和生存方式"[①]。知识教学的目的或价值在于转识成智，在于通过知识使学生获得智慧，这是由知识与智慧之间的密切联系所决定的。这种联系表现在以下几个方面。

---

① 靖国平. 论教育的知识性格和智慧性格 [J]. 教育理论与实践，2003 (10)：1-4.

（一）智慧是知识的固有属性，知识与智慧具有同一性

知识是人类经验与文化的系统化与符号化，而经验与文化恰恰是人类智慧的结晶。在这个意义上，知识与智慧具有同一性，知识的形成离不开智慧，智慧也经常以知识的形式表现出来，知识内在地包含着智慧的性质。"知识固是客观现实世界的反应，然知识之成，毕竟有内在的主动力深入乎物、了别乎物，才成知识。此主动力即吾人本心天然之明，所谓智是也。"①

在儒家经典文献中，知与智经常通用。在《易经》中，"见险而能止，知哉矣！"中的"知"就是"智"的意思。《中庸》中"知、仁、勇，天下之达德也"中的知，也是指智。在孔子、荀子的言论中，知与智的同一性更为明显："知（智）者不惑"②"知者知人，……知者自知"③。在西方，知识没有分化之前是总括在"哲学"的名分下的，而哲学的原意就是"爱智慧"。哲学表征着"人类智慧向已知、既定领域之外推进的冲动，是对万物何以如此、人生应该如何这类问题的迷狂的、执著的询问和探索"④。可见，西方早期的知识与智慧也具有同一的性质。对于知识与智慧的同一关系，熊十力先生作了这样的归纳："智之一字，在先哲经籍中有泛称，有专称。专称则简称智，而其义与知识迥别。泛称则知识亦得名智。"⑤ 在他看来，智慧的特性之一，就是"无知无不知者"。因为心存敬畏，不敢妄想，所以自知无知；因为累积消化了大量的知识，已经"穷理抵乎到普遍"，所以能够在具体情境下做到"灵性之发用"。

由此可见，在知识教学中，应以智慧的心态看待知识，如果不能站在智慧的立场和高度上审视和把握知识，而只是注重知识的系统性，只是把知识当成人类经验与文化的符号，就会使知识的教与学不能抵达知识原本内含的深邃悠远的智慧本质，致使知识教学缺乏高远的目的，变得肤浅、僵化、机械，缺乏思想与生命。

（二）智慧是知识的升华，知识需要由智慧提升

虽然在宽泛的意义上，知识与智慧具有同一性，但当智慧一词作为专称时，知识与智慧是有区别的。知识虽然包含智慧的性质与成分，但知识并不就是智慧，智慧是对知识的升华，通过智慧的提升以后，知识才能获得灵动

---

① 熊十力. 体用论 [M]. 北京：中华书局，1994：240.

② 论语·子罕.

③ 荀子·子道.

④ 孙美堂，等. 从哲学的超越性看哲学观 [J]. 教学与研究，2004（12）：31-36.

⑤ 同①，第230页。

的生命。

个体的知识大多是分门别类学习的间接经验，这些间接经验之间有着较为严格的界限，缺乏整合，而个体在具体的问题情境中需要把分科习得的知识加以整合和贯通。另一方面，随着人类经验与文化的日趋丰富，知识的总量在不断扩张，个人在其有限的生命时段内不可能掌握全部的知识，这就需要进行知识选择。此外，个体在知识学习过程中，还需要不断地对知识学习的过程、方法进行反思，对所获得的知识与自己、与世界的关系进行反思，在此基础上进行知识创新。知识的整合、选择与创新活动不是自发展开的，只有在智慧的引领下，个体才能完成知识的整合、选择与创新活动。所以陶行知先生说，"真知灼见是跟着智慧走的"。

按照冯契先生的观点，意见是"以我观之"，知识是"以物观之"，智慧则是"以道观之"；知识与智慧所言说与指向的对象分别是"名言之域"与"超名言之域"；从无知到有知、从知识到智慧，这是人类认识过程的两个必要阶段。在他看来，之所以需要由知识到智慧的飞跃，至少有两个理由：第一，智慧是关于天道、人道的根本原理的认识，是关于整体的认识，而知识所注重的是彼此有分别的领域，分别地用命题加以陈述的名言之域，只有通过飞跃，才能顿然地全面、具体把握关于整体的认识；第二，转识成智是一种理性的直觉，是在理性的照耀下给人以豁然贯通之感的直觉，从知识到智慧是人通过在理论思维领域中的豁然贯通而体验到无限、绝对的东西。[①]

智慧之所以能担当起提升与引领知识的责任，是因为智慧是一种综合能力，"是个体在一定的社会文化心理背景下，在知识、经验习得的基础上，在知性、理性、情感、实践等多个层面上生发，在教育过程和人生历练中形成的应对社会、自然和人生的一种综合能力系统"[②]。具有了这样的综合能力系统，个体就能够洞悉和把握知识，认识和领会现实世界的各种变化，"凡智之贵也，贵知化也"[③]。

因此，教师在知识教学中，一方面需要帮助学生对知识进行系统化的学习，另一方面还应该有转识成智的意识，以智慧为知识教学的目的，不断提升学生习得知识的层次，使传授知识的过程成为培育学生智慧的过程。只有这样，才能使知识传授与学习更为有效，才能使学生不断超越知识与自我的局限，使他们的本质力量和个性获得自由表现。

---

① 冯契. 冯契学述 [M]. 杭州：浙江人民出版社，1999：130—131.

② 刁培萼，等. 智慧型教师素质探新 [M]. 北京：教育科学出版社，2005：序.

③ 吕氏春秋·知化.

（三）智慧表现为知识的实际应用，是知识应用的保证

人类掌握知识的主要目的，在于把知识应用于社会生产与生活中。在知识的运用过程中，智慧也扮演着重要角色。智慧之所以成为人们追求的目标，不仅仅是因为它是神奇、深邃并富于变化的"斯芬克斯之谜"，更是因为它具有极强的实践能力，能够使实践获得更多的效益。正如洛克所言："我对于智慧的解释和一般流行的解释是一样的，使得一个人能干并有远见，能很好地处理他的事务，并对事务专心致志。"①

但是，智慧的实践力量并不是虚幻而不可捉摸的，它表现在与知识相结合，在与知识联姻后催生知识的运用。"智本无昏扰相，然必用在万物万事上发起一切知识，方见其有神龙变化、春雷震动之妙。"② 在这种意义上，英国教育家怀特海对智慧作了如下定义："智慧是掌握知识的方式。它涉及知识的处理，确定有关问题时知识的选择，以及运用知识使我们的直觉经验更有价值。这种对知识的掌握便是智慧。"③

智慧对于知识应用的统领作用主要表现为三个方面，第一，智慧是对知识的实践反思，通过这种反思，知识自身在实践中的种种局限能够得到有效诊治，知识能够得到重新理解和重组，进而发挥其实践效力。"智慧就是能批判地、实践地运用的经验和知识"，"是把反思的态度与实践的关切统一起来的一种理智形式"④。第二，智慧能够促进知识的建构与创新。在实践意义上智慧表现为，面对具体问题与情境，能够根据实践需要进行知识建构与创新，并对知识进行管理和筹划，从而保证知识的实践活力。第三，智慧把握着知识运用的道德尺度，使之行走于善与正义的通衢。"真正的智慧是理性自由活动以及理性与非理性协调发展的结果，它内在于科学、道德、艺术各领域，使得这些领域也具有智慧的性质，给人以哲理的境界，并进而达到真、善、美的统一。"⑤ 智慧是理智的，也是道德的。"智则为明辨"，"智为是非之本"⑥。通过智慧的道德引领，知识的运用才能为善不为恶。

在知识教学中，知识如何运用是一个必不可少的内容。很多情况下，知识的运用被降格为对所学内容的机械训练，而没有由智慧来统领，由此使得知识运用变得枯燥乏味，既不能在运用过程中促进反思，又不能推动知识的

---

① 约翰·洛克. 教育漫话 [M]. 傅任敢，译. 北京：教育科学出版社，1999：117.

② 熊十力. 体用论 [M]. 北京：中华书局，1994：239.

③ 怀特海. 教育的目的 [M]. 徐汝舟，译. 北京：生活·读书·新知三联书店，2002：54.

④ 江畅. 优雅生存与人类幸福 [J]. 伦理学研究. 2002（2）：43-49.

⑤ 冯契. 冯契学述 [M]. 杭州：浙江人民出版社，1999：232.

⑥ 朱子语类·卷二十.

建构与创新。从智慧与知识的关联性来看，教学的知识运用环节，也应该同时成为智慧的运用过程。只有这样，知识运用教学才能体现其智慧教育价值。

二、知识教学中智慧的缺失

上述知识与智慧的关系说明，知识教学离不开智慧，抛开智慧而专注知识，是忘却了知识教学的使命。知识包含着智慧潜力，把知识转化为智慧有着无限可能性；智慧是知识的升华，知识有待于转化为智慧，只有转识成智，才能使知识得到真正的传播与继承；知识只有转化为智慧，才能使知识发挥其实践价值，知识才能得到运用，进而完成知识教学的真正使命。但审视知识教学时，我们却发现，其在一定程度上存在忽视智慧养成的现象。

对于专注知识而忽略智慧的现象，英国教育家怀特海认为，"从古人向往追求神圣的智慧，降低到现代人获得各个科目的书本知识，这标志着在漫长的时间里教育的失败"。他呼吁"虽然智力教育的一个主要目的是传授知识，但智力教育还有一个要素，比较模糊却更加伟大，因而也具有更重要的意义：古人称之为'智慧'。你不掌握某些基本知识就不可能聪明；但你可以很容易地获得知识却仍然没有智慧"①。我国也有学者发出了这样的感叹，认为我们的教育是缺乏智慧的教育，表现为：把教育单纯看成是知识的传授，以此为教育的最高目的；使教育染上过多的实用色彩，理想沉落为实际；让教育成为记忆之学、机械之学；让教育远离个性，成为标准化的模具；让教育脱离人的内心感受。② 具体说来，知识教学中忽视学生智慧养成的现象表现在以下四个方面。

（一）追求学生掌握知识的数量，认为知识越多越好，不给学生理解知识进而形成智慧的机会

在知识教学过程中，教师和学生把主要时间和精力花费在对知识的传习上，凡是课程中涉及的知识，都一股脑儿要求学生掌握。在教材之外，教师和一些家长还通过各种途径搜罗相应的知识进行补充。如此，学生每天面临浩如烟海的知识只能去听、看和记，没有对知识进行咀嚼、理解的机会。这样做的结果是，知识的总量是增加了，但真正消化理解了的、内化为学生自己的知识却少之又少。这样的知识学习对于学生智慧的发展不会产生多大的促进作用。知识的确是智慧产生的基础，但能作为智慧的基础的知识，一定

---

① 怀特海. 教育的目的 [M]. 徐汝舟，译. 北京：生活·读书·新知三联书店，2002：52，54.
② 吴志宏. 战略选择——智慧教育 [J]. 教育策划. 2005 (6)：8—11.

是经过了充分的个人化理解的知识，那些为追求数量累积而记忆的知识，反而可能成为智慧发展的阻碍。因此，"教师的工作并非只是传授信息，甚至也不是传授知识，而是以陈述问题方式介绍这些知识，把它们置于某种条件中，并把各种问题置于未来情景中，从而使学生能在其答案和更广泛的问题之间建立一种联系"①。只有这样，学生才能在获得知识的同时，智慧的发展得到激励。

（二）以灌输和机械训练为知识教学的主要方式，不去挖掘知识蕴涵的智慧元素

考查现今的知识教学可以发现，灌输与训练仍是一些教师教学的主要方式。教师占据知识学习的主要时间与渠道，着眼于知识的体系和知识点的宣讲，较少考虑学生的个人的理解和接受能力。在灌输的同时，布置大量的课内外作业，利用周考、月考等频繁的考试以及习题集、练习册等强化手段，敦促学生对知识进行反复的、机械的记忆，以此达到熟练化。事实上，"除了传播知识外，教育还担负着让人们具备正确对待这些知识的态度的使命。教育应该培养人的批判精神，培养对不同思想观念的理解与尊重，尤其应该激发他发挥其特有的潜力。换言之，教育首先应该是发展认识的手段，而不再仅仅是训练和灌输的工具"②。知识中蕴涵着大量的智慧元素，知识教学不仅是对知识体系与知识点的传授和学习，它还意味着对知识所包含的智慧元素的把握，离开对知识内含的智慧的领略，知识教学是不完整、不充分的。以灌输和机械训练为知识教学的主要方式，会把学生的注意力和努力方向凝固在知识的外在形式上，没有机会体验知识的智慧意蕴，也缺乏在智慧层面掌握知识的意识和方法，使得知识中的智慧意蕴得不到延伸，知识的智慧价值无法得到实现。

（三）以传习具体知识为知识教学的归宿，缺乏对智慧养成目的的关切

知识教学离不开对具体知识的掌握，但掌握具体知识不是知识教学的全部目的。从知识与智慧的关系来看，通过知识涵养学生的智慧理应是知识教学的目的之一。只有这样，知识的掌握才是透彻和深刻的，也才能实现知识教学的"以知识促进发展"的愿望。目前在知识教学目的方面，只是专注具体知识的掌握，缺乏高远的、超越性的学习目的，不进行具体知识之外的宏

---

① 国际 21 世纪教育委员会. 教育——财富蕴藏其中 [M]. 联合国教科文组织总部中文科，译. 北京：教育科学出版社，1996：138.

② S. 拉塞克，等. 从现在到 2000 年教育内容发展的全球展望 [M]. 马胜利，等，译. 北京：教育科学出版社，1996：86—87.

远关怀等问题依然存在。智慧，这一知识教学理应达成的目的被各种具体知识所冲淡，由此导致在知识教学中，以各种结论的记忆与复述为归宿，轻视知识的理性批判与质疑的价值，缺乏对既定知识的反思和审问。知识通常都是以确定性的面目、以真理性的地位而出现的，特别是在进入课程与教材后，知识似乎更是不容置疑。如果在知识教学目的上仍不能超越知识的确定性与真理性，不以智慧来引领学生的学习，而是以不容置疑的态度对具体知识孜孜以求并乐此不疲，学生的思想和思维在这样的具体知识取向引导下，将很难受到激励和挑战，学生的智慧得不到更好的发展，反过来也势必影响对具体知识的真正掌握。

（四）过于重视知识的技术性与实用性，忽视知识的智慧力量

随着知识经济时代的来临，人们对知识的技术价值与实用价值期望越来越高。反映在知识教学中，生活、实用、实践等成了经常提及的关键词。特别是在"教学回归生活世界"的理念提出后，各学科争相进行"教学生活化"的尝试，努力通过生活与实践来形成学生个人的知识。这样形成的知识在技术与实用方面虽然可以得到加强，但在知识的统摄能力、贯通能力、思考能力、创生能力等方面，有可能存在先天不足。"生活课堂也许有趣，是个人所关心的东西，但是，即便在最好的情况下，对个人经验的反思也过于任意、独特和私人化，无法产生能够使社会上的人获得意义和理解的知识。知识常常是通过将人们与他们的切身经历分离而获得的，这样他们能够超越他们的特殊环境，通过他们的疏离立场，来学会利用社会整体所获得的洞见。"[1] 我们当然不能忽视知识对人类生产与生活的价值，但也不能因此而冷落知识的理性价值。知识教学的任务之一，就是运用知识的理性力量，超越现实生活世界，进行形而上的思索，从而形成学生的理论思维能力，发展学生的理论智慧。"我们处在一个史无前例的知识极大丰富的时代，但与此同时，我们的认识也已经奄奄一息了。"[2] 认识之所以奄奄一息，是因为个人缺乏整合知识和反思知识的权利，在知识教学中，学生整合与反思知识的权利被剥夺了。

---

① 弗兰克·富里迪. 知识分子都到哪里去了 [M]. 戴从容，译. 南京：江苏人民出版社，2005：62.

② 埃德加·莫兰. 方法：思想观念——生境、生命、习性与组织 [M]. 秦海鹰，译. 北京：北京大学出版社，2002：101.

三、以智慧为目的的知识教学策略

为了转变原有的知识教学价值定位，使知识教学的使命回到培养学生的智慧上来，在教学中至少应坚持以下策略。

（一）引导学生体验知识中的智慧

知识中蕴涵着理性的力量，学生领悟到了这种理性力量，就是在体验知识中的智慧。知识的理性力量或智慧至少表现在两个方面。一是知识中蕴涵的原理和理论本身就表达了智慧，理解和把握这些原理与理论的过程中可以领略到智慧，"从某种意义上说，随着智慧增长，知识将减少；因为知识的细节消失在原理之中"。"养成习惯去积极地利用透彻的原理才算最终拥有了智慧。"① 二是知识的一个重要特征就是它的无限发展性，因此知识在体现着人类认识的种种成就的同时，也在宣告认识的无限性。像苏格拉底一样坦然承认自己的无知是智慧，能够在学习知识的过程中"产生对人类的有限性和终极实在的无限性的体认"②，产生对人类精神的无限性的敬畏与向往，这也是智慧。

通过掌握知识中的原理、理论，认识知识的无限发展性来体验知识中的智慧，要求在知识教学中，注重以下几个方面。一是强调理性直觉。智慧的获得需要对知识进行理性思考和顿悟。所谓转识成智，"旨在领悟有限中的无限，相对中的绝对，这种领悟往往是在顿然之间实现的，它表现为哲学上的理性直觉"③。二是开展教学对话。对话作为教学方式，其实质是学生在学习过程中，通过与教师以及学习文本的思想交流，完成对知识与自身的本然之思。其过程"首先是解放被理性限定的、但有着无限发展的和终极状况的自明性，然后是对纯理智判断力的怀疑；最后则是通过构造完备的高层次智慧所把握的绝对真实，以整个身心去体认和接受真理的内核和指引"④。三是进行综合学习。知识虽然经常是分科而治的，但却需要在学习的过程中进行综合，这样才能跨越时间、空间、学科领域的局限，完成对知识的整体把握，获得智慧。"学习知识是把科学分门别类地加以分解，然后进行学习及

① 怀特海. 教育的目的 [M]. 徐汝舟，译. 北京：生活·读书·新知三联书店，2002：66.
② 卢风. 苏格拉底式智慧 [J]. 自然辩证法研究，2003（1）：1—5.
③ 杨国荣. 知识与智慧——冯契先生的哲学沉思 [J]. 哲学研究，1995（12）：13—20.
④ 雅斯贝尔斯. 什么是教育 [M]. 邹进，译. 北京：生活·读书·新知三联书店，1991. 19.

训练"，而"学习智慧是把所学到的各种知识通过综合运用进行学习及训练"①。四是促进学生的探究。知识中蕴涵着智慧，但是知识所蕴涵的智慧不会自发地呈现出来，需要通过不断探究，知识中的智慧才能被体验到。正是在这个意义上，柏拉图感叹到："对于学习科研从来没有尝过一点滋味，对于辩证推理更是一窍不通，他心灵深处可能存在的爱智之火光难道不会变得暗淡微弱吗?"②

（二）运用知识培养学生的反思能力

反思是个体的存在方式之一。"我们之类似于自然，就在于我们像它一样有待于被拍打成形，可是我们之区别于自然，则在于我们可以单独地去做，从而将某种程度的自我反省带给世界，这种自我反省是自然的其余部分难以企及的。作为自我培养者，我们是自己手中的黏土，集救世主与精神上的再生者、牧师与罪人于一身。"③ 通过反思，我们可以"去寻找那固定的、长住的、自身规定的、统摄特殊的普遍原则。这种普遍原则就是事物的本质和真理，不是感官所能把握的"④。反思还可以使我们更好地认识自己："反思乃是人作为发明者的自我照明：从我反思的时刻起，一束光照亮了我的内在性，并通过我的内在性照亮了我的总体存在。"⑤ 通过反思既可以通透感性世界，又可以明烛自身，因此，反思是个体达成智慧的必然途径。

对于学生而言，反思的重要基础与材料就是知识，知识是个体进行理性批判、创造性思考与实践性思维的基础。"知识被生产出来原本是为了让人们去反思、沉思、思考、讨论和吸收的，而现在的知识却越来越多地注定要被分派到各种专业项目中，越来越多地被积累在数据库中。"⑥ 通过知识培养学生的反思能力的教学，应该注重以下几个方面。一是教师应在呈现知识的同时，激发学生的怀疑精神。通过怀疑，引导学生发现蛰伏于知识中的问题，并使学生学会如何去思考问题。"怀疑主义既是一种求知方式，也是一种思考角度。自古希腊时代起，对于宣称的真理表示某种怀疑就一直是追求

---

① 郑维敏，等.学习智慧的训练系统 [J].清华大学学报：哲学社会科学版，1994 (1)：87—92.

② 柏拉图.理想国 [M].郭斌和，等，译.北京：商务印书馆，1986：411.

③ 特瑞·伊格尔顿.文化的观念 [M].方杰，译.南京：南京大学出版社，2003：7.

④ 黑格尔.小逻辑 [M].贺麟，译.北京：商务印书馆，1980：16.

⑤ 王晓华.个体哲学 [M].上海：上海三联书店，2002：56.

⑥ 埃德加·莫兰.方法：思想观念——生境、生命、习性与组织 [M].秦海鹰，译.北京：北京大学出版社，2002：70.

真理的基本态度。怀疑的态度可以助长求知，也鼓励人保持开放的心境。"① 二是教师在叙述知识的过程中，应养成学生追问的意识。"沉思执著于追问。追问乃通向答案之途。如若答案毕竟可得，那它必在于一种思想的转换，而不在于一种对某个事态的陈述。"② "有智慧的人能以理性思维形式，对世界、人生和生命不断地追问为什么；他要超越当下现实，对未来可能性提出追问；他要超出有限的事实，对无限的理想世界提出追问。这样凝结成一种人所特有的聪明才智——关于人的未来的崇高理想。"③ 三是教师在讲解知识过程中，培养学生的理论思辨能力。思辨可以是人变换角度审视那些不自觉的假设和"理所当然"的定论。"观察技术和证明技术的复杂性，如果不伴随加倍的理论警省，就很可能使我们看到的东西越来越少。"④ 理论思辨能力对于学生加工知识而言有两个重要意义：一是可以超越知识给定时的情境与经验领域，能够使知识具有更广泛的适应性与创新能力；二是能够使知识实现两种整合，即在分门别类的各学科间综合以及知识与思考主体间的结合。

（三）以智慧培养为目的进行知识的教育学化

知识在进入课堂成为师生活动的对象时，并不是以其本来面目直接出现的，而是需要经历"教育学化"的过程，也就是对普遍意义上的科学知识、社会知识与人文知识进行教育学视角的筛选、组织与编排，这样才能保证知识的教育价值。正是在这个意义上，杜威认为，"每门学科或科目都有两个方面：一个是作为科学家就科学家注意的方面，另一个是作为教师就教师注意的方面"⑤。很明显，在知识的教育学化过程中，教师担当着重要责任。

教师在进行知识的教育学化时，应该侧重以下几个方面。一是关注知识中的方法部分。知识中不仅包含了一般意义上的科学与文化内容，还包含着方法知识，其中方法知识对于学生智慧的发展至关重要。方法知识通常是对普通的科学文化内容进行再加工之后的结果，教师需要树立智慧教育的观念，从知识的智慧价值角度对科学与文化内容进行再加工。二是关注知识包含的哲理部分，不受知识纷繁复杂的表面现象的困扰。智慧所把握的是有关宇宙人生的根本原理，它的目标是求穷通，亦即穷究宇宙万物的第一因和人生的最高境界，揭示贯穿于自然、人生之中无不通、无不由的道，并进而会

① 乔伊斯·阿普尔比等. 历史的真相［M］. 刘北成，等，译. 北京：中央编译出版社，1999：6.
② 海德格尔. 面向思的事情［M］. 陈小文，等，译. 北京：商务印书馆，1999：68.
③ 杨寿堪. 问题的哲学［J］. 社会科学辑刊，2002（5）：11—15.
④ 皮埃尔·布迪厄，等. 实践与反思［M］. 李猛，等，译. 北京：中央编译出版社，2004：31.
⑤ 瞿葆奎. 教育学文集·课程与教材：上册［M］. 北京：人民教育出版社，1988：104.

通天人，达到与天地合其德的自由境界。① 因此，在对知识进行教育学化的过程中，教师要"塞其兑，闭其门，挫其锐，解其纷，和其光，同其尘"②。要"堕肢体，黜聪明，离形去知，同于大道"③，透过知识的纷繁复杂的表面现象，解析出其蕴涵的精深道理。三是关注知识的促进精神成长价值，不局限于知识的实用性。对于成长中的学生而言，各种具有实用价值的知识与技术可能会随着以后遇到的新情境而失去效用，最为重要的是他们精神家园的开阔与富足，这样他们才能透彻地理解普遍的原理，并能积极灵活地在各种情境中运用。

第二节　教学的文化使命：文化人的养成

在人类发展历程中，知识具有独特的地位，从古代的"知识即美德"到近代的"知识就是力量"，以及信息社会的"知识即经济"，无不表征着知识的价值。传承与创造知识、满足学习者的知识需要，原本就是课堂的使命之一。因此，在课堂讲授内容中，知识理应占据核心位置，离开知识奢谈其他内容，是过于浪漫、脱离现实的。知识是课堂讲授内容的永恒主题。

另一方面，知识并非课堂讲授唯一的关键词，课堂讲授还承载着促进学生人格与精神发展的人文意义，这种意义往往通过传递文化表现出来。忽略课堂讲授的人文陶冶意义，在课堂中放弃传递文化，不仅直接降低了课堂讲授促进精神发展的价值，而且也会使得知识的传习缺乏方向性与吸引力。课堂上的文化传递既是知识的文化制约性的要求，也是由课堂促进学生精神发展的使命决定的。

一、文化、知识与学生的关系

文化"可以松散地概括为构成特殊群体生活方式的价值观、习惯、信念和惯例的联合体"④。它与知识之间有着种种天然的联系，这种联系表现为以下几个方面。

第一，文化生活世界是知识产生的土壤。科学认识、哲学认识以及以感性形式出现的其他类型的认识都离不开文化的滋养，离开文化的根基来学

① 杨国荣. 知识与智慧——冯契先生的哲学沉思 [J]. 哲学研究，1995 (12)：13－20.
② 老子·五十六章.
③ 庄子·大宗师.
④ 特瑞·伊格尔顿. 文化的观念 [M]. 方杰，译. 南京：南京大学出版社，2003：39.

习、理解和创造知识，容易使知识变得狭隘、肤浅、没有生命气息。

第二，文化本身包含着知识。一些文化事件本身就是需要认识的对象，它们虽然以知识的面貌出现，但实质却是一种文化，以学习文化的方式对待这类知识，才能使得这类知识得到完整的理解。另一方面，文化还包含着潜在的知识因素，个体在具备了一定的文化积累以后，能够在适当的时机和条件下使这些潜在的知识因素现实化，进行知识的加工与创造。

第三，文化提供把握知识的方式。文化提供着认识的方式与工具，这些方式与工具是进行知识活动的方法论。知识活动的方法论虽然可以模仿和学习，但只有内化为个人的文化修养的时候，才能发挥其作用。文化在提供具体学习方法与策略的同时，也管理着个体的知识，并对知识的学习过程进行筹划。

第四，文化促成知识的转化。文化可以促进知识转化为思想，为知识转化为思想提供底蕴。文化可以促成知识的个人化，使得普遍意义上的知识依据个人的文化背景被消化和理解，建构出属于个人的独特意义。文化还可以促使知识转化为实践力量，通过提供文化环境、提出文化需求，敦促知识回归到具体的生活世界中发挥作用。

通过上述分析可以认为，学生只能在文化的框架内理解知识，个人化的知识的形成和发展以及实践运用也离不开文化的作用。通过知识的这种的文化制约性可以得到启示：当我们十分努力地埋头深入知识内部，通过抓规律、想策略、定步调等方法来强化知识、形成认识时，我们恰恰忽略了知识的文化根基，这样学生所形成的认识是象牙塔中的装饰物。所以，知识的教学不能不考虑文化，它是知识的根基，它可以是动力，可以是方法，甚至可以是目的。

文化除了可以使知识获得生命气息以外，还有着促进学生发展的作用，而发挥这种作用恰恰是课堂讲授的一个不可推卸的责任。文化的促进发展作用表现在以下几个方面。

第一，文化的核心是价值观念，价值观念是学生进行价值判断的尺度。文化凝聚着人类的思想与历史发展过程，这些思想与过程经过内化，可以形成学生的价值观念体系，并以"文化印记"表现出来。文化印记"决定着我们的选择性疏忽和淘汰性压抑。选择性疏忽使我们忽略一切不符合我们信仰的东西，淘汰性压抑使我们拒绝一切不符合我们信念的信息或一切被认为来源错误的反对意见"[1]。

第二，文化可以使学生摆脱自然的限制，运用文化对自然进行观照，从

---

① 埃德加·莫兰. 方法：思想观念——生境、生命、习性与组织 [M]. 秦海鹰，译. 北京：北京大学出版社，2002：18.

而形成自我反思的能力，在一定意义上成为自我教育者。学生通过文化的锤炼，逐渐形成个体内在的世界图景，使得自然状态的世界赋予了个人特征。从自己的精神世界出发，在遇到自然事物与社会风情时，学生会在自己的文化框架内对其进行审视和思索，从而完成自我教育的过程。

第三，文化可以使学生受到教化，一种文化体系就是一个教育学说。文以教化的机制在于，通过树立理想的愿景为个体确立努力的方向；通过提供约定俗成的规范，约束个体的举止行为。通过教化，学生的情感、思想、举止、态度等方面都会发生变化，向着预期的方向发展。"受到教化或培养，就是有幸能够做到感情高雅、情绪缓和、举止得体、思想开朗，也就是行为合理、谨慎，对别人的利益有一种天生的敏感性，严于律己，准备着为整体的利益而牺牲一己私利。"①

第四，文化可以为学生提供信念。文化是人类精心选择、培育和守护的产物，"自然产物是自然而然地由土地里生长出来的东西。文化产物是人们播种之后从土地里生长出来的"②。作为"人化的自然"，文化与自然的最大区别就在于它向人们提供着价值和意义，而价值认定与意义理解则是构筑信念的两块基石。由文化所提供的价值和意义可以铺设学生的思想，引领他们对未来的向往与希望。

第五，文化可以使学生变得智慧。文化是智慧的母体，智慧是文化的展示，一种文化的发展史也可以看作是该文化背景下的智慧历程。学生通过领略文化，可以不断体验内含于其中的智慧。"每个人通过理解自己所属的历史文化的智慧的结晶，而形成对自己的民族文化的认同和内化，形成对自己本民族的生活方式的掌握和认识，在这一过程中，他也掌握了自己本民族所具有的生活的智慧。"③

课堂教学的重要价值之一是促成文化人的形成，而不单单是培养知识人。通过学校教育阶段的文化积淀，形成了文化根基以后，学生才能在以后的专业领域发展与健康的社会生活等方面，获得精神上的保障。此外，学生将是社会的文化人，他们的文化积淀状况将直接影响社会公众的文化素养和社会的文化发展。因此，教师在讲授知识的同时，应该担负起文化传播的责任。

---

① 特瑞·伊格尔顿. 文化的观念 [M]. 方杰，译. 南京：南京大学出版社，2003：20.
② 李凯尔特. 文化科学和自然科学 [M]. 涂纪亮，译. 北京：商务印书馆. 1986：20.
③ 金生鈜. 理解与教育——走向哲学解释学的教育哲学导论 [M]. 北京：教育科学出版社，1997：41.

二、课堂中文化传递的策略

在知识讲授的同时传播文化，其实践策略可以概括为以下四种。

（一）传递学科知识中的文化元素

虽然在一些情况下，文化是以观念的形态存在的，但具体到课堂教学中，文化大多以知识为寓所，是通过知识展现出来的。因此，在讲授知识的同时，教师应该注意文化元素的传递。学科知识并不是生来就有、恒久不变的，其实质是人类文化的选择和重组。随着人类文明的演进，学科知识中的理论、原理、概念等成分也会随之而变化，甚至学科本身也可能分化或整合。因此过于固执于本学科知识的真理性意义与教育价值，忽略对学科文化的传递，只能使知识变得肤浅，缺乏长久意义。

传递学科中的文化元素，就是要在讲授知识点的时候，除了必要的讲解和论证外，把该知识的形成过程、围绕该知识的流派与论争、该知识的现实表现、所遭遇的困境以及可能的发展方向与路线等讲授给学生。同时，要使学生体会该知识对于学习者的理想与现实意义，体验该知识在个体生活中可能产生的际遇，使学生在历史、现实与自身基础上，产生对该知识的有关思考与价值判断。这样，一方面可以使学科知识讲授摆脱单纯的线性思路，以多元化的方式呈现知识。另一方面可以使知识讲授与历史及现实中的人联系起来，使知识富于人性。这样的知识讲授对于学习者而言，可以使其在获得了知识的同时促进思考，可以使其在掌握了要点的同时赋予知识以个人化的意义。由此，知识所蕴涵的文化被传递和体验到了。

（二）提升课堂讲授的文化品味

课堂讲授缺乏吸引力，难以使学生全身心投入其中，这是一些课堂教学的通病。为了改善这种局面，教师往往通过变化教学形式、加强课堂提问、严肃课堂纪律等方式，力图使学生融入课堂。一些教师甚至为了达到吸引学生的目的，不惜以牺牲必要的讲授内容为代价，搜罗奇闻逸事、小道消息来点缀课堂，在"生动"了课堂的同时，"空洞"也随之而来。事实证明，这些方式方法并不能起到实质性的效果。

课堂讲授之所以缺乏吸引力，一个很重要的原因是课堂缺乏必要的文化品味。主要表现为：因过于强调知识掌握与技能训练，课堂缺乏理想的指引与智慧的启迪；课程本身所蕴涵的文化元素受到冷落，讲授内容不能成为学生的精神家园；花费大量的时间来保证学科体系的完整性，社会进步与学科发展所带来的新文化不能及时引入课堂；讲授方式上过于依赖思辨与说理，不能把相应的内容置于学科的文化背景中对学生进行文化涵养；例证的选择上过于依赖琐碎的生活与常识，不能为学生提供超越讲授内容的文化信息，等等。学生的文化归属感以及对高雅与先进文化的需求都是十分强烈的，缺乏必要的文化气息，课堂讲授势必会失去其应有的魅力。

提升课堂讲授的文化品味，就是要使课堂讲授成为"文化对话"的过程。按照法国社会学家埃德加·莫兰的观点，文化对话意味着观点的多元性与多样性；意味着文化交往，意味着信息、思想、观点、理论的多种交流；意味着允许思想、观念和世界观的冲突。① 这就要求教师在备课过程中更多地进行文化方面的准备，把握人类文化的流脉，洞悉本学科的文化历程，并结合具体的知识内容进行文化讲述；提供多元的文化观点，不断引领学生进行文化的反思和批判，让学生在各种文化事例中感悟和理解知识。此外，教师还要鼓励学生在文化层面上理解课程与教材，与教材进行文化对话。教材在某种意义上就是饱含文化气息、供学生与之对话的文本，"它总是对向它询问的人给出新的答案，并向回答它问题的人提出新的问题。理解一个文本就是使自己在某种对话中理解自己"②。当学生与教材中蕴涵的文化力量进行不断对话时，就摆脱了单纯记忆教材这种缺乏生机的学习。通过教师的文化讲授与学生与教材文化层面的对话，课堂充盈了文化、思想与智慧，这样的课堂肯定是充满魅力的课堂。

（三）警惕课堂讲授中的文化衰减

文化衰减指文化在传播中，由于人为的筛选等原因导致的内涵和价值的下降。具体到课堂讲授过程中，文化的衰减主要有三种情况。一是考虑学生已有的学力基础，为了照顾学生的接受能力，有时教师会采取降低课程目标、削减课程内容、降低评价标准等方法，使学生能够达到课程的最低要求。这种降低课程要求的做法会导致课程中所蕴涵的文化发生衰减。二是由于教师教学能力不足、教学方法不当、教学态度不端正等原因，课程所蕴涵的文化不能得到充分的展示。此外，由于社会的发展与技术的进步，落后的课程内容不能及时反映新的进展，也容易发生课程文化的衰减现象。课堂讲授中的这些文化衰减现象容易导致课程的文化传承价值降低，影响课程的效能。也会使得学生赖以发展的文化基础不牢固。

针对课堂讲授过程中可能发生的文化衰减现象，教师在讲授过程中应注意以下几点。第一，教师在降低课程要求时，要保证课程的文化价值。课程

---

① 埃德加·莫兰. 方法：思想观念——生境、生命、习性与组织 [M]. 秦海鹰，译. 北京：北京大学出版社，2002：21—22.

② 加达默尔. 哲学解释学 [M]. 夏镇平，等，译. 上海：上海译文出版社，1994：56.

中的文化是学生现实地掌握课程的思想基础，也是以后学生深化理解课程的精神支柱。尽管在课程的目标、内容与评价等方面可以暂时降低要求，但从长远来看，透彻地把握该课程是对学生的必然要求，因此，要为学生今后对该课程的学习提供文化支持，以保证课程学习的可持续性。第二，教师要不断提升自己的文化传授能力与对课程进行文化挖掘的能力，努力提高自己的文化修养，端正自己对文化传习的态度。在备课过程中，除了对知识内容及讲授方式等进行准备外，还要围绕讲授要点搜集和组织相关文化信息，使备课过程成为课堂讲授的文化准备过程。在教师的日常学习中，除了对专业领域知识的学习外，还要对专业内文化的发展、对专业外文化的变化等进行学习，以此丰富自己的文化积累。第三，教师要致力于以文化为切入点的课程资源开发，用以补充原有课程中的文化滞后现象。通常，教材总是落后于社会文化与学科发展文化的，因为它要经历教育价值印证、筛选、编排、实验等过程。这就要求教师了解最新的文化发展状况，并及时对教材内容加以补充，以保证新文化在课堂上得以呈现。新的文化对于学生而言意味着新的挑战，这种新文化挑战无论是对学生个体还是对人类整体都有着重要意义。

（四）保持适度的文化隔离

强调在课堂讲授中传播文化，并不意味着对凡是可以称之为"文化"的内容都要传递。从现实来看，有两种类型的文化需要教师人为地加以阻隔，以保证学生的健康发展与国家、民族的文化安全。

现代传媒技术的发展为文化的生产和传播提供了工具，也催生了一批以生产和出售文化为职业的新的"文化人"，为了迎合大众的文化消费心理来赚取利润，一些所谓的文化人站在商业立场，把文化作为商品来制造和出售，由此出现了消极、庸俗、颓废的文化商品，并通过各种传媒大肆宣扬，来占领文化市场。为了保证学生的精神发展与道德进步，给学生以健康的引领，教师应通过课堂讲授，对这些缺乏教育价值甚至反教育的文化进行批判，通过宣讲优秀的、积极的、进步的文化，隔离庸俗、低靡的文化。

文化的多样性与多元化格局出现以后，越来越多的人呼唤各国家、民族之间文化的理解和彼此尊重。第44届国际教育大会充分讨论了"和平文化"的思想，认为和平文化是一种广泛的、多层次的和总的概念。它"意味着要有各种文化、意识形态和信仰之间的相互尊重和相互接受的精神。和平文化是信念的集合体，是一种道德，一种个人和集体的精神状态，是一种为人处世和做出反应的方式"[①]。在这种背景下，保持本民族、国家的文化独立日益

---

① 赵中建. 教育的使命——面向二十一世纪的教育宣言和行动纲领［M］. 北京：教育科学出版社，1996：186.

显示其特殊意义。不能否认一些人以和平文化为借口进行文化渗透和侵略。"我们要充分认识到文化对一个民族和一个国家未来命运的基础、支柱和关键作用,要把振兴文化提到文化安全的高度,有了文化安全,才能谈到价值观安全和意识形态安全。"① 为此,教师在课堂讲授过程中,要站在民族和国家文化安全的高度,引领学生正确对待其他文化,对文化中的不安全因素进行隔离。

第三节　教学的生活使命：回归生活世界

教学回归生活世界问题主要是随着哲学界对生活世界问题的关怀而引发的,它作为新课程改革的基本理念之一,目前在理论研究和实践研究两个方面都受到了关注,逐渐成为当前的一个研究热点。这里尝试从五个方面对这一问题进行分析,这主要是基于目前的一些担心和实践上的混乱所作的讨论,目的是求得对这一问题的多角度和深层次的理解,进而对该问题的认识或实践尽自己的绵薄之力。这里所说的担心是指担心教学回归生活世界会削弱系统知识的学习,会导致教学这种人类社会中的独立形态发生瓦解,会导致认识的琐碎与狭隘,会导致学生只是徜徉于现实生活表面而对生活缺乏高远与深邃的洞察,等等。所说的实践上的混乱主要是指因为不明确回归生活世界的具体目的、不知道该回归怎样的生活世界、不了解回归生活世界的具体内容、不清楚教学该怎样回归生活世界而造成的种种教学误区。

一、教学为什么要回归生活世界

教学之所以要向生活世界回归的原因主要体现在三个方面:第一,教学原本即生活,教学决定于生活并要为生活服务;第二,生活是完成教学的认识任务的根本保证;第三,教学的参与者拥有生活的权利。

教学从其起源上来看,是生活的召唤使之在人类社会中出现,也正是生活的驱动才使个体进入教学使之得以实践展开。人类为了使其延续和发展成为可能,需要对生活经验进行传递,教学正是为了这个目的而由人类制造出来的一种广义上的生活手段。生命个体为了完成文化化的过程,为了能在生活世界中谋得基本的席位,或者为了生活得更好而对自身素质进行超拔,便求助于教学,以此作为通向生活世界的道路。从教学的目的来看,虽然形式

---

① 赵启正. 中国要对世界文化做出较大的贡献 [N]. 人民日报,2006-03-10 (7).

上大多表现为各种抽象的概念符号、各种法则与原理，但在深层意义上都是对生活的观照，最终是为了还原于生活。从教学活动的内容来看，不管是条理分明的学科体系，还是各种专题或综合性的活动内容，在实质上都是生活经验的浓缩和凝结，都是对生活的眷顾。从理论形态来看，任何教学理论、学说、方案、计划都是以生活为模板，或者为了解释和适应生活，或者为了批判和改造生活，它们"归根到底是一种实践哲学，必然接触到生活的一切方面"①。所以说，教学原本即生活，向生活世界回归，这是教学的本性使然。

特别需要强调的是，发起和参与教学活动的人总是怀揣着各种目的，这些目的决定了教学的动力、进程、方式甚至结果，而生活则是统摄这些目的的神秘力量，"人总是以自己的生活目的统摄自己所追求的各种特殊价值，总是力求让自己所追求的各种特殊价值从属于自己的生活目的"②。教学在产生于生活、服务于生活的同时，也决定于生活。生活决定了人的教学需要，决定了教学的目的，决定了教学的动力，决定了教学的内容指向，决定了教学的实践方式，离开了生活这一最终决定者，教学也就失去了存在的依据与发展的轨道。教学回归生活世界，就是向自己的决定者回归，只有这样，教学才不至于成为无源之水、无本之木。

毫无疑问，人们参与教学是为了形成自己的认识，包括认识客观世界、认识主观世界、认识客观与自我的关系，等等，教学的任务就在于提供认识的资源并使之与个人发生联系。需要强调的是，人们获取这些认识除了满足理性旨趣之外，更重要的是为了以此作为生活实践活动的资本，以生活实践为指归是认识的最终目的与根本动力。因此，教学所提供的认识资源尽管在形式上可能是抽象的、逻辑的、论理的，在实质上这些资源以及使之与个人发生联系的方式却又都必须是生活化的。要以生活世界作为提供认识资源的根系，"任何哲学的、科学的或诗学的认识都是从普通的文化生活世界中突现出来的"③。脱离了朴素的生活世界，再广博的认识也是肤浅的、狭隘的、没有生命气息的，这种认识无企向，无契悟，无转化能力，无生产能力，无法圆融和合，无法观照天地人生，这种认识必将随着时间的推移而掺杂斑驳，呈灰暗的色调，做不到通体澄明，不能成为指导人生事务的思想与智慧。生活是认识之根，以促进认识为使命的教学之舟也应该游弋在生活的水面上。

---

① 沛西·能. 教育原理 [M]. 王承绪，等，译. 北京：人民教育出版社，1992：4.

② 吕嘉. 关于价值研究中若干问题的思考 [J]. 社会科学辑刊，1998：5.

③ 埃德加·莫兰. 方法：思想观念——生境、生命、习性与组织 [M]. 秦海鹰，译. 北京：北京大学出版社，2002：前言.

从教学的现实场所来看，学校"必须是个自然的集体，意思是在校内外生活条件之间，不应该有突然的割裂。在学校里，公民的精力，不应受到抑制或窒息，无论教师或学生，都应该有完美地和活跃地生活的余地"①。在教师与学生的日常生活世界中，学校是一个占据了相当大空间与时间的领地，师生都拥有生活的权利，不能因为拥有了教育权利或受教育的权利而丧失了生活的权利。特别是对于学生，"呆在远离真实生活，远离生产活动，不能自行做出决定和担负责任的候车室里消磨时间，一直呆到25岁以后，这确是一个很反常的现象"②。与面向生活世界相对应的是面向学术课程的教学与面向学校的教学，前者使儿童皈依于静态的知识体系，后者使儿童皈依于学校的各种外在目的如升学率等，这样，儿童就变成了为课程与学校而生存，被迫抛弃了生活。面向生活世界的教学，就是要使学生学会自由批判地思考生活，提高他们对生活的领悟能力，学会热爱生活，学会适应生活，学会创造生活。

二、教学回归生活世界的内涵

回归生活世界的哪些方面，这是构建教学回归生活世界的内容体系时必备的纲领，概括地说，主要是从四个方面向生活世界回归，分别是对生活意义的回归、对生活目的的回归、对生活方式的回归、对生活内容的回归。其中，对生活内容回归的研究和实践都比较多，这里着重讨论前三个方面。

教学面向生活世界，首先就要眷顾生活意义问题。包括生活是否有意义和生活有什么意义。站在教育者的角度，前者的答案是唯一的，必须肯定生活的意义。但重要的是要帮助学生学会寻找生活有意义的证据，也就是教会他们体验生活之意义的本领。对于后者，则需要学生——生活者，学会寻找、品味和建构生活的意义。当然，这需要每个人的独特视角与企向来支持，所以，需要让学生用他们的生命的独特内涵来悦纳生活，从而被生活悦纳，这仍需要教师的帮助。

生活目的关怀也是必需的，这是因为生活目的有可能向两个极端方面发展，一是局限于各种琐碎的生活事实，表现在教学刻意于经验知识的传习，使生活目的沦为生活的各种烦琐目标。另一种是使生活目的逃逸于生活事实之外，表现在教学着力于超验知识的空谈，使生活目的游离于生活之外，变得神话般虚幻、空灵。

---

① 沛西·能. 教育原理 [M]. 王承绪，等，译. 北京：人民教育出版社，1992：262.

② 联合国教科文组织国际教育发展委员会. 学会生存——教育世界的今天和明天 [M]. 华东师范大学比较教育研究所，译. 北京：教育科学出版社，1996：12.

生活目的依赖于生活本身，是对生活的不断抽身反省，对生活目的的反省能力是每个生活者都要具备的。正是通过反省，生活目的才不断明晰，不断伸展，这种能力无疑是面向生活世界的教学的责任。缺少这种抽身反省的能力，生活目的就容易变成僵化静止的，生活的目的达到了，生活也就到了结局。这就会使得"在"生活之场的人脱离生活之场，或者生活在过去的生活中，或者结束了自己的生活。并不是所有的活动都是生活，只有那些承载着生活目的的活动才是生活。"在生活之外的任何活动当然不是生活，所以在生活之外的目的也就不可能是生活的目的而是别的存在的目的；既然生活的目的只能在生活之中，那么不能呈现生活目的的活动就不是生活。"①

生活的意义与目的这两个问题似乎可以有一个答案，这就是幸福感。通常人们所说的"生活是为了创造幸福"的真正含义是生活是为了创造幸福感，也就是使生活有意义，有意义的生活就是有幸福感的生活，这中间已超越了地位、权力、地域、金钱等外在的衡量标准。

生活目的意义之后，就是生活方式的问题，选择怎样的生活方式，要看这种生活方式的真理性和可接受性。当然，这种真理性或可接受性的判别者主要是来自外部群体的共识，虽然表面上看这样的逻辑限制了个人的自由空间。但由于个体乃是群体中的个体，如果任凭个体的无限主观愿望去生活，势必与他人产生冲突与不和谐，这样实质是限制了群体关系中的每个个体的自由，使个体变得不自由了。教学对生活方式的回归，就是让学生学会在群体规范之内进行生活方式的选择。

生活方式的核心理念是创造。创造作为生活方式，是避免使生活变成单纯机械生存的重要手段，创造的生活方式既创造出新的生活状态，又创造出对现世生活状态的意义理解，通常所说的健康文明高雅的生活，无一不以创造新生活状态与创造新的意义理解为根基。适应作为方式是为了生存，创造作为方式是为了生活。教会学生生活，就是要使学生学会创造生活而不是强加他们该过什么样的生活，及怎样过生活，不是决定学生的生活。

创造这种生活方式可以表现为各种事情、事件，如学习、劳动、交友、休闲等，教学的任务之一就是从人们所做的各种事情、事件当中抽象出创造这一生活方式，从而也就抽象出了如何进行各种对生活的创造。因为各种事件、事实的发生，都是因创造而生的，只有超越事件与事实的遮蔽，才能发展创造这一根本方式，才能明晰如何创造，才会不至于使生活变成对各种事实、事件的单调重复，才能超越狭隘的"生存"，才能使生活者感受到生活意义的存在。

---

① 赵汀阳. 论可能生活 [M]. 北京：生活·读书·新知三联书店，1994：120.

为了创造性的生活，还要教会学生如何争取创造的条件与机会。由于人的生活是群体生活，其间必然存在规范与约束，不会在其间谋求机会与条件，就会使本来是人的天性的创造精神遭到扼杀。毫无疑问，创造需要自由，但这里自由是指经过争取而得到的自由，纯粹自然状态下的自由并不包含多少创造的可能性，甚至这种状态是否是真正的自由都有待考问。

三、教学回归生活世界的目的

教学回归生活世界的目的体现在以下几个方面。

第一，提高教学的吸引力。知识虽然来源于生活，但进入到课堂、书本中的知识往往是概念、原理、法则等抽象世界和逻辑世界的知识，教师在执著于这类知识时，常常会受这类知识性质的影响，只关注了其抽象与逻辑，对其生活意义忽略不计，不进行生活世界的还原。这样，学生体会不到学习对他自身生活的具体意义，无法感受知识还原于生活时产生的种种魅力，原本对生活敏感而好奇的心灵因长期闲置得不到生活养料的滋润而落寞索然，从而使教学缺乏吸引力。这种缺乏吸引力的现象不仅是在课堂教学过程中，而且在教学的其他环节如作业、考试中也依然是这样。要维持一个短暂的无吸引力学习活动，对成人来说都是一种负担，何况是对长久的日复一日地从事这种活动的学生，他们怎么忍受得了？尽管教师可以调整教学策略，变换教学方式与手段，暂时赢得学生的关注，但要从根本上解决这个问题，向生活世界回归不失为一剂良方。

第二，提高学生的生活能力。学生的生活能力弱是较为普遍的现象，这种现象主要有两个方面的表现，一是面对纷繁的生活缺乏判断与选择能力，不能恰当处理和解决生活中的种种问题。二是不会把在学校中学习的内容与现实生活建立起必要的联系，使生活与学习成为两个孤立的领域。这些表现不仅对学生目前的生活产生不良影响，对其进一步学习特别是对他以后的生活也是极为不利的。因此教学应该关注学生目前的与未来的生活，帮助学生建立学习与生活的联系，以此来提高学生的生活能力。这就要求"必须在空间和时间上重新分配教学活动，从而在教育中恢复生活经验的各个方面"①。

第三，探求知识的根源。进入信息时代以来，知识的种类与数量都在迅速增长，人们发掘知识的手段与途径也越来越多，每一种知识都只是沧海一粟，个体想要掌握全部的知识已经变得不可能。同时，知识海洋中哪些是有效的和必备的，哪些需要更新，都需要加以鉴别。在这种情形下，教学回归知识的生

---

① 联合国教科文组织国际教育发展委员会. 学会生存——教育世界的今天和明天 [M]. 华东师范大学比较教育研究所，译. 北京：教育科学出版社，1996：224.

活源泉、回归知识的生活之根就显得尤为重要。生活蕴涵大量的潜在知识，蕴涵生产知识的各种元素，蕴涵着建构知识的智慧与动力，它决定着知识的性质，决定着知识的存在方式，决定着知识发生与否的必要性。蕴涵和决定知识的生活世界是我们学习知识的基础，也是我们把握知识的最佳途径。依据这一基础，所学习的知识才是有目的、有选择的，不至于陷入知识的汪洋中随波逐流；通过这一途径，所把握的知识才是具体实在、关切自身的，才能内化到个人的经验体系中并能随时进行有效提取。所以说，教学回归生活世界，是为了使教学中的知识回归其生活这一根源，这样教学内容才有了选择的标准，不至于机械地复制学科知识体系。才能摆脱一贯的抽象性，成为对学习者充满魅力的所在。当然，说生活世界是知识的根源，并不是说生活决定了一切，我们也需要对生活本身做出批判，"不存在终极的知识源泉。每个源泉、每个提示都是值得欢迎的；每个源泉、每个提示、都有待于批判考察"①。正是在这些批判考察中，我们认识了生活，进而更好地认识了知识。

第四，对教学进行价值检验。生活是检验教学价值的最终标准，也是进行教学价值检验的实际场所。这种来自生活的价值检验至少表现在两个方面：从教的内容来看，教学往往以传授客观科学的知识体系为主要任务，这里隐含了"这些客观科学的知识体系都是有效的"这样一个预设。而生活则是检验其有效性的标尺。在加达默尔看来，"这样绝对地承认客观科学的有效性恰恰是一个错误。正是生活世界把这个错误揭露了出来。这错误就在生活世界中"②。正是依赖着生活的检验，教的内容的有效性才能不断得到修正和完善。从学的状况来看，学生对知识掌握状况的衡量标准不应该只是书面表达所获得的分数（那主要是对学生是否记住知识的检验），也要接受来自生活世界的检验。在生活世界中，学生才能有机会针对具体的情境和问题，对所学内容进行进一步的解释、理解、建构与应用，在这些活动中学生学习的成效才能够得到充分的体现，这就要求必须使所学内容与生活世界相联系，以求获得来自生活世界的验证。这种联系不仅应该在知识学习的开始就发生，而且在巩固和检验过程中，仍需要使之与生活世界发生这种联系。

第五，获得直接的经历和体验。教学回归生活世界的最直接的效果是使学生获得直接的经历和体验，通过生活所获得的相应的经历和体验主要有四种价值：一是印证书本知识的正确性，二是为学生理解书本知识和在此基础上进行建构提供平台，三是为知识的运用提供问题情境，四是体验真理。前三个方面的价值容易理解，这里着重讨论第四个方面的价值。通常我们说真

①　卡尔·波普尔. 猜想与反驳——科学知识的增长 [M]. 傅季重，译. 上海：上海译文出版社，1986：39.

②　加达默尔. 哲学解释学 [M]. 夏镇平，等，译. 上海：上海译文出版社，1994：190.

理是抽象的、一般性的，这实质是在概念范畴中对真理的描绘，落实到某一个体中，他所理解和把握的真理都具体化为一个个经验事实。所以说"完全的真理是个人的、是现实的"①。学生在不断的经历和体验中，通过获得这些具体的、现实性的真理，才能最终形成真理的抽象概念。"这个事实是一切真理的根本，所谓真理，就是由它抽象出来和构筑起来的。说真理在于统一，但这个统一不是指抽象概念的统一而言的；真正的统一在于这个直接的事实"②。离开了直接的经历和体验，单纯依靠书本符号知识或灌输性的真理教导，学生很难真正获得真理。对于学生及其所从事的学习活动而言，生活世界所提供的这四种价值都是必需的，否则其学习活动和真理认识都会变得狭隘和浅薄。

四、教学回归怎样的生活世界

教学回归怎样的生活世界，对这一问题的不同回答影响着落实教学回归生活世界这一理念的方向，也影响着对这一理念的理论认识。通常人们认为回归生活世界就是向现实生活世界回归，而实际上要回归的生活世界远比这个认识复杂，教学要回归的生活世界至少包含着五个方面。

（一）回归现实生活世界

纷繁复杂的现实生活形态为教学提供了相当丰富的养料，通常我们说回归生活世界都是指在这个意义上的回归，主要回归五类对象，即自然现象、社会现象、生活事件、具体生活问题、各种关系。这五类对象可以提供课程资源、课堂知识的应用对象、实践活动的场景、体验与反思的材料等。如果离开了现实生活，教学就容易失去其必要的吸引力，学生的学习也容易出现无法联系实际、内化程度低、掌握不牢固等问题。这里有两点需要说明：第一，教学回归现实生活是要回归相对应的现实世界，这里的"相对应"是指与每一教学单元的教学内容与任务的对应，也就是说回归不是毫无条件地、盲目地跳入生活旋涡之中，要以教学内容与任务作为回归的航标；第二，教学回归现实生活并不是所有的教学、教学的所有内容、环节、方式都要回归生活，都一定要联系当前生活。我们应该"尽早为每个人提供'生活通行证'，使其能够更好地了解自己，理解他人，从而参与集体事业和社会生

---

① 西田几多郎. 善的研究 [M]. 何倩，译. 北京：商务印书馆，1965：29.
② 同①，第 28 页。

活"①。但我们不应该不负责任地把发放通行证的过程和权力交给生活。当前有关教学回归生活的实践中，存在一种倾向，就是为了回归生活而忘却了教学本身，对于"教学回归生活"这一理念而言，这是十分危险的信号。历史上卢梭、斯宾塞、杜威等人关于回归生活的种种设想与方案之所以大多尘封于历史，主要原因就是在回归生活的旗帜下对教学本身进行了一定的否定。正如离开了生活教学会变得虚幻缥缈一样，忘记了教学自身、盲目地回归生活最终也会失去生活。目前一些学者撰文对教学回归生活提出了质疑，这些质疑也可看作是对忘记了或可能忘记教学的回归生活的预警。

（二）回归精神层面的生活世界

生活世界包含两个层面，一是现实的、具体的、实用性的生活，二是理想性的精神文化层面的生活。教学回归生活世界要同时关注这两个层面，遗憾的是我们对回归第二个层面的生活世界有所忽略。"过去，制定教育目的的最常用的媒介是思辨哲学。今天，教育又摆向了另一相反的极端，着手编制生活的全部'实际价值'的一览表。"② 事实上，基础教育阶段教学的主要任务不应是进行实际生活技能训练，一方面生活技能训练不是它所擅长的，另一方面在这个阶段所传授的实际生活技能在学生成年以后必然会过时、失效。而有关生活是什么、什么样的生活值得去过、怎样的生活境界是美好的、如何对生活进行提升和超拔等生活的最为根本的问题恰恰是教学应该关心的。这是一种无限的、超越意义上的回归生活，一方面可以对现实的、具体的生活进行选择、统摄、综合协调，另一方面可以在各种现实、具体的生活基础上进行广化、深化、创发。所以，教学若要回归生活，千万不能忘记回归精神文化层面意义上的生活。用纯粹的现实问题充斥课堂，而不在更高层面上理解生活，这是对教学回归生活世界的误用。

（三）回归动态更新的生活世界

一方面生活世界始终是一个动态更新的世界，"努力使自己继续不断地生存，这是生活的本性，因为生活的延续只能通过经久的更新才能达到，所以生活便是一个自我更新过程"③。另一方面，生活内容上升为课程内容进而成为文本形态的教材需要一个相对漫长的论证与加工过程，教材中包含的生活信息通常都滞后于生活的自我更新，因为当生活的经验凝结或升华成为教

---

① 国际 21 世纪教育委员会. 教育——财富蕴藏其中 [M]. 联合国教科文组织总部中文科，译. 北京：教育科学出版社，1996：68.

② 瞿葆奎. 教育学文集·教育目的 [M]. 北京：人民教育出版社，1989：626.

③ 杜威. 民主主义与教育 [M]. 王承绪，译. 北京：人民教育出版社，1990：68.

学的内容时，就已经滞后于生活本身了，相对于生活而言，教学中的"实在"永远是滞后的。生活世界的动态更新以及教材的相对滞后，决定了教学除了完成教材包含的生活内容之外，还需要关注动态更新的生活世界，只有这样，教学回归生活世界才能得到真正的落实，其价值才能得到较好的体现。教学回归动态更新的生活世界，主要应关注这样几方面的内容：第一，生活现象的更新，如网上交际、电子商务、汽车家庭化、农村城市化、娱乐业的兴旺等；第二，生活问题的更新，如资源与环境、吸毒、战争与恐怖主义等；第三，科学技术的更新，如纳米技术、航空航天事业、基因工程、自动化与人工智能等；第四，文化意识的更新，如建构主义、后现代思潮、多元文化、价值多元、审美情趣与话语系统的变化等；第五，社会关系的更新，如人与自然、个人与集体、个人与家庭、责任与权利等。教学如果能够跟得上生活世界在这些方面的更新，就可以引领学生在生活目的、生活意义、生活内容、生活方式上的变化与提升，也能始终保持教学自身的先进性。

（四）回归未来的生活世界

上面提到，教学要面向的生活世界是一个不断发展和更新的世界，这里的生活是一个动态的、过程性的概念。其间要克服对生活的狭隘的观点、现世的观点、功利的观点，保持生活本身所有的开放性、前瞻性与精神理想性。既要针对现实的生活，又要关怀未来可能的生活，而后者更为重要。教学的一个最为显著的职责是超越，通过教学，个体不断地在多方面实现对自己的否定，获得发展。因此，教学所要回归的生活世界不仅要着眼于现实生活的样式，使学生了解和适应现实的生活，还要为学生的未来生活做好准备，"为一个尚未存在的社会培养新人"①。生活知识只是相对于学生的未来才存在，那些与学生的未来生活无法对接、不能建立意义联系的生活知识，只是存留于学生头脑中的抽象符号。教学如果不能面对未来的生活世界，直面学生的未来，就无法使所传习的生活知识转化为可能的生活，因而也就无法使之与学生对话共识。教学面向未来的生活世界，就是要通过教学，使现实生活中的困惑和问题暴露出来并得到剖析，使课程中确证无疑的结论不断受到质疑，使学生头脑中的定论不断遭遇反例，由此使学生学会批判和反思，主动谋求新的答案，主动建构新的生活图景。在这个意义上，生活世界不仅仅提供帮助学生理解、巩固学习内容的材料，提供实践所学内容的场所，更是学生向未知生活、未知知识迈进的吸引者、鼓动者和召唤者。

---

① 联合国教科文组织国际教育发展委员会. 学会生存——教育世界的今天和明天 [M]. 华东师范大学比较教育研究所，译. 北京：教育科学出版社，1996：36.

（五）回归学生内心中的生活世界

"生活世界原则上是一个直观给定的世界。"① 作为成人的教师和作为有待成人的每一个学生内心中都有自己的生活世界样式，教学向生活世界回归，不是用教师对生活世界的圈点勾画来绘制学生个体生活世界的图景，其道理在于学生是未来生活世界的真正主人和主体，以教师的生活世界图景填充学生的心灵，是对学生主人身份和主体地位的篡改。而且，生活世界的丰富多彩，是以生活者的丰富多彩为保证的，只有尊重每一个学生对生活世界的直观给定，才能保证每一个生活者的独特生活，而教师所填充的图景，往往是划一式的。从这个意义上看，教学要面向的生活世界，其实应该在学生的内心世界之中，教师所能做的是采用对话、协商、沟通、交流等方式，给出自己的看法、想法、建议，不断提高他们对生活世界的辨别能力、判断能力，不断扩大加深他们的思想范围与境界，从而扩大他们的生活世界疆域，使他们能在更广阔的领域中建构意义，发现、创造和享受生活。除了以教师等为代表的成人的生活世界可能压制和取代学生内心的生活世界外，课程也有可能成为学生内心生活世界的剥夺者，这是由于课程在形态上是"科学客观"的，在表达方式上是绝对的、武断的，在地位上是"必须向我学习"的，这样的形象整天包围着学生，课程反映的生活图景难免会弱化学生对自己内心生活图景的自信，变成课程生活图景的奴仆。这就要求课程一方面要及时地更新自己的生活图景，使之能给学生带来良性影响，另一方面要改变自己的形象，成为学生的服务者而不是主人，还给学生对内心生活世界的自信。

五、教学怎样回归生活世界

怎样回归生活世界问题是教学实践中最为关切的，但是这里很难给出具体的答案，这是因为教学本身就是创造性的活动，生活又在不断地自我更新，教学回归生活世界的过程就是一个创造的过程。不同的课程内容、时间、条件、环境以及教师素质的不同、学生状况的差异等，使得教学回归生活世界的活动是创造性和艺术性的活动。所以这里只能从方法论层面提出三个方面的建议。

第一，超越描述解释地回归。教学回归生活世界不仅要客观描述现实的生活世界"是"怎样的，不仅要对生活现象做出解释，更为重要的是告诉人

---

① 加达默尔. 哲学解释学 [M]. 夏镇平，等，译. 上海：上海译文出版社，1994：190.

们"应当"怎样生活，应当拥有怎样的生活世界，应当怎样去创造生活世界。也就是对于生活世界，我们既要事实论的描述，也要价值论的指引，还要方法论的教导。价值论的指引可以告诉学生什么样的生活是理想的生活，什么样的生活值得去过。方法论的教导可以使人学会该怎样去获得这种生活，怎样使所学内容与这样的生活发生联系，怎样去为这样的生活而学习。通过对现实生活世界的描述和解释，学生可以认识和了解生活世界，但一方面这样的认识和了解只能是对当前现实生活世界的暂时性认识，只能对暂时的生活和学习有推进作用，对于学生的未来生活与终身学习，这些暂时的认识和了解是远远不够的。另一方面，由于学生辨别生活的能力、前瞻生活的能力较弱，不进行价值引导与方法论指引，学生会把暂时的生活当成全部的生活世界，缺乏对未来生活的关心，从而只是把学习内容与当前的生活相联系，也会导致其对学习内容的狭隘理解、短期性的理解，无法使这些内容成为终生有用的源泉。教学超越描述和解释地回归生活，可以使学生洞见现实生活的更大空间，可以使学生预见高远的未知生活领域，从而唤起学生对生活的好奇心，而好奇心可以"'唤起关心'，唤起对现在存在或可能存在的东西的关心，唤起对我们周围奇怪和古怪之物的关心。正是好奇心使人们摈弃熟悉的思维方式，用一种不同的方式来看待同一件事物。也正是好奇心使人们失去对一直被认为是'重要的和基本的'传统等级制的尊敬"①。

第二，审视和批判地回归。教学回归生活世界，不是说教学要被动地接受生活的牵制，成为生活的机械注解者，而是要使教学成为审视和批判生活的场所。对生活的审视和批判可以使教学超越现实生活的禁锢，超越现实生活所提供的材料与划定的界限，建构起理想性的生活世界。没有这种超越和建构，教学会永远滞后于生活。教学走向生活的目的，在最根本的意义上是为了超越现实生活，如果不进行审视和批判，这种超越是不可能的。使教学成为审视和批判生活的场所的最大受益者是学生，作为未来的生活主人，他们需要学会不断地审视和批判生活，教学要教学生学会用所学知识进行日常生活批判。这一批判过程既是对所学知识的批判，又是对所面对的真实生活世界的批判，更是对自己的审视和批判。"人被宣称为应当是不断探究他自身的存在物——一个在他生存的每时每刻都必须查问和审视他的生存状况的存在物。人类生活的真正价值，恰恰就存在于这种审视中，存在于这种对人类生活的批判态度中。"② 在教学这个特殊场所中，审视和批判是有人指导、有人切磋的，即使进行了错误的审视和批判，还可以重新来过，也不会因为

---

① 王治河. 扑朔迷离的游戏——后现代哲学思潮研究［M］. 北京：社会科学文献出版社，1998：57.

② 恩斯特·卡西尔. 人论［M］. 甘阳，译. 上海：上海译文出版社，1985：8.

审视和批判的偏差而受到生活的过多惩罚。通过教学这一场所，学生形成了对生活的审视与批判意识、方法之后，他可以在真正的生活中少走弯路，能够时刻把握生活而不是被生活所把握。按照苏格拉底的说法，未经审视的生活不值得过。教学过程或活动就是对生活审慎检查的过程，尽管这种审慎检查不一定会解开生活的全部谜底，但不经过这种审慎检查，我们的学生作为未来生活的主人，可能连生活的谜面都解读不了。

第三，理解与创造性地回归。人的生活在本质是实践的创造的生活，人的本质力量也正是创造生活，而不只是适应生活。教学回归生活世界不是说通过教学活动进行预先的生活演练（当然这种生活演练是教学力所不及的，因为教学的变革速度远远低于现实生活世界的变化速度），而是让学生掌握创造生活的技巧，形成创造生活的意识与能力，成为生活的创造者而不只是生活的适应者，"使个体生命具有生存能力和创造生活的能力；使个体生命习得、提升对生活意义的寻找与追求的能力"①，这恰恰是教学必须完成的超越价值。从操作层面来看，创造性地回归并不是让学生切实地进行各种创造生活的活动。教学对生活的创造意义在于通过教学来对生活进行理解。生活是由作品构成的，或者说是各种各样的作品构成了生活，对生活进行理解如同对作品进行理解一样，是无限延伸、永无穷尽的，通过组织多角度、多层次、具体而生动的理解生活活动，学生形成创造生活的意识，体会创造生活的意义，掌握创造生活的方法，才能在以后进行真正的创造生活的活动。

在这里，我们可以借用哲学的四种境界来描绘教学怎样面对生活世界：一是让学生用知识解释生活世界；二是让学生能够批判自己对生活世界的解释；三是学生学会对生活世界进行理论批判；四是让学生能够对生活世界进行合理改造，即对生活世界进行实践批判。

---

① 敖刚. 关于教育人文价值失落的思考 [J]. 教学与管理. 2001 (5)：4—6.

第三章

教学历程思辨

　　课堂的运行要围绕三个中心进行，即文化传递中心、成长活动中心与理性思考中心。在运行过程中，应注意区分普遍化、个人化与现实化三个阶段，发挥每个阶段的教育价值。在评价中，要明确教学评价主体与评价内容两个体系。

第一节 课堂的运行：三个中心

课堂是人为建构的教育场景，是学校教学的核心场所，在这一场所中，教师和学生以及教育素材构成了一个动态运行的场域，这一场域具有三种规定性，分别是"文化传递中心""成长活动中心"和"理性思考中心"。这三种规定性是人们设置课堂的初衷，也是教师进行课堂建设理应把持的三个出发点。

一、课堂作为文化传递中心

把课堂建设成为文化传递中心的意义在于以下两点。

一方面，课堂离不开文化，离开文化而专求知识，只能与教育的理想背道而驰。检视现有的课堂，大多课堂单纯以知识为指归，追求机械、冰冷、僵化的知识，这样做的结果使知识应有的活力因缺乏文化支撑而丧失，无法在学生那里得到消化和融会，使得课堂最终背离教育的初衷。"所谓教育，不过是人对人的主体间灵肉交流活动，包括知识内容的传授、生命内涵的领悟、意志行为的规范，并通过文化传递功能，将文化遗产交给年轻一代，使他们自由地生成，并启迪其自由天性。因此教育的原则，是通过现存世界的全部文化导向人的灵魂觉醒之本源和根基，而不是导向由原初派生出来的东西和平庸的知识。"[①]

另一方面，文化为知识的学习提供底蕴，是学生记忆、理解和运用知识的支持系统。知识的教学不能不考虑文化，它可以是动力，可以是方法，甚至可以是目的。"文化为思想的形成、构思和概念化提供条件，它渗透到个人知识中，塑造个人知识，有时也管理个人知识。"[②] 学生的认识具有文化制约性，这种制约性是学生知识学习的根基，忽略这种认识根基，只埋头于深入认识内部抓规律、想策略、定步调……来强化认识、形成认识，这样形成的认识必然是肤浅、没有根基的，只能是象牙塔中的装饰物。"个人只能在一种文化的内部形成和发展自己的认识，文化也只能通过个人认识的相互作

---

① 雅斯贝尔斯. 什么是教育 [M]. 邹进，译. 北京：生活·读书·新知三联书店，1991：3.

② 埃德加·莫兰. 方法：思想观念——生境、生命、习性与组织 [M]. 秦海鹰，译. 北京：北京大学出版社，2002：11.

用和反作用而存在：个人认识的相互作用使文化再生，文化又使个人认识的相互作用再生。"①

可见，课堂理应成为文化传播的中心，而不只是堆砌和陈列知识的仓库，知识因文化而获得生命，文化因具有生命的知识而得到创发，二者是连理共生的。"处在某种文化中的人们通过他们的认识模式来生产文化，文化又生产他们的认识模式。文化生成知识，知识再生成文化。认识既受着多种社会文化条件的支配，又反过来制约社会文化条件。"② 因此，课堂建设不能忽视"文化传递中心"这一课堂属性。

课堂作为文化传递中心，与一般意义上的文化传播中心、文化活动中心不同，这些中心传播的对象是大众，传播的内容多是消遣、娱乐、调节精神生活的文化，而课堂所针对的对象是成长中的学生，传播的内容应是能促进他们健康成长的文化，课堂上适切的文化是具有教育价值的文化。具体说来，在以文化为根基的课堂建设中，需要从文化的选择与加工以及文化的变革与创新两个方面进行考虑。

关于文化的选择与加工可以从以下四个方面加以认识。

第一，在课堂上，有两类承载文化的资源，一是文本形式的教材，二是包括教师自身文化素养在内的非文本文化。这两种文化都需要进行进一步的选择和加工。就教材而言，虽然教材的编制者精心地进行了文化选择，但所选择的文化是基于所有学生的共性的文化，具体到课堂上，教师的教学技艺、学生的学习能力、当前的新形势与变化、本地区的特征、具备的教学条件等因素决定了课堂上对教材的二次加工。就非文本文化而言，作为教材之外的课程资源，具有广泛性、价值多重性、可重组、形式多样等特点，这些特点决定了这类文化资源更需要选择和加工。

第二，选择和加工文化资源的标准，是能促进学生的健康成长。激发学生的内部灵性，唤起学生个体意识的觉醒，促进学生的精神成长，是能促进学生的健康成长的文化的核心。苏格拉底的教育艺术之所以一直受到人们的推崇，是因为他充分调动起了学生的敬畏心情，引导他们对精神的无限性进行追求，去履历完美的智慧人生，从而使教育回归本真意义。"正由于教育的精神中价值失落，反而今天学校的任务更为明确：创建学校的目的，是将历史上人类的精神内涵转化为当下生机勃勃的精神，并通过这一精神引导所有学生掌握知识和技术。"③ 此外，以宣扬正统文化为主旨、遵循真、善、美

---

① 埃德加·莫兰. 方法：思想观念——生境、生命、习性与组织 [M]. 秦海鹰，译. 北京：北京大学出版社，2002：12.

② 同①，第 13 页。

③ 雅斯贝尔斯. 什么是教育 [M]. 邹进，译. 北京：生活·读书·新知三联书店，1991：33.

的文化价值原则、传递学生终生受用的实用知识、尊重学生的合理需要和注重文化的系统性与稳定性等也是文化选择和加工时应加以关注的。

第三，选择和加工的主体力量是教师。在选择与加工过程中，不可避免地会因教师的个人认识与文化修养出现一些所谓的"偏见"，但只要是依照教师的教育良心所进行的价值选择，这些偏见也是可以理解的。"偏见并非必然是不正确的或错误的，并非不可避免地会歪曲真理。事实上，我们存在的历史性包含着从词义上所说的偏见，为我们整个经验的能力构造了最初的方向性。偏见就是我们对世界开放的倾向性。"①

第四，文化选择和加工的结果体现在三个方面，第一，为学生拥有文化资本提供了帮助。课堂教学是一个"文以化之"的过程，经过文化的化育，学生在今后的社会生活中才能摆脱自然人特征的束缚，也才能获得立身之本。这里的立身之"本"可以借用布迪厄的"文化资本"（capital culture）概念，它泛指任何与文化及文化活动有关的有形及无形资产。第二，通过文化选择和加工，使得课堂上的文化行为形成体系，并在一定意义上制度化和常规化，为课堂的运行提供规范，并使得课堂可以周期性延续。第三，通过文化选择和加工，使学生进入到良好的文化关系中，在文化关系中浸润、化育。体验经过渗透教育价值的文化与自身成长的意义，增强对不良文化的免疫力。

在以文化为根基的课堂建设中，除了选择和加工文化，使其成为静态的课堂活动的文化资源外，还应在建设中挖掘文化的变革与创新意义，使学生能感受和学习既有文化中的创造成分，从而在学习静态文化资料的同时，获得文化中的创新与变革意识及方法。形成文化创新的能力，这种能力恰恰是学生在课堂上学到的最为宝贵的、终生受益的东西。新的教育精神就是"使个人成为他自己文化进步的主人和创造者"②。

挖掘文化的变革与创新意义应该注重以下三个方面。

第一，肯定现有的文化中蕴涵着变革与创新的元素。课堂中传播的文化自身除了携带大量的静态文化信息外，还包含了文化创新的思想与方法，这些思想与方法可以为学生打开新的视域，使他们产生新的期冀。"我们的文化和当前生活由之产生的过去的巨大视域，无疑影响着我们对未来的一切向往、希望和畏惧。历史只是根据我们的未来才对我们存在。"③ 另一方面，这些思想与方法还是一种新的刺激，使得学生不断在精神上自我挑战。"我们

---

① 加达默尔. 哲学解释学 [M]. 夏镇平，等，译. 上海：上海译文出版社，1994：9.

② 联合国教科文组织国际教育发展委员会. 学会生存——教育世界的今天和明天 [M]. 华东师范大学比较教育研究所，译. 北京：教育科学出版社，1996：251.

③ 同①，第8页.

被悬浮在一种永久的可能性，一种对所有的确定性涅槃般的否定之中。文化，或者美学，不倾向于任何特殊的社会利益，但正是由于这个缘故，它才是一种一般性的刺激能力。"① 所以，如果仅仅在观念上把文化当作是学生学习的资源，加以选择、加工和利用，不考虑这些文化包含的创造性成分，就会使学生看不到新的希望，得不到新的刺激，使学生的大脑成为储藏文化的仓库，而不是创生文化的场所，这对学生今后的生活而言是贻害无穷的。

第二，学生具有进行文化创新与变革的能力。学生面对课堂上的文化信息，并不是机械地照单全收的，"综观整个历史，活生生的、主动的、具有创造性和回应能力的灵魂，在任何一个时代、任何一个地方都是存在的"②。因而，"在任何文化的内部，个人精神都具有相对自主的潜力，即便是在最封闭的文化条件下，个人也不都是、不总是一些准确无误地遵守社会秩序和文化命令的普通机器"③。学生的这种文化自主倾向使得他们在一定时候和一定程度上摆脱来自静态文化的控制，并无意识地谋求文化变革的可能。"任何社会有机体都有根据自己的需要对外部文化世界的价值和意义进行选择、吸收和控制的能力。"④ 这种对文化的选择、吸收和控制是学生进行文化创新与变革能力的一种表现，这种表现在学生时代似乎尚不能进行真正的文化创新，但这正是文化创新的可能性前提。

第三，课堂的任务是鼓励学生进行文化变革与创新。"教育既有培养创造精神的力量，也有压抑创造精神的力量。教育在这个范围内有它复杂的任务。这些任务有：保持一个人的首创精神和创造力量而不放弃把他放在真实生活中的需要；传递文化而不用现成的模式去压抑他；鼓励他发挥他的天才、能力和个人的表达方式，而不助长他的个人主义；密切注意每一个人的独特性，而不忽视创造也是一种集体活动。"⑤ 为了使得课堂成为鼓励学生进行文化变革与创新的场所，教师要改变传统的知识观念，把它置于文化环境中，从知识自身的生产性出发，对知识的传递过程赋予文化变革与创新的意义，避免因知识而压抑创造。"知识的获得是由于人类战胜了常规与惯性，战胜了现成的观点与概念，战胜了我们试图理解的对象所具有的复杂性与晦涩性。""一切知识都只是重新探索的出发点。"⑥ 鼓励学生进行文化变革与创新的关键，是让学生在学习现有文化的同时，不断发现现有文化中的问题和

---

① 特瑞·伊格尔顿. 文化的观念 [M]. 方杰，译. 南京：南京大学出版社，2003：20.

② 威廉·狄尔泰. 历史中的意义 [M]. 艾彦，逸飞，译. 北京：中国城市出版社，2002：2.

③ 司马云杰. 文化价值论 [M]. 济南：山东人民出版社，1992：13—14.

④ 同③，第6页.

⑤ 联合国教科文组织国际教育发展委员会. 学会生存——教育世界的今天和明天 [M]. 华东师范大学比较教育研究所，译. 北京：教育科学出版社，1996：188.

⑥ 同⑤，第185—186页.

不足、疑惑与悬念，不断遭遇到来自文化的挑战，为学生提供文化变革与创新的机遇。"有一部分人创造了文明，而其余人却在文化上毫无所有，我想这个理由也许是他们虽然生有潜大的创造才能，可是由于某些人遇到了一种挑战，而其余人等却没有遇到的缘故。"①

二、课堂作为成长活动中心

把课堂建设成为学生成长活动中心，意味着教师应该在肯定课堂作为文化传递中心的同时，认识到课堂是"促进学生健康成长"这一教育理想的实现场所。在这一场所中，"教育不能再限于那种必须吸收的固定内容，而应被视为一种人类的进程，在这一进程中人通过各种经验学会如何表现自己，如何和别人进行交流，如何探索世界，而且学会如何继续不断地、自始至终地完善自己"②。如果仅仅把课堂当成是传递知识、训练技能的一个空间，忽略课堂中的成长活动意义，那么课堂的价值就会大打折扣。

把课堂建设成为学生成长活动中心，应着力于以下几个方面。

第一，印证和实现"学生主体"。通常我们说学生是主体，是课堂的主人，实际所指称的恰恰是成长活动的主体和主人。这种主体和主人的身份不是外在力量赋予或任命的，而是一个自我认知、自我印证的过程，这一过程离不开学生活动。

一方面，学生在课堂中的活动是针对具体情景和他人所进行的系统表达，"他那些经过系统表述的对生命的表达，以及这些行动和表达对其他人的影响，才能使他学会认识自己。因此，他只有通过这种迂回曲折的理解过程，才能开始对自己进行认识"③，才能萌生主体意识。另一方面，学生在课堂上的活动可以看作是一种特殊的、基于学生身份的生产劳动。"人的本质力量，即人的德性、才能、智慧、情操、意志力，等等，在劳动生产中、在劳动产品中对象化了，也就是形象化了，因此劳动及其产品就成为人们可以从中直观自己的对象，也就是成了欣赏的对象、美的对象。"④ 当学生在课堂中的这种"生产劳动"获得了"成果"时，他就不仅认识了自己的主体力量，也体验到了主体的快乐，乐于认同主体的身份。当学生通过课堂中的活动萌生了主体意识、认识了自己的主体力量、认同了自己的主体身份时，

---

① 汤因比. 历史研究：上 [M]. 曹未风，等，译. 上海：上海人民出版社，1997：93.
② 联合国教科文组织国际教育发展委员会. 学会生存——教育世界的今天和明天 [M]. 华东师范大学比较教育研究所，译. 北京：教育科学出版社，1996：180.
③ 威廉·狄尔泰. 历史中的意义 [M]. 艾彦，逸飞，译. 北京：中国城市出版社，2002：9.
④ 冯契. 智慧的探索 [M]. 上海：华东师范大学出版社，1997：75.

"学生主体"也就可以实现了。

"通常认为有一种活动的主体，由这种东西才发生活动。但从直接经验来看，活动本身就是实在。所谓主体只是抽象的概念。"① 是活动造就了主体，而不是主体造就了活动。如果不从成长活动中心意义上看待课堂，就等于剥夺了学生成为主体的空间与机会，强调学生在课堂上的主体和主人身份也就只能是纸上谈兵。正是在这个意义上，"未来的学校必须把教育的对象变成自己教育自己的主体。受教育的人必须成为教育他自己的人；别人的教育必须成为这个人自己的教育。这种个人同他自己的关系的根本转变，是今后几十年内科学与技术革命中教育所面临的最困难的一个问题"② 。要想破解这一难题，恐怕离不开课堂由知识传递中心向成长活动中心的位移。

第二，促进课程整合。学生的成长活动与一般的活动有所不同，它必须围绕课程来组织；成长活动与一般意义上的教学活动也有区别，它应该是以整合课程为目的的活动。

课程往往是分门别类的内容，这些内容的类别划分是简约其至粗糙、强制性的人为的割裂。就每一类别的内容来说，具有强烈的学科特征，各自的体系相对严密。学科内容越深刻，越复杂，限制沟通的趋势就越明显。尽管随着课程定义的宽泛化，在课程愿望和努力上正在试图打破课程间的隔阂，但到目前为止我们仍旧难以发现那种真的突破了学科特征的课程形态和实体。或许，课程的呈现方式就是这样刻板和化约的，这是人类分析性原子论思维的限制。整体主义的思维方式虽然是我们的梦想，但这个梦到早晨面对新一天的时候就得醒了，在人类整体的思维方式与文化没有进入到整合状态的时候，先把课程整合了，恐怕没有太多的好处，而且也不可能整合得好。所以说，企求课程先综合化好了之后再去教是不现实的，有些白日梦其至痴人说梦的味道。

课程整合的精神实质不仅是要课程文本发生整合（且不管真的整合后，能否适应我们的传统习惯，能否有人教得了，能否有人能学得了），更为重要的是面对刻板和化约的课程，教师需要去整合并把整合再现在学生身上，所以课程整合的工作重点绝不只是课程文本的整合。除了要遵循课程的分析性的范式，进行实质内容的踏踏实实的教学这种正向的教外，教师还有一个任务，就是帮助学生破除科际之间的限制，促成学生在科际间的沟通，使得原本是化约的课程变得丰富起来。由此看来，学科专家、课程理论家都难以完成课程整合的任务，真正的整合任务完成者是教师。

---

① 西田几多郎. 善的研究 [M]. 何倩，译. 北京：商务印书馆，1965：54.

② 联合国教科文组织国际教育发展委员会. 学会生存——教育世界的今天和明天 [M]. 华东师范大学比较教育研究所，译. 北京：教育科学出版社，1996：200.

对此，教师要形成清醒的课程整合意识，并坚信"组织和转变产生于活动之中，并非预设于活动之前"①。只有在课堂上通过组织有利于学生健康成长的活动，才能在现实条件下实现课程的整合。在柏拉图的《理想国》中，从 20 岁起，"被挑选出来的那些青年将被要求把以前小时候分散学习的各种课程内容加以综合，研究它们相互间的联系以及它们和事物本质的关系"，并认为"这是能获得永久知识的唯一途径"②。这里所谓的唯一途径，主要是沟通、交往、辩论、观察等充满理智的各种活动，在活动中实现课程整合。因此，教师"必须在空间和时间上重新分配教学活动，从而在教育中恢复生活经验的各个方面"③。要避免使课堂踏上这样一条路，这条"宽广却又危险的路通往一个糟糕的地方。这条有害的路由一本书或一系列讲座来体现，书和讲座几乎能使学生记住下一次校外考试中可能出现的所有问题"④。

第三，精心组织活动。课堂中的活动是需要精心组织的，那些浮躁和花哨的活动再多，也不一定能促进学生的健康成长。活动的组织应注意以下几个原则。

1. 要使活动合规律和合目的

能够促进学生健康成长的活动需要两个条件，第一个条件是"善"的要求，也就是所组织的活动要立足于学生的要求，符合学生的利益，要能够促进学生的成长，不能为了活动而活动，不能只是为了使课堂看起来"活跃"而不负责地添加"活动"作料。一切为了学生的成长，这是活动组织的合目的性要求。第二个条件是"真"的要求，也就是所组织的活动要符合课程与教学的规律，要尊重课程与教学规律的要求，根据规律设计现实可能和可行的活动，使所设计的活动符合合规律性的要求。合目的与合规律是人类活动的一个本质特点，也是设计和组织课堂活动的基本要求。"不合规律的活动，人类不可为之；不合目的的活动，人类不想为之。合规律性是为了合目的性。"⑤

2. 尊重学生的个人特质，使学生自由地进入活动中

课堂活动的设计往往是针对学生群体的，一般情况下很难考虑到每个学生的独特性。但在活动展开过程中，可以随着活动的进行使学生找到自己适切的位置参与活动。活动的设计不一定是针对每个学生的，但活动的进行则

---

① 小威廉姆 E. 多尔. 后现代课程观 [M]. 王红宇，译. 教育科学出版社，2000：6.
② 柏拉图. 理想国 [M]. 郭斌和，等，译. 北京：商务印书馆，1986：305.
③ 联合国教科文组织国际教育发展委员会. 学会生存——教育世界的今天和明天 [M]. 华东师范大学比较教育研究所，译. 北京：教育科学出版社，1996：224.
④ 怀特海. 教育的目的 [M]. 徐汝舟，译. 北京：生活·读书·新知三联书店，2002：8.
⑤ 冯平. 评价论 [M]. 北京：东方出版社，1995：2.

是针对每个学生的，要鼓励他们在活动中有自己的创造性参与，也只有在活动过程中，学生的个人特质才能够得到展示的机会。"只是因为存在着行动者，才有了行动，有了历史，有了各种结构的维续或转换。但行动者之所以是行动着的，有效力的，也只是因为他们并没有被化约为通常那种根据个体观念而理解的个人；同时，这些行动者作为社会化了的有机体，被赋予了一整套性情倾向。这些性情倾向既包含了介入游戏、进行游戏的习性，也包含了介入和进行游戏的能力。"① 当然，这不是说学生可以在活动中信马由缰、各行其是，在活动过程中教师要提出并经常强化活动要求，以保证活动的进行。"并不是没有理由地进行活动就是自由，倒是因为熟知理由才是自由。"②

3. 组织活动时应明确活动的评定标准

"特定的活动之所以能够被评定，是由于内涵于活动中的标准，而不是由于活动所导致的结果。因为一个人除了参与那些自身具有优异标准的活动之外，他怎么能够学会根据活动本身来评估呢？不同的活动以不同方式包含着不同的标准，如高雅、独创性、机敏性、合适性、精巧性或有说服力等。当我们参与这些活动时，我们开始对这些标准做出反应，并意识到活动本身具有某种价值。"③ 当然，设计这些评定标准的目的主要不是为了去评价活动，而是以这些标准为准绳，在组织和设计活动时有活动的指导思想，使活动符合教育需要。活动的评定标准可以从活动的严密程度、活动的节奏、活动的新颖程度、活动的教育价值、活动的适宜程度等方面加以考虑。从活动参与者角度来看，判定标准包括活动的意义、活动的组织状况、活动的吸引力、活动的乐趣、活动的方式、活动的条件、活动的收获等。

4. 所组织的活动内容尽可能丰富，关涉面广

课堂中的活动具有一定的综合性，在活动中，学生可以调动自己的知识与经验背景，并结合个人的独特性参与活动。如果设计的活动内容过窄，就会限制活动应有的价值。活动的意义就在于提供给学生"在各种很重视无法预言性的情境中运用自己的智慧、机智和敏感性的大量机会，以及使用技能的机会"④。作为促进学生成长的活动，在内容上要尽可能考虑到三种关系，即实践关系、认识关系和价值关系。从实践关系出发，要考虑学生能够在活动中可以做什么，从认识关系出发，要考虑学生在活动中能发现和认识什么，从价值关系出发，要考虑学生能有哪些体验和收获。如果能从实践、认识、价值三个维度来把握活动内容设计，那么其丰富程度和关涉面应该可以

---

① 皮埃尔·布迪厄，等. 实践与反思 [M]. 李猛，等，译. 北京：中央编译出版社，2004：20.

② 同①，第 87 页。

③ 瞿葆奎. 教育学文集·智育 [M]. 北京：人民教育出版社，1991：140-141.

④ 同③，第 141 页。

得到保证。

三、课堂作为理性思考中心

把课堂建设成为学生的理性思考中心，是指课堂除了文化传递和成长活动这两种属性外，还关乎学生在课堂上的理性思考，关乎学生头脑中的思维运算，课堂应成为激励学生超越具体活动形态的理性精神活动场所，应成为超乎外显活动状态的理性思考的精神家园。

具体说来，理性思考的价值在于以下三个方面。第一，理性思考作为一种反省活动，是学生获得知识的一个源泉。洛克在《人类理解论》里曾追溯到知识的两个根源：一是通过感觉被动接收的外界物质，二是心灵自己的活动，心灵通过各种不同的活动对物质进行加工，他把这种活动概括描述为"反省"。① 反省作为一种思想力量，在经历、体验的同时，能够利用逻辑演绎和理论分析，在感觉与经验中获得更高层次的认识。第二，从课堂活动来看，理性思考可以使活动的效率得到提高。可以使学生在活动中摆脱权威与习惯的束缚，增强反思与批判意识；可以使学生增强对活动的观察与分析能力，品味活动的个人意义，在沸沸扬扬的活动中保持清醒独立，取得更大的收获；可以使学生在活动中整合活动内容，在头脑中形成综合统一、立体图景的内容画面。第三，理性思考蕴涵着创造。理性思考可以促使学生对课堂生活进行诊断，透视出其症结所在，并在这种批判性反思之后，对课堂生活的取向、内容、方式、进程等做出应然性的判断，并进行检讨、审视和修正，进而从更高的角度更深远的境界规划今后的行动蓝图。

可见，理性思考在学生成长中起着不可或缺的作用，尽管文化传递和课堂活动可以使学生获得较多的认识、经历和体验，教育的价值绝不仅仅是为了使学生无休止地去认识、经历和体验，更重要的使命在于使这些认识、经历和体验统一于个体身上，凝练为个人特质，而统摄这些认识、经历和体验任务的完成，离不开学生的理性思考。

尽管学生的理性思考具有较高的价值，却经常容易被忽视。这是因为，从较宽泛的意义上讲，课堂活动与理性思考本不是相互对立的范畴。思考本身也是一种活动，是一种在头脑中运行的活动，这种活动也是遵循一定的范式，凭借具体的内容进行的，但在形态上是内隐性的、"无形的"。审视目前的课堂实践，理性思考缺失现象主要表现为目的性的缺失、过程性缺失和手段性缺失三个方面。第一，理性思考目的性缺失主要是指在课堂教学取向上

---

① 博伊德，金. 西方教育史 [M]. 任宝祥，等，译. 人民教育出版社，1985：285.

只关注知识与外显的活动，不关心学生在课堂中的思考成分，不注重给学生提供思考的空间与机会，致使学生在课堂中不能对活动进行抽身反省，不能自觉反思，从而不能使预先设置的活动发生富有个人意义的变化。第二，过程性缺失主要表现在，课堂活动设计严格地围绕着知识的传递与获取来进行，教师精心安排各种相关活动，活动进行的每一个环节都被预先制定好，活动的步调也是严密控制的，学生可以不加思考地按照设置的步调行进，只要完成了每一个步骤，就可以实现活动的原本意图，无须为活动的走向发愁，不必担心活动的个人价值，不用承担任何责任和风险，可以高枕无忧地沉浸在既定活动中活动。这时，师生双方的目光很容易被吸引到具体的活动内容上来，全部精力就放在了如何实现这个目的的技术性问题上，至于这一内容与学生个体的意义、这一内容与其他事物的连带关系、这一内容所包含的方法论精神等形而上的需要理性思考的问题经常就被忽略了。第三，手段性缺失表现为以下三种情况，一是课堂活动节奏过于紧凑，缺乏反思时间。在活动进行当中，由于受既定内容和相关设计的限制，学生时常处于"完成任务"和"跟上节奏"状态中，很少有时间进行回味、揣摩，缺乏反思机会；二是注重外显方式的改进，忽视内隐方式的提高。学生在教学活动中发生错误时，教师往往以"应该怎么做"来教导学生，很少与学生探讨"为什么应该这么做"，只教技术不教技术背后的方法论，难以使学生形成理性思考的习惯和方法；三是学生间的交流缺乏思想的碰撞，在对课堂教学结果的评定上，师生的视角多集中在优劣的对比上，很难深入内心世界中进行致思取向、运思途径等方面的比较，致使交流停留在实物与现象层面，不能进入精神境界。

上述三种理性思考的缺失会导致学生在课堂上的收获减少。一般说来，课堂教学活动结束后，学生所获得的收获应该包括两个方面，一是可见的物化的收获，二是无形的精神与方法的收获，相比较而言后者的意义更大。只有在精神和方法上取得进步后，才能为以后课堂教学活动与个人发展积蓄养料，而要想得到这种无形的收获，就必须在课堂中不断反省、总结、提炼，不断超越已有的思想境界，这些都需要理性思考来完成。

通过以上分析可以发现，把课堂建设成为理性思考的中心是课堂建设的必要选择，为此应坚持以下方法论原则。

第一，把课堂定位在理性思考境界。课堂的价值可以表现在知识的理解性掌握、技能的提高、实践能力的增强、积极态度的养成等许多方面，但更为重要的是学生思想境界的升华。它一方面可以统摄其他方面的显在的教育价值，使这些价值自觉地、更完整地统一于学生个体身上，使这些价值更好地内化。另一方面，思想境界的升华可以使学生有能力创造性地理解教学活动的内在意义，并使之与自己独特的精神世界建立联系，创发出新的属于自己的教育价值。因此，在课堂定位上，要超越现有的着眼于某项技能的提高、服务于某种知识的传授、立足于可见的短期性的发展等实用性、工具性的取向，以促进学生思想体系的完备、思想方法的成熟、思想境界的高远、思想内容的深刻为课堂建设的取向。以这种理念引导课堂，可以使师生在从事具体活动的同时，积极进行独立于活动之上的思考，在获得具体可见的收获的同时，增强精神与人格力量；在徜徉于经历与体验的同时，提升理论品格。

第二，教学过程即是思考过程。从价值的角度来理解，教学过程也就是教育理想的现实化过程，是使教育价值从潜在到显在、从应然状态到实然状态、从理想规划到实践操作的过程。把教学过程定位在理性思考这一层面上，就是要提高教学的品质，增加外显活动背后的理性成分，使学生思考的含量和境界随着活动的展开不断获得提高。这样可以避免教学活动在浅层次、短期效应上徘徊，从而增强其深刻性和长效性。"教学过程即是思考过程"这一原则的贯彻要注意两个方面：一是要避免教学中的"灌输"现象，给学生品味、咀嚼和创生的机会；二是在教学中要不断地布置反思的任务，并教会学生理性思考的方法。

第三，课堂活动设计预留思考空间。通常在设计课堂活动时，设计者总是试图使整个活动方案完美无缺，计划的完整性、内容的充实性、环节的严密性、节奏的紧凑性等都是关注的焦点。当这样的活动展开时，往往会出现活动控制人、活动驱使人的现象，使学生没有思考的余地。预留思考空间是指在活动设计中要适当"留白"，不用细致完备的内容填充整个活动，通过提供开放性问题、设置悬念、给定条件不完整、结果的不确定性、方法的不唯一性等手段，留给学生思想自由伸展的领地。这种留白一方面为学生展开深入思考提供机会，留有余地，另一方面可以吸引学生以思考统领行动，自觉扩展事先描绘好的疆界，进行创造性的阐发。

第四，课堂活动内容的组织由思考活动统摄。现有课堂活动序列的组织往往有两种方式，一种是按照活动的先后顺序或一项活动的阶段环节进行组织的进程序列，另一种是按照某个主题向下不断分化或横向不断宽展的主题序列。由于这两种组织方式的形式和逻辑容易把握，在实践中运用得比较多。但这两种组织方式的出发点是站在便于课堂活动设计与实施的角度的，考虑的大多是学生能在所组织的活动中获得多少"实惠"，即实际可见的收获，较少关注学生在活动中本应获得的思想收获。由思考活动统摄活动内容，是超越前两种内容组织层次的第三种组织方式，即着眼于学生理性思考的进程、方式、境界的改善与跃迁来组织活动内容。这一组织方式以推进学生精神世界的发展为主旨，致力于提高学生的理论思维能力，可以使学生在获得"实惠"的同时，获得可以终身受益的思想领域的长进，而这种长进才应该是课堂最重要的价值目标。

第二节　教学的过程：三个阶段

教学过程阶段问题的研究有着一定的理论意义与现实价值。首先，教学理论建构必然要涉及教学过程的阶段问题，一方面它具体表达着理论的抽象意蕴，另一方面它是理论的有效性、可接受性和实践性的保证。其次，教师在教学实践中需要掌握教学过程的阶段理论，这是他进行具体教学设计的基本的方法论，没有这种指导，所进行的设计难免是凌乱无序且不系统的。再次，教师在眷顾当前流行的教学理念如反思性教学、对话教学、教学回归生活世界、主体性教学、发展性教学等时，需要把握相应的教学过程阶段理论，否则，受过去所秉持的教学过程阶段理论的影响，新的理念在原有的思维与操作框架面前只能在半空中飘浮，无法得到具体落实。

然而，检索中国学术期刊网可以发现，近年来关于教学过程的本质、要素、主客体关系等问题的文章偶有出现，而关于教学过程阶段问题的研究论文就很少能见到了。教学实践中，教师所依据的教学过程阶段理论仍主要来自20世纪80年代初到90年代中后期我国学者的相关研究成果。这些研究成果目前看来主要存在这样几个问题：第一，关心的是教师讲授的阶段理论，以教师讲授指称全部的教学过程；第二，关心的是静态知识的掌握过程，以间接经验替代全部课程；第三，关心学生在教学中"客观""实在"的获得情况，以这些客观实在的获得为阶段划分的基点，忽略了这些客观实在在学生内在世界的延展过程；第四，关心的是教学过程的操作流程，以程式化、程序化的工业模型掩盖教学过程中师生的创生活动。

由于这样几个问题的存在，原有的教学过程阶段理论已经难以适应新的知识观、课程价值观、师生观、学生发展观等，在一定程度上影响了课程改革的进行，造成了教师在实践中的困惑和迷茫。有鉴于此，笔者在这里提出了教学过程三阶段的理论构想，认为教学过程由普遍化、个人化、现实化三个阶段所组成，每个阶段的内涵、特点、教学要求与现实意义都有所不同。

一、教学过程的普遍化阶段

相对于普遍意义上的文化而言，课程内容是经过了课程编制者刻意加工和整理的特殊文化，一般情况下，这类文化除了具有科学性、合理性之外，还具有教育学的逻辑，是儿童发展与社会发展所必需的，具有独特的促进发展价值。课程内容的这些特征决定了它的不可替代的地位，因此每一个学生都需要掌握课程内容，以此实现对自身的不断超越。从教学的任务来看，对课程内容的有效传播使之被学生所掌握，也是人们对教学的基本期待，如果这个期待不能变成现实，教学的其他任务也就成了无源之水。

课程内容的性质、学生发展的需要以及教学的基本任务，决定了教学活动的第一个阶段就是使课程内容获得普遍性的传播。这里所说的普遍性包含两层含义，第一，使课程内容得到全面系统的宣讲和传播。不管人们对教学的属性进行怎样的挖掘和阐发，教学也无法摆脱"特殊的认识活动"这一属性，这既是课程内容决定的，也是教学得以存在的根据之一。教学作为认识活动的特殊性在于，通过宣讲和传播，使学生在短时间内获得大量的经过了考验和鉴别的人类知识与经验，这些知识与经验具有高度浓缩的性质，具有较强的再生产性。而这些知识与经验才是学生进行新的理解与建构的基础材料，没有这些基础性的材料，所谓的理解、建构、创发都失去了必要的根基，即便小有收获，也大多是偶然性的、零散的、走弯路费时间的，并且这样得来的收获缺乏进一步创造和拓展的能力。第二，使所有的学生普遍地获得聆听课程内容宣讲的权利，使每个学生都成为课程内容传播的对象。进入教学的学生相互间存在着种种差异，主要表现为学生的资质与学习准备不同；学生的学习能力不同；学生的家庭出身、经济基础、文化背景不同；学生个人心理世界不同，包括个性差异、态度差异、社会性差异等。教师在宣讲和传播课程内容时，要充分考虑到学生的这些差异，通过各种手段使每一个学生都能获得所应掌握的课程内容。之所以要保证学生的普遍性，一方面是因为这些课程内容是每一个学生获得进一步发展的基石，每一个学生都有得到基石进而获得发展的权利，另一方面在于公共性的课程内容只有传播给了每一个具有个人特质的学生，才有可能得到丰富多彩的表现、诠释和阐发，才能表现出自身的基础性和生产性。

教学过程的普遍化阶段具有以下特点：第一，课程内容是公共的和普遍的，针对的是每一个学生；第二，教师是课程内容的宣讲者和传播者，学生是听众和接受者；第三，以教师的语言为基本的传播工具；第四，可以发生在教学过程的开始、中间和结束等环节；第五，讲授和学习的文本依据主要是教材；第六，普遍化的理想结果是所有学生都接受和清楚了规定的内容。

在教学过程的普遍化阶段，教师对内容的讲授要精要、清晰、连贯，要让每一个学生都能听到、听明白自己的讲述，要使自己所传播的信息到达每一个听众那里，要照顾到每个学生的实际情况，让所有的学生都能听明白教师的讲授。当然，教师的讲授还应该富有艺术性与感染力，这样才能使主要是单向活动的讲授变得生动有趣，使学生乐于捕捉教师所发布的信息。学生在这一阶段的任务主要是听懂并且记住教师讲授的内容。

上面关于教学过程普遍化阶段的描述很有些老调重弹的味道，但作为完整的教学过程的一部分，这样的授受过程是十分必要的。新课程改革以来有关教学方式转变的各种理念流行起来后，授受似乎有淡出教学舞台的倾向。事实上所谓的对话、交流、协商、建构、合作、探究等方式都是在授受的前提下才能真正展开的，只有授受的教学肯定是不行的，但没有这种普遍化的授受，这些教学方式也是无法落实的，新理念的出现不是对授受教学的彻底否定，而是对如何实施促进发展教学的新探索。

二、教学过程的个人化阶段

通过课程内容的普遍化使所有的学生都能掌握教师讲授的内容，这只是教学过程的第一个阶段，在这个阶段中学生把所获得的信息暂时存放在大脑中后，它们只能是暂时的信息，容易丢失和遗忘，容易被新的信息所冲淡。尤为重要的是，普遍化阶段所获得的信息只能是书本的和教师的东西，尚没有进入学生的内心世界，缺乏与学生个人之间的内在联系，学生无法体会这些信息对自己的意义，无法针对具体问题情景在自己的生活经历中迅速有效地进行提取。因此，学生在普遍化阶段所获得的认识结果需要进一步进行加工整理，加工整理的目的在于对这一阶段的认识进行个人化的理解。只有理解了教师的普遍化讲授，才能自觉地进行内化，也只有在理解的过程中，内化才能发生。

个人化就是使教师和教材所表达的公共性、普遍性的内容被赋予个人特质，内化为学生个体自己的内容，教学过程的个人化阶段是针对普遍化阶段之后课程内容的掌握状态而进行的第二个教学活动阶段。这个阶段的主旨在于使普遍化的讲授进入学生的内心世界，在学生个人那里获得真正的理解。通常教师在普遍化阶段结束后都会问"大家理解了吗"这个问题，这个问题其实是个假问题，因为在普遍化阶段通过授受式的教学，学生是不可能理解的，所以，教师听到学生回答"理解了"的时候，要注意学生回答的其实是"听清楚了、听明白了、听懂了"，而不是真正的理解了。这是因为学生单纯地听懂、听明白，进而能够进行说明和解释还不是理解，理解在本质上是一个再创造的过程，这个过程需要两个条件，"作品的个性与解释者的个人精神世界之间，是理解施展创造性活动的天地。这个天地由两条相望的地平线构成。一条地平线从作品的世界向外开放，另一条地平线由解释者的理解视野向作品的世界延伸过去。在这两条地平线的交合处，就出现了一个意义世界"[①]。普遍化阶段所能提供的仅仅是"作品的个性"这个条件，它还没有与

---

①　刘安刚. 意义哲学纲要 [M]. 北京：中央编译出版社，1998：73－74.

"个人的精神世界"发生联系，因此真正的理解不可能发生。

教学过程的个人化阶段具有这样一些特点：第一，个人化过程是对普遍化阶段结果的重新理解和建构；第二，个人化的发生需要以普遍化为基础；第三，学生个人的经验背景是个人化的支持系统；第四，学生是个人化过程的主体，教师是参谋和顾问；第五，个人化的方式多种多样，针对每个学生的情况，方式可以有所不同；第六，对同一内容的个人化的过程可以是多次反复的；第七，学生个人可以选择多个角度进行个人化。

在教学过程的个人化阶段，教师要创设各种有利于个人化进行的环境与条件，引导和促进个人化的发生。要帮助学生认识课程内容对学生个人的意义，使学生产生个人化的内在动力。要把握每个学生的实际情况，在方式、时间等方面做出符合每个学生实际并能促进个人化的安排，如给予不同的学习时间、布置不同的作业、为学生提供数量充足的教育安排供其自由选择等。对于学生而言，要认真反思和体察自己的经验体系，主动在普遍化的课程内容与个人经验之间建立起意义联系，使课程内容转化为个人经验体系中的成分。要乐于表达自己的个人化结果，尽可能地与同学进行沟通和交流，彼此分享个人化的结果，通过相互观照，使自己的个人化过程更加丰富和充实。

许多教师在他的教学经历中都会遇到这样的迷惑，为什么全班学生都认真听课，都听懂了教师所讲授的内容，发展结果甚至考试结果却仍会有所差异呢？对普遍化课程内容的个人化程度不同，是导致这种现象发生的主要原因之一。由于个人化程度不同，每个学生对已有课程内容的记忆、理解、提取、创发等都会有所不同，在具体问题情景或考试面前，每个学生自然会有不同的表现。目前补课是教师和家长对于考试成绩不理想学生的主要补救方式，需要注意的是，帮助学生弄清楚课程内容是必要的但不是充分的条件，要想取得好的成绩并能长久维持，还要加强学生对课程内容个人化的水平。特别是对于那些学习认真刻苦但成绩平平的学生，加强其个人化能力肯定是一个有效的途径。

三、教学过程的现实化阶段

经过了普遍化和个人化两个阶段，课程内容已经被学生所认识并进入他们的内心世界，赋予了个人独特的意义，然而，这并不意味着教学过程的完结。这是因为：第一，这些课程内容的现实意义及其有效性需要得到确证，这样才能使之保持长久的吸引力；第二，学生学到的东西在逻辑和论理上可能是正确合理的，但这时的正确合理只能是暂时的，需要不断得到修正和完善；第三，前两个阶段中学生所掌握的课程内容具有高度浓缩性和统摄性，需要以此为根基进行阐发与建构，扩大课程内容的内涵，由此提高学习的效率；第四，课程内容的掌握不是教学的最终目的，如果这些内容只是以抽象的形态存留于学生头脑中不加以运用，那么这些内容最终会丧失其价值而被学生所遗弃；第五，仅仅以口头表达和书面表达所获得的分数来衡量学生对课程内容的掌握状况，是不够妥帖的。凡此种种，都需要使课程内容与现实世界发生联系。

教学过程的现实化阶段，就是把所学内容运用到具体现实，使经历了普遍化与个人化的课程内容与现实世界对接从而得到进一步提升的阶段。在这一阶段中，学生才能不断体验到课程内容的现实意义，获得持续学习的动力；才能对所学内容进行抽身反省，形成批判意识并形成独立见解；才能使分门别类的内容体系获得综合的机会与平台，提高自己的综合能力；才能保持课程内容的学术性与实践性的联系，提高自己的实践能力；才能有机会针对具体的情景和问题，对所学内容进行进一步的解释、理解、建构、应用与创发。尤为重要的是，教学的首要任务就是使学生获得真理性认识，而通常我们说真理是抽象的、一般性的，这实质是在概念范畴中对真理的描绘，落实到某一个体中，他所理解和把握的真理都需要具体化为一个个经验事实。所以说"完全的真理是个人的、是现实的"①。学生在不断的经历和体验中，通过获得这些具体的、现实性的真理，最终形成真理的抽象概念。离开了直接的经历和体验，单纯依靠书本符号知识或灌输性的真理教导，学生很难真正获得真理。教学过程的现实化阶段是使抽象的课程内容富有生命活力的阶段，缺少这个阶段，教学过程会变得狭隘和浅薄。

教学过程的现实化阶段具有五个特点：第一，课程内容从书本和教师移向生活世界，在那里发生综合；第二，以问题的发现、分析和解决为主要的教学任务；第三，以研究为基本的教学方式；第四，学生是研究者，教师是学生研究的指导者和合作者；第五，小组学习和合作学习是较为适宜的组织方式。

在这一阶段的教学中，教师一方面要指导学生应用前两个阶段的学习成果观照现实生活世界，另一方面要引导学生在回归生活世界的同时不断对自己的知识经验体系进行来自实践的检验和修正，不能一味沉浸在生活世界中而忘了教学自身。教师要以激励探索和指导研究为己任，为学生提供各种有利于现实化的条件与环境。在现实化过程的进行当中，教师要利用各种机会帮助学生进行理性的反思和总结，学会对生活世界进行提炼。对现实化阶段的教学结果可以采取多种评价方式，如档案袋、作品分析、研究报告等。

新课程目标中所强调的过程与方法、课程内容上对经历和体验的关注

---

① 　西田几多郎. 善的研究 [M]. 何倩，译. 北京：商务印书馆，1965：29.

等，都期待着教学过程的现实化阶段来落实。在传统的教学过程阶段理论中，现实化这个阶段有时被忽略了，有时用"应用"来替代，而所谓的应用经常是由教师提供出来那些结构良好的问题，学生只要把教师讲授的内容套用在具体的问题上就可以了，不需要进行条件的选择、情景的辨别等审视过程。结果使应用变成了所学内容的熟悉与练习的过程，不能带来新的收获。在当前的教学实践中，又出现了另外一种情况，就是把现实化单纯理解为对问题的研究和解决，缺乏总结、反思、提炼的过程，容易使学生沉浸在生活事务当中，忘记了自身的发展与超越目的。

四、三阶段划分的现实意义

普遍化、个人化、现实化三个阶段共同构成了一个完整的教学过程，缺少其中的任何一个阶段，教学过程都难以完成自身的任务。它们相互间存在着这样的关系：第一，三个阶段之间不是彼此孤立、截然分开的，它们彼此联系、相互衔接，任何一个阶段的设计和使用都要同时考虑其他两个阶段；第二，虽然在理论表达上三个阶段有其逻辑顺序，但在具体的实践过程当中，三个阶段的顺序不是固定僵化的，可以灵活调整；第三，并不是每一个阶段结束后才能开始下一个阶段，在实践当中经常是三个阶段相互交融、交替使用。

教学过程的三个阶段既是对宏观教学过程的描述，也是对课堂教学过程的划分；既适用于知识教学，也适用于其他教学任务的完成。教师在针对不同的课程内容进行教学准备时，可以以普遍化、个人化、现实化三个阶段为基本的思考线路，对每一个阶段进行具体的设计。

把教学过程划分为普遍化、个人化、现实化三个阶段，能够给教学实践带来较多的启示。

从课堂教学来看，习惯上人们把课堂教学等同于教师讲授，新近的一些理念是让教师从前台退隐到幕后，大有取消教师讲授的意思。从教学过程的三个阶段来看，这两种做法都有失偏颇。一个完整的课堂教学应该包括教师的讲授，又不只是教师的讲授，还应包括个人化和现实化两个阶段。评价一堂课中教师的表现应该分别评价教师的普遍化宣讲与传播状况、促进内容个人化状况与促进现实化的状况。对于学生在课堂中的表现进行评价也要顾及这三个方面，要评判学生接受普遍化信息的状况以及课程内容个人化的程度与灵活运用能力。

关于知识的学习，尽管近年来人们对教师讲学生听的模式进行了批判，但授受的方式仍是必要的。因为教学中的知识与一般的知识不同，对知识概念的宽泛而丰富的内涵诠释在知识论研究中是必要的，但教学中的知识是对一般意义上的知识进行了"教育学化"了的知识，具有凝固化、间接化、实体化等特点，离开了授受而求助于经历体验与自我建构，势必会影响知识传习的效率。当然，授受不是知识学习的完结，"一个人经验（直接或间接）和记忆的一切内容，都可能成为他知识的一部分。如果经验和记忆的内容被整合进他自己的知识结构中去的话，记忆内容就成了知识的一部分"①。知识学习还需要个人化与现实化这两个阶段，静态的知识才能走进学生的内心世界，走向生活世界。普遍化、个人化、生活化是知识学习的三个必要阶段。知识本身不会有什么不妥，是知识教学过程观上出现了问题，才引发了人们对知识的反审和指责。

新课程对转变教学方式提出了强烈的呼吁，对话、沟通、表达、交流、自主、合作、探究等许多新的教学方式纷纷出现，目前作为规约教学的强势语言在舆论上备受推崇，而对以教师普遍化的宣讲与传播为特征的授受式教学却讳莫如深。事实上，教学方式本身不存在好与坏的区别，任何教学方式只要符合教学需要就是适宜的和必要的。在教学过程的普遍化阶段，普遍化的授受是适宜和有效的，而在个人化和现实化阶段，上述新的教学方式才能充分发挥其作用。不同的教学方式在不同阶段发挥作用的时间与机会有所不同，不能混为一谈。

对教师角色的期待从"知识的代言人"转向"指导者、合作者、参谋、顾问、高级伙伴、研究者"之后，一些人产生了误解，认为应该取消教师讲授、把权力交给学生，教师由过去的主角退归到观众席。从教学过程的三个阶段来看，这是不切合实际的，既不切合知识的实际，也不切合学生的实际。教学的本性中就包含了教与学两个方面，教学活动由师生两个方面组成，不能因为对学生主体的认同就否定了教师，教学中没有学不幸，没有教也同样是不幸的。在普遍化阶段，教师应该是主角，以代言人和传播者的身份出现；在个人化阶段，主要是参谋、顾问和高级伙伴；在现实化阶段，指导者、合作者、研究者等身份则是必需的。

促进学生发展是教学的使命与落脚点，普遍化、个人化、现实化是促进学生发展的必要阶段。在普遍化阶段，学生作为观众，是受教育者；在个人化阶段，学生把课程内容与个人内心世界相联系，是接受教育者；在现实化阶段，学生通过向生活世界的回归而高屋建瓴、融会贯通地把握课程内容，是获得教育者。由受教育者成为接受教育者再成为获得教育者，这是教学过程三阶段构想在促进学生发展问题上的一个理论意义。

---

① 瞿葆奎. 教育学文集·智育［M］. 北京：人民教育出版社，1991：44.

第三节　教学评价：主体与内容

　　教学评价问题是课程改革中的一个难点，而在这个难点当中，评价标准问题又是相当困难的问题。检索关于教学评价的研究论著，对教学评价标准问题深入讨论的并不多，特别是对教学评价标准中的主体与内容体系这两个评价标准的核心问题的研究更是难得一见。课程改革实践中，围绕评价标准问题经常出现三种情况。一是关于评价标准关涉的主体的争论，如"你的评价标准是怎么来的？""你评价标准合理吗？""应该按照谁的标准来评价？"二是关于评价内容体系的争论，如"评价标准概括了要评价的内容吗？""评价标准针对的是哪些评价内容？"三是面对课程改革所倡导的新的评价理念，在实践中经常发生误用。这里试图就评价标准中的主体与内容体系问题进行分析，希望能在教学评价标准理论研究上抛砖引玉，并能对教学评价实践的改进有所启示。

一、教学评价主体

　　毫无疑问，教学评价"评"的是"价值"，而价值是相对于主体而存在的。离开了主体，教学自身可以具有属性与功能，但不会有价值。需要注意的是，这里的主体是价值主体，也就是利用教学所具有的属性与功能满足自己需要的人。这样，教学评价作为评判教学有无价值或价值大小的活动，实质是要评判教学的属性或功能满足价值主体需要的情形，或者说，是评判价值主体的需要通过教学而得到满足的状况。这样，价值主体的需要就成了评价标准的源泉，教学评价标准诞生于教学中价值主体的需要。怀特曾在《当代课程论》中以价值主体的口吻写道："别人对我的需要一无所知，因而他没有任何理由说我可能要做的任何具体事情都具有内在价值。但是我自己却处于不同的地位。让我们这样说，我实际上尽可能广泛地熟悉我可能需要的各种事物，并且花了相当长时间来考虑优先选择其中的一些事物，最终对这些事物形成了确定的看法。这样，我处在类似于理想的情况中——即使我绝没有希望达到这种情况，我就有一些理由说我现在偏爱的一切目标最有内在价值。"[1]

　　在教学中，存在着两类价值主体，即学生和教师，这两类人进入教学中

---

① 瞿葆奎. 教育学文集·智育［M］. 北京：人民教育出版社，1991：163.

进行教学活动时，不管是否意识到，都怀揣着各自的需要，当然，是关于教学的需要而不是别的需要。这种教学需要在教师与学生两类价值主体中，内容体系是不同的。因此，教学评价标准的源泉主要有两种，即学生作为价值主体的需要与教师作为价值主体的需要。需要说明的是，在教学之外，还存在着一类价值主体即社会。社会是一种特殊的价值主体，社会对教学的需要不是着眼于教学内部的各种活动所能带来的价值，而是关注教学阶段结束后对自己需要的满足程度，关注的是教学的结果性价值，因此它所关心的教学评价，主要是结果性价值的评价。在对各种活动以及师生在各种活动中的发展状况的评价中，社会一般不会直接介入。由于存在教学中的价值主体与教学之外的价值主体，或者说由于教学价值分为教学中的价值和教学的价值两类，教学评价也就被分成了这样两个方面。在评价实践中，如果不对这两个方面做出区分，会在评价主体、评价标准体系的选择与使用上带来很多混乱。

　　学生作为价值主体的需要与教师作为价值主体的需要，以及社会作为价值主体的需要，都是评价标准的源泉，虽然这并不意味着他们的需要就是评价标准。因为评价标准的形成还必须涉及另外一个人物，即评价者，或者说是评价主体。评价主体就是对教学进行价值判断的活动承担者。正如离开了价值主体教学价值不可能发生一样，离开了评价主体，评价标准就只能内含于价值主体的教学需要中，永远不能浮出水面。评价主体是评价标准的唯一需要者。观念形态的教学在实际展开与实施中，是不需要进行评价的，并不是为了被评价才进行活动，在这个意义上教学的参与者（价值主体）并不需要评价标准。只有当需要对展开的过程及结果进行抽身反省时，才需要评价，也只有这时才会出现评价主体，才需要评价标准。"评价的标准，就其实质而言，就是评价主体所把握的、所理解的价值主体的需要。"① 评价主体对价值主体的需要进行了观察、理解和把握，并使之逐渐清晰与条理化，形成一套观测点，然后对每一观测点进行应然性的描述并赋值，这样才形成了评价标准体系，从这个意义上看，评价主体是评价标准的制订者。他们制订评价标准的客观依据是价值主体的教学需要，影响他们制订过程的主观因素是制订者自己的价值观念体系。

二、教学评价的内容

　　评价标准的内容是受评价的内容体系决定的，教学评价当然评的是教

---

① 冯平. 评价论 ［M］. 北京：东方出版社，1995：35.

学，但究竟评教学的哪些方面，这个问题的回答是确定教学评价标准内容体系的关键。遗憾的是，对于这一问题的回答，一直以来都比较模糊，由此使评价标准体系出现混乱。

教学的使命是通过各种活动促进参与者的发展，由此实现对参与者自身的不断超越。因此，对教学进行评价时，就要考虑"各种活动"和"参与者发展"两个单元，其中，参与者发展包括教师与学生两类主体的发展，而发展又有两个方面的标志，一是在活动中表现出来的发展状态，二是活动结束后的发展效果。通常，发展效果是由参与者的工作绩效来表现的。可见，一个完整意义上的教学评价包括三个方面的内容，即对教学活动的评价、对师生发展状态的评价和对师生绩效的评价。

以课堂教学评价为例，在对一堂课进行教学评价时，需要在三个方面做出价值判断：第一是对课堂教学活动本身的评判，第二是对师生在这堂课上表现的发展状态的评判，第三是对师生在这堂课结束时各自的工作绩效的评判。同样，对于学校所开展的某一活动进行评价时，也应包含这样三个方面的内容。这样，教学评价标准的内容体系就有了三个方面的内容，即教学活动评价标准、师生发展状态评价标准与师生工作绩效评价标准。

教学活动评价标准针对的是教学活动，如课堂教学活动、综合实践活动等。活动的评价标准只能是内含于活动之中的那些标准，对于教学活动而言，是内含于教学活动中的标准。此类标准主要包括这样一些项目：活动的目的性、活动组织的精巧性、活动的参与程度、活动的连续程度、活动的吸引力、活动参与者的自由程度、活动的灵活程度、活动的高雅程度、活动的层次性、活动的合适性、活动的独创性，等等。在教学活动中，学生与教师是活动的体验者，只有他们才能在活动中体验到活动的种种状况，才能在活动状况与活动标准之间建立起联系，所以说学生与教师才真正是教学活动价值的天然的评价者。以对一节课的活动评价为例，学生与教师才是评价这节课堂活动的主体，他们从各自的角度针对同一个对象——活动进行评价。至于通常的做法，即由听课者拿着评价表对这节课堂活动进行评价，实质是缺乏价值体验的主观判断。所以一方面要把对教学活动进行价值判断的权力还给学生和教师，另一方面也要使他们学会评价标准并能用这些标准进行评价。当然，学会和使用标准的事只能通过真正的活动完成，他们只有在活动中才能学会这些标准并用这些标准进行评价。

师生发展状态评价标准针对的是师生在活动中所表现出来的发展状态，对于学生而言，发展状态可以从不同系列上进行描述，例如，多元智能理论、新课程目标体系、布卢姆的目标分类学，等等。选择了某一个系列，也就确定了该评价标准的各个维度。除了选择某一系列外，还可以结合实际情况和需要建构出关于学生发展状态的项目体系，一般说来所构建的体系应包括课程的三维目标（知识与技能、过程与方法、情感态度与价值观）达成状况，以及作为个体发展通常关注的方面的发展状况，如社会性发展、品德发展、独立性发展、实践能力发展、学习能力发展等。对于教师而言，发展状态主要包括教师的业务水平如讲授水平、学术水平、实践智慧等方面的发展状况，以及新课程对教师的要求如驾驭课程能力、组织协调能力、指导学习能力、反思能力、回应学生能力、教学观照生活能力、培育主体能力、教学创新能力等各种能力的发展状况。在运用师生发展状态标准进行评价时，评价主体的情况更为复杂一些。评价者要与被评价者有着长期的沟通和联系，彼此非常熟悉，才能担当起评价者的职责。学生发展状态的评价者毫无疑问是以教师为主的群体，包括同学、家长、学生自己等，具体到一节课或一个活动上，教师和同学以及学生自己则是其发展状态的天然评价者，其他人成为评价者的可能性就很小了。教师发展状态的评价者是学生和教师的同事、领导，当然也包括教师自己。具体到一节课或一个活动上，主要的评价者是学生和教师自己，其他人很难发现和体会到教师的具体而细微的发展。

师生工作绩效标准针对的是教学活动结束后教师和学生的外显效果，通常是由学生的学习效果来标志。主要包括学生复述、理解、应用、创发学习内容的状况，在这种评价标准的使用上，主体只能是教师和学生之外的社会主体。通常，这些社会主体是以量表、测量仪器、测验、问卷、测试题、考试题等面貌出现，所以书本上每个单元或小节上的练习题、测试题等，其实是社会主体的评价工具。还有一点很重要，就是社会主体通常是以教师为评价的代理人来完成评价，甚至有时候由教师自己来编制评价使用的试题等。表面看起来教师这时似乎是评价主体了，但这个主体的意愿是由社会操纵的，他只是代理而已，是代理别人对学生学习效果进行评价进而对自己的工作绩效进行评价。

可见，教学评价标准的内容体系包括教学活动评价标准、师生发展状态评价标准与师生工作绩效评价标准三个维度，每个维度由若干项目构成，通过对各维度、项目以及项目中蕴涵的具体指标进行权重分派和定性描述或赋值，就可以形成相对完整的教学评价量表了，在三个维度的评价标准中，评价主体的情况不能一概而论。

三、几点分析

新课程改革对教学评价提出了很多新的要求，在评价目标上以促进学生和教师发展为基本取向，鼓励灵活多样的评价时间与方式，倡导多元的、主体参与的、发展性的、过程性的评价等新的评价理念。这些目标、方式与理念在具体落实中出现了一些偏差。在上述分析的基础上，笔者对此问题作了如下一些进一步的探讨。

通过对教学评价中涉及的主体的分析可以发现，第一，评价标准的科学性一直是人们的梦想，但这个梦想终究不会实现。因为一方面价值主体的需要是不能用科学与否来衡量的，只能追问他们需要的合理性问题。另一方面，评价主体对价值主体的需要的理解、把握、加工、描绘是评价者作为主体的观念认识活动，也无法以科学为准绳，只能求证其恰当性问题。"你的评价标准科学吗"这样的质疑是一个假问题。合乎评价标准性质的问法是"你的评价标准准确反映了价值主体的需要吗?"或者"你的评价标准中反映的需要都是合理的吗?"第二，需要对价值主体进行教学需要引导与教育，提高他们的需要层次，培育他们对各种需要的价值比较、选择能力，使教师与学生这两类价值主体的教学需要更加趋于合理，这才是教学评价的促进发展功能的一个具体体现，也只有这样，评价标准才能更趋于合理。同样，社会主体对教学的种种期待也应以教学自身所具有的特点与功能为基础，不能只是凭借自己的意愿提出要求。第三，"评价主体"这一词语不是对人的加冕或荣誉称号，无论是教师、学生还是社会主体，作为评价主体都要承担起制定评价标准的任务，这就需要进行评价主体方面的学习与培训，使他们有能力制定相应的评价标准，担当起评价主体的职责。那些评价者请求专家或与评价对象毫不相干的人来制定评价标准，甚至借鉴国外的相关评价标准的做法，很值得商榷。第四，评价主体有权利有责任制定评价标准，并不是说他们可以随心所欲或反复无常。他必须考虑价值主体的需要，也要受到自己价值观念体系的规约。所以，他必须提高对价值主体需要的准确把握与表现的能力，以及提升自己价值观念体系的意识。

通过对教学评价标准内容体系及各部分主体状态的分析，我们可以得到如下的方法论启示。第一，教学评价内容与标准体系是一致的，评价内容决定着标准体系的内容。不能抛开评价内容建立抽象的评价标准体系。第二，教学评价标准是由活动评价、发展状态评价、工作绩效评价构成的一个整体，无论是评价整个教学，还是评价一堂课、一个活动，这三个方面都是不可或缺的。第三，涉及教学评价标准的主体包括价值主体与评价主体两类，尽管在评价标准的具体运用时，这两类主体经常会体现在同一类人的身上，但在理论上必须加以区分，否则会造成把价值主体当成评价主体，从而使评价主体泛化的倾向。第四，评价主体的身份是动态变化的，在运用评价标准的不同类别对教学的不同方面进行评价时，评价主体的情况会有所不同，不能机械地把某一类人当作是全部教学评价的主体。

当前教学评价领域中流行着若干新的理念，有必要对这些理念进行分析，这样才能较好地把握和运用它们。这里选择五种评价理念进行分析。

第一，过程性评价。并不是所有的评价都应该是过程性的，只是在对教学活动的评价与发展状态评价中，过程性才能有其立足之地，对于工作绩效评价，只能是结果性的。

第二，质性评价。上面三个评价标准维度对应的各个项目演化成为具体的观测点后，都是可以以数量化的形式出现的，特别是对于工作绩效评价，量化是其主要手段。当然，如何分配权重、如何赋值是可以讨论的，但不能因此而全面否定量化。考试不能作为评价手段、成绩不能成为评价标准是对教学评价片面和狭隘的理解。合乎情理的说法是考试不是评价的唯一手段，成绩不是评价的唯一标准。

第三，学生主体评价。"学生是教学的主体"这一信念使得学生似乎应该是任何活动包括评价的主体，仔细思量，学生工作绩效评价的主体肯定不能是自己，评价自己的发展状态时主体主要是老师和同学，只有在对教学活动进行评价时，学生才能作为评价主体，发挥其评价的能动性。

第四，多元评价。多元评价包含着评价主体应该是多元的含义，一些人喜欢以此作为理由，组织一些花哨的评价主体群，对教学进行热热闹闹的评价。通过前面的分析我们知道，评价主体是相对于评价的内容而存在的，不能说谁一定是评价主体，也不是说所有人在所有评价内容面前都是主体，他们在抽象的教学概念面前都是可能的主体，这种可能性变为现实，需要具体的条件。

第五，发展性评价。发展性评价的主导思想是以评价促发展，这一点与教学的任务相一致，因此呼声较高。实际上，发展性评价最为适宜的舞台是上面三种评价中的师生发展状态评价，至于其他两种评价，"发展性"更多是作为思想和理念来使用的。

其实，每一种评价理念出现都是侧重在评价的某些问题上的，它并没有要求整个教学评价或教学评价的所有方面都必须这样，但人们的过于盲目与热情，常常会使这些理念被泛化，甚至被当成了口头禅，所以需要依据教学评价标准的有关分析来认识它们，否则认识上的混乱与实践上的无奈是不可避免的。

第 四 章

教学方式思辨

　　教学反思以哲学思考作为基本的思维方式，其目的在于超越现实教学水平。自主建构是学生主动地获取客观知识并使之与自身实际经验相联系，对知识进行自我加工，进而形成具有独特意义的个人体系的过程。对话教学表征的是"我与你"的关系，是教师与学生的生活样式，是文化对话过程、理解过程与自主意识的成长过程。

第一节　教学反思：思想与行动

由于受课程改革实践与教师成长、教师教育理论研究领域的推动，教学反思成为近年来理论与实践两个方面都比较关注的话题，从研究与实践两个方面的情况来看，主要存在对教学反思及其性质认识模糊、反思方向不明确、反思层次不高等问题。这里尝试对教学反思的内涵与品性、教学反思的行动方向与策略进行探讨。

一、教学反思的内涵与性质

教学反思是教师对自己教学活动的抽身反省与自我观察，一方面是把教学活动中的一个特殊事件或独立现象与该对象所属的整体联系起来，使这一现象在教学整体中得到重新认识与解释，获得新的意义，赋予新的教学意蕴；另一方面是把这一现象甚至是该现象所依附的教学整体与作为试图认识自己的教师这一意识主体建立联系，使得教师凭借真实教学世界中发生的教学事件及其结果，对自己的思想境界、心灵历程、情感世界、理念体系、操作方略等进行透视和反省，进而形成相关的综合性事实与价值认识、检讨、判断。也就是说，教学反思一方面是对个别现象、事件、行为的加工整理。另一方面是对教师本人思想行为的观察分析，既涉及"它"的问题，又涉及"我"的问题。

从"它"的角度来看，教学现象、事件的真实状态与深远意蕴是隐含在各种教学活动之内的，它无法自我呈现与自我表白，通过理性思考，对感性材料进行加工，在思想中重新认识和整理，才能使之浮出水面，这个加工、整理、认识的过程就是教学反思。"感性的东西是个别的，是变灭的；而对其中的永久性的东西，我们必须通过反思才能认识。"[1] 这是因为"反思作用总是去寻找那固定的、长住的、自身规定的、统摄特殊的普遍原则。这种普遍原则就是事物的本质和真理，不是感官所能把握的"[2]。

从"我"的角度来看，教学反思可以使教师超越实证材料与方法的局限，使思想的自由度、探索性与创造程度得到拓展与提升，从而谋求和品味

---

① 黑格尔. 小逻辑 [M]. 贺麟，译. 北京：商务印书馆，1980：75.

② 同①，第 16 页。

到理性沉思所带来的幸福。教学反思还能满足认识兴趣、增加理论旨趣、整合物理世界与信息世界从而扩展精神世界，提高教师捕捉教学问题的能力、加深分析教学问题的深邃程度，为教师提供审视教学的"慧眼"。

对于教师而言，教学反思是一种主体与对象处于同一之中的认知方式，这种认知方式"由于两者同一互不陌生，故能成就其完满；由于两者同一互不排斥，故保证其不可动摇"①。反思主体是教师本人，反思对象是教师本人的活动历程或现状中的种种现象、事件，教师本人活动的过程与阶段、方法、效果内容、目的、结果、价值等也是反思的对象，这种"主体与对象处于同一之中"的特点，使得教师比教育领域中的任何人都具有进行教学反思的优势。但是，一方面由于当代社会存在的浮躁、工具主义等共同病症，教师缺乏反思的意识，"我们的时代既是知识极大丰富的时代，也是认识的悲剧时代。这是因为我们的时代对于反思而言是悲剧性的"②。另一方面，由于当前教学实践中课程、考试、评价等范畴的"异化"，教师缺乏反思的时间与空间；结果使得"个人被剥夺了整合知识和反思知识的权利，这种权利交给了专业人员、专家和数据库"③。

然而，无论是从实然还是从应然的角度来看，教学反思作为一种理性检查活动都与教师有着天然的联系。从实然的角度来看，这种理性检查是教师意识中的天然倾向，"从人类意识最初萌发之时起，我们就发现一种对生活的内向，观察伴随着并注视着那种外向观察。人类的文化越往后发展，这种内向观察就变得越加显著"④。教师在职前、入职、职后的受教育过程中，逐渐形成和改变着个人的职业意识体系，不管是否意识到，这种意识体系始终在自然发展着，当种种体系间的矛盾冲突出现，当其自然发展状态受到阻碍时，就会出现反省思维。"在我们的经验复杂化，并出现种种联想，而其自然的进程又受到阻碍时，就发生反省。"⑤ 从应然的角度看，教师的生活世界中，教学生活占据了大部分时间，也是其中最具意义的部分，对自己的教学生活进行理性检查理应成为教师的自觉行动。"人被宣称为应当是不断探究他自身的存在物——一个在他生存的每时每刻都必须查问和审视他的生存状况的存在物。人类生活的真正价值，恰恰就存在于这种审视中，存在于这种

---

① 苗力田. 思辨是最大的幸福——亚里士多德《尼各马科伦理学》新版译序 [J]. 哲学研究，1998（12）：51—56.

② 埃德加·莫兰. 方法：思想观念——生境、生命、习性与组织 [M]. 秦海鹰，译. 北京：北京大学出版社，2002：69.

③ 同②，第104页.

④ 恩斯特·卡西尔. 人论 [M]. 甘阳，译. 上海：上海译文出版社，1985：5.

⑤ 西田几多郎. 善的研究 [M]. 何倩，译. 北京：商务印书馆，1965：18.

对人类生活的批判态度中。"① 尽管这种理性检查不一定能解决所有的教学难题，但不经过这种检查，难题的解决则是不可能的；尽管这种理性检查不一定会使教师生活世界得到全面改善，但不经过这种检查，教师生活世界的全面改善则是不可能的。

具体说来，教学反思至少具有如下几种品性，这些品性制约着教师教学反思的思维方式、视野、目的与结果。

1. 以哲学思考作为基本的思维方式

按照牟宗三先生的说法，"凡是对人性的活动所及，以理智及观念加以反省说明的，便是哲学"②。教学反思正是教师运用理性的力量，对教学活动及其与自身关系进行的观念反省，是对教学的哲学思考活动。人类进行认识活动时所采取的思维方式主要有四种，即哲学的思维方式、科学的思维方式、艺术的思维方式、宗教的思维方式。受近代以来教学科学与艺术之争的影响，人们认识教学主要推崇科学与艺术两种方式，哲学和宗教的思维方式在教学认识活动中受到冷落。宗教的思维方式暂且存而不论，哲学思维方式近年来红极一时，但是它也仅限于在理论研究者中备受宠爱，在教师团体中一直是曲高和寡。事实上，哲学思维方式不同于科学的、艺术的、宗教的思维方式。教师只有后三种思维方式难以窥得教学的全貌，我们不应满足于科学思维方式所提供的事实与证据、实证与归纳，不应满足于艺术思维方式宣扬的体察感悟、情意绵绵。只有哲学的思维方式才能决定统率事实与证据的目的，才能解释框定领域与范围的缘由，才能使教师的思维自由度得到大范围增加，所思考的深度得到无限性延伸，使构成教学世界的零件得到最优化组合，从而使教师的创造能力与整个心灵得到解放。

2. 多重范畴的内省

前面提到，教学反思涉及"它"与"我"两个元素，由于这两个元素的存在，使得教学反思无论是在学理层面还是还原到实践领域中都显得十分复杂，它关涉到客观与主观、事实与价值、个别与整体、情感与理性、行动与理念等多重范畴。为使这些范畴和由它们编织成的理论为教师所理解和把握，需要对这多重范畴进行检讨。这一性质决定了教学反思内容的丰富性及相互的关联性，如果只是眷顾于某一个方面而不计其余，或者孤立地进行"头痛医头，脚痛医脚"式的反思，都难以取得预期的效果。

3. 超越企向的建构活动

教学反思的目的是进行建构，包括对教学实践的建构、对教学理论的建构、对教师个人的建构等。这些建构的出发点是为了对现实教学世界进行超

---

① 西田几多郎. 善的研究［M］. 何倩，译. 北京：商务印书馆，1965：8.
② 牟宗三. 中国哲学的特质［M］. 上海：上海古籍出版社，1997：4.

越，对教学理论进行超越、对教师自己进行超越。在超越企向的建构活动
中，不仅教学实践、教学理论不断地得到了超越，教师个人的意识体系也在
逐步得到提升，不断形成教师自己的新理念、新知识体系，而这又反过来促
进了教师教学反思的持续进行。因此，在反思活动中，教师不仅要对自己的
各种经历和体验进行盘点、梳理，作条分缕析的回忆整理，还要进行综合性
和建设性的思考。

4. 反思结果的不可验证性

反思结果的不可证实性是指，在反思进行过程中及反思活动结束后，无
法确证所做的反思的正确性与合理性。这使得教师经常是惴惴不安，不知道
自己的反思是否正确合理。事实上，由于反思是基于可验证的观察基础之上
的主体的创造性认识，是自由而大胆的假设及思想试验，加之教学过程是不
可重复、无法重新来过的，因此也就无法对反思进行确证，这是教学反思的
性质，没有必要在反思的同时背负这样一个"正确与否"的包袱。如果非要
判别的话，雅斯贝尔斯倒是提示了这样一个准则："如何使教育的文化功能
和对灵魂的铸造功能融合起来，成为人们对人的教育反思的本源所在。"①

由此可见，在进行教学反思时，要以哲学思考作为基本的思维方式，既
不能只是局限于科学与艺术的思维，也不能降低为感性和经验的思维。要从
多重范畴进行思考，不能单一、片面地就事论事，要尊重教学反思内容的丰
富性及相互的关联性，进行综合、统整的理性检查。要以对现实的超越、建
构新的意义为反思的目的，使得教学反思有其高远的企向与长久的动力。同
时，教师在进行教学反思时，要抛开"我的反思正确与否"的包袱。

二、教学反思的内容与策略

教学反思的活动主要涉及四个方面的内容，即教学实践活动、教学经
验、教学关系与教学理论，这四个方面的问题构成了教学反思的基本向度。

1. 对教学实践活动的反思

教师在教学实践历程中，要及时捕捉能够引起反思的事件或现象，通过
理性检查与加工，逐渐形成系统的认识，形成更为合理的实践方案。对教学
实践活动的反思包括实践内容、实践技术与实践效果的反思三个方面。实践
内容的反思是指教师在教学活动展开前，需要对活动所关涉的内容本身进行
反省，因为任何内容都是在抽象了具体现象和对象的基础上编制的，在不同
时间、对象、场景面前，或多或少都需要进行重组、改造、增添或删减，这

---

① 雅斯贝尔斯. 什么是教育 [M]. 邹进，译. 北京：生活·读书·新知三联书店，1991：1.

是教师课程能力的体现，也是教师的责任和权利。实践技术的反思是指教师对活动展开过程中所使用的工具、方法、各种时机等的适切程度的总结检讨，其目的在于对自己的行动轨迹进行回溯，发现问题和不足，探寻更加合理的方案。实践效果的反思是指，在教学活动结束后，教师对整个实践所取得的成效的价值判断，包括学生角度的需要满足程度与教师自己角度的价值感受两个方面，前者主要考查学生在知识与技能、过程与方法、情感态度与价值观三个方面的受益状况，后者要考查教师在确定价值取向、实施教学活动、进行价值判断过程中自己的教学活动对学生的影响状况、对个人经验的提升状况、对教学理念和理论的促进状况。

2. 对个人经验的反思

教师对个人经验的反思有两个层面，一是对个人日常教学经历进行反思使之沉淀成为真正的经验，二是对经验进行解释从而使其获得提升。如果教师不去挖掘和使用教学反思的判断、反省与批判的权限，教师的教龄再长，教学经历再丰富，也不一定与教师个人的独特经验成正比。如果不对其进行反思，那么这些经历将一直是懵懵懂懂的。就会出现这样的情况：教师不断地经历着，又不断地忘却这些经历，致使教师的经验系统中缺乏由自己反思所形成的、归属于自己个人所有的独特经验，从而使得教师那些具有极大潜在意义的经历失去了应有意义。可见，教学反思可以帮助教师把他的经历升华为真正的、赋予了个人气息的经验，并且不断使自己的经验体系得到拓展。另一方面，"每一个对艺术作品有经验的人无疑都把这种经验整个地纳入到他自身中，也就是说，纳入到他的整个自我理解中，只有在这种自我理解中，这种经验才对他有某种意义"①。如果教师只对个人经验做出描述性的记录而不进行解释，那么这些经验就无法得到深层次的解读，只有对经验做出解释后，对经验的阅读才是有意义的。也就是说，经验形成的过程同时应该是解释和理解的过程，重新阅读经验的过程也仍然是解释和理解的过程，这样才能常读常新，每一次的阅读过程就是一次重新理解和创造的过程。在教学反思实践中，人们经常使用的"反思档案"就应该有这样两种用途：一是描述记录并分析所发生的种种情况，使之成为文本形式的经验；二是对文本经验本身不断地加工和再创造，使经验得到升华，改善教师的理念与操作体系，甚至可以自下而上地形成新的教学理论。后者是当前教师在教学反思中比较欠缺的。

3. 对教学关系的反思

通常在教学反思实践中，人们往往把注意力放到对具体事务的反省上，

① 加达默尔. 真理与方法——哲学诠释学的基本特征［M］. 洪汉鼎，译. 上海：上海译文出版社，1999：7.

对于不可见的关系，在反思活动中经常被忽视。从关涉的人的角度，需要反思教师与学生的关系、教师当前的自我与过去的自我的关系、教师本人与其他教师的关系、教师与家长等其他教育力量的关系；从关涉的教学要素的角度，需要思考教师与教学目标、课程内容、教学方法、教学评价等的关系；从关涉的教学支持系统的角度，需要思考教师与社会文化、价值体系、课程与教学改革、时代精神与理念等的关系，等等。对教学关系的反思在教学反思活动中是相当重要的。它向上可以为教学理论反思提供基础，向下可以使实践与经验反思得到超拔。对于每种关系，都应该从认识、实践和价值三个角度进行反审。认识角度是对关系的客观描述，即"现在关系的状态怎么样""为什么会这样"；实践角度是对关系改善与发挥作用的思考，即"如何改善现在的关系状态"和"怎样使关系发生作用"；价值角度是对关系改变或发生作用的结果的思考，即"这样的关系状态该朝什么方向改变""改变的效果如何"。

4. 对教学理论的反思

任何教学理论都不是完美无缺、持续高效的，在不同的时代、价值取向、技术条件、人员素质面前，理论都需要被重新认识和把握。同时，教学实践是教学理论的源泉，实践活动本身就是理论的前兆，蕴涵着丰富的可能性理论。对教学理论进行反思有三种基本的样式，第一是对实践的理论反思，对于教师个人经历与在此基础上形成的经验体系，应不断地从理论层面进行解释和建构，通过对教学实践与教学理论之间的不断观照、反审、联结，既可以完成对实践的理论提升，又有机会对先有理论进行审视、订正。第二是对教学理论的实践反思，教师在学习和掌握某一教学理论后，通过在教学实践中的还原，该理论的各种元素得到现实实践的考验，使得教师能够进一步理解教学理论中的道理、价值、方案与技术，在此基础上进行原有理论的判断与选择。第三是对教学理论的理论反思，在理解和学习教学理论时，教师是主人而不是理论的奴仆，教师有权利依据自己的知识背景与学术专长对教学理论进行反审。对理论进行修正与再创造，通过不同教学理论的比较发现某一理论的缺憾、从先有理论推演新理论、从其他学科不断更新的概念范畴中建构新理论，这种针对原有理论的修正、推演概括与建构就是对教学理论的理论反思。

在对于教学世界中发生的某一事务进行教学反思时，应力求从实践活动、个人经验、教学关系、教学理论这样四个向度进行。这也是对教学现象或事件进行反思时的四个层次。如果一个反思对象能够在这样四个层面得到了重新认识和理解、解释，那么这样的教学反思应该是深刻而周详的，也会获得丰硕而长久的反思效益。

在教学反思实践中，人们探索了多种反思的方式，例如，在时间序列上，有日反思、周反思、月反思、期中反思、期末反思；就一堂课而言，有课前反思、课中反思、课后反思；在主体序列上，有个人反思、教师集体反思、教师与学生共同反思、教师与专家共同反思、教师与家长共同反思；在内容序列上，有个案反思、主题反思、学科反思、跨学科反思，具体到教师的日常工作内容，有讲课反思、作业反思、评价反思、活动组织反思；在教学发展序列上，有学生成长反思、教师成长反思、教学理念反思、教学改革反思；在表现形式序列，有反思日记、反思档案、反思报告、反思竞赛、反思作业等。在进行教学反思时，除了可以采用上述方式外，教师要充分发挥自己的实践智慧，针对具体的条件与问题，创造更为适合的方式方法。因为没有哪一种方式方法是适合每个人、每件事的，创造本身就是教学反思所追求的境界。

无论采取或创造怎样的反思方式，教师在教学反思行动中都需要坚持如下两个策略。

第一，教师要保持敏感而好奇的心灵。教师经常面对纷繁复杂的教学现象和事件，不知道该对哪一个进行反思，对于自己的心灵活动不知道哪些可以成为反思的话题。虽然在逻辑上可以编制出反思对象选择的理论框架，但在教学活动流淌过程中，究竟哪一个现象、哪个事件、哪种行为、哪种感受可以反思、应该反思，这是无法预先确定的。这就要求教师在进行教学时，保持敞放、敏感而好奇的心灵，时刻捕捉可能的反思对象。"好奇心'唤起关心'，唤起对现在存在或可能存在的东西的关心，唤起对我们周围奇怪和古怪之物的关心。正是好奇心使人们摒弃熟悉的思维方式，用一种不同的方式来看待同一件事物。"①

第二，要经常、反复地进行反思，不仅对不同事件或现象经常进行反思，对于同一个事件或现象，也要不断地持续地进行反思。反思对象"总是对向它询问的人给出新的答案，并向回答它问题的人提出新的问题。理解一个文本就是使自己在某种对话中理解自己"②。反思的过程就是不断的读解，不断获得新答案、产生新感觉，提出新问题的过程，对于教学活动的日常反思绝不是一蹴而就的，对于不同的或者同一个反思对象，不同的人进行反审，就会得出不同的答案，产生新的质疑。在不同的时间、环境、心境下，反思也会有不同的结果。与不同的主体共同反思，认识也会有所不同。从不同的视角出发，又会提示出新的答案，也提出新的问题。反思的实质，是教师在不断的反思活动中、通过反思来理解对象，理解自己，让自己与对象对

---

① 王治河. 扑朔迷离的游戏——后现代哲学思潮研究 [M]. 北京：社会科学文献出版社，1998：57.

② 加达默尔. 哲学解释学 [M]. 夏镇平，等，译. 上海：上海译文出版社，1994：56.

话，与自己对话。

第二节　自主建构：性质与方略①

鉴于当前对自主建构的种种理解，针对教学实践中存在的问题，有必要对自主建构教学进行较为系统的阐述。尽管这里的阐述不一定准确，但作为一种思考，对于教师学习相应的理论与教学实践活动的展开或许有一定用处。"一个在每日的决定里面，不使用一种系统的理论的教师，他的行动便是盲目的，这样，在他的教学中就很难看出深远的理论基础、目的或计划的迹象。"②

一、自主建构的内涵

（一）含义

人类认识方式的发展，大致经历了这样几个阶段，第一，对客观世界的盲从屈服阶段。这一时期的认识特点主要是把自身置于自然的控制之下，以自然为认识的对象，以对自然观察所获得的信息为全部知识，面对这样获得的知识，人只有顺从和屈服，简言之，人是自然的奴仆。第二，认识与利用客观世界阶段。这一时期，人们从奴仆变为主人，认识的目的由好奇、恐惧变为把握和利用。这样，人的认识具有了工具与机械的色彩，考察、实证、试验等方法开始广泛使用。比起前一阶段，这一时期迷信与猜测的作用被"科学的方法"所取代。

这两个阶段认识方式的不足之处有三点：一是看不到人的意义与价值，看不到人的灵性，只见物不见人，人为物役。二是认识的零散、分析性质，不能系统整体地把握世界。三是认识及认识后的成果具有整齐划一的性质，难以彰显个人的独特性和不同情景下的差异。因此，人类在反思自己的认识方式基础上，逐渐形成或正在形成第三阶段的认识方式，这一方式概括起来可以称为"自主建构"阶段。

自主建构阶段的形成，主要是在人本主义哲学和建构主义心理学的基础上，经过众多各领域的学者共同努力的结果。其中，人本主义以"人类中心"取代了"自然中心"，宣告了人在世界中的核心地位，从而为"内心世

---

① 这部分内容是笔者与吴惠青教授合作完成的。
② 莫里斯 L. 比格. 学习的基本理论与教学实践 [M]. 张敷荣，等，译. 北京：文化教育出版社，1983：6.

界"(相对于客观世界)争得了地位,使得"从人出发认识世界""以人为目的认识世界"获得了合法地位。建构主义心理学则为自主建构提供了方法论建议,它关于"理解""解释""认知""知识""学习"等概念的崭新诠释,使得自主建构有了操作性策略。在此基础上,语言、文学、历史、艺术等具体领域所取得的与自主建构思想一脉相承的新进展则显示了自主建构的内在力量,这又进一步影响了其他学科的理论思维,使自主建构在众多学科中安家落户。

从教育学中知识学习的视角来看,人的发展不单纯是客观知识体系的累积增长,而是人与世界的互动过程中建构出的独特的、具备个人特质的内在整体系统的形成,这个系统中包含了客观知识体系,但同时又与知识的形成过程,知识与现实社会的实践、知识的情感成分、对知识的价值判断等内容紧密地联系。而要想获得如此的系统,自主活动则是必不可少的手段,只有在活动中,才能既获得知识本身,又获得对知识的感悟。

可见,自主建构就是主体通过活动主动地获取客观知识并使之与自身实际经验相联系,对知识进行自我加工,形成充盈独特意义的个人体系的过程。

为了进一步说清自主建构的内涵,我们还需对其特征进行阐述。

(二)特征

1. 自主建构是一种自主的活动

影响个体发展的因素很多。从外部来看,个人早期经验、文化环境、教育状况、职业经历等都可以对一个人的发展产生影响;从内部来看,个人信念、价值观、性格、能力倾向等在个人发展中都扮演了重要角色。然而,这些因素并不能直接决定人的发展。人在个体的发展中,自主活动才是决定性因素。它决定了上述因素发挥作用的范围、程度、方向、时间,也决定了个人对这些因素的把握和运用状况。

在自主建构活动中,由于是对客观世界与主观状态、外界与内心、物与我、事实与价值等范畴的综合化过程,必然涉及了上面的各种因素,这就需要人的自主活动才能完成。因此作为自主建构活动,自主就构成了第一个条件。这里所说的自主,主要是指积极参与活动、主动创设活动、自觉领会活动内涵、不断总结和完善活动。

自主活动可以获取机会、创设机会、利用机会和改善已有条件,可以使个体在已有的发展基础上提高发展效率,扩展发展空间,总之一句话,可以使发展由潜在可能变成现实,并在使发展成为现实的同时进一步赢得新的机会和条件,从而保证个体的可持续性发展。

2. 自主建构是一种自由的活动

从活动的发生来看，有三种类型的活动形态存在。一是被动的活动，在这种活动中，活动主体的行为是外力发动和维持的，作为活动着的人，没有活动的意识和情趣可言，在从发生到结束的整个阶段，活动主体始终处于无可奈何的状态。二是半自主的活动，即活动开始是被动的，在活动过程中逐渐变为主动。或者活动最初是主动的，但后来逐渐趋于被动。第三种活动形态是自主的活动。

然而，当活动是自主的时候，并不一定是自由的。虽然自主是自由的必要条件，但不是必然结果。所谓自由的活动，是指活动主体在整个活动中始终处于身心敞开的状态，不受外力的干扰，活动本身与内在感受不受束缚，始终保持灵动的状态，活动的发起、动力、方向、进程、结果等都是活动主体可以根据现有条件或创造新条件独立把握的，简言之，这时的活动是一种自然流淌的过程，是饱含个人生命色彩的与独特意义的行动连续体。正如罗杰斯所说，"自由是指能使人敢于涉猎未知的、不确定的领域，自己做出抉择的勇气这样一种品质。自由是一种对自己抉择的道路所负的责任。自由是个人对自己是一个显示过程的认识，而不是一个静态的终极物"[①]。

自由在自主建构活动中的价值不容忽视，在一定意义上，自由的程度如何决定着活动成效的大小。在自由的活动中，人可以充分调动起自身的全部潜能，可以不受权威、习俗、身份、社会角色、已有定式的束缚，把个人融入活动中，把活动个人化，从而达成世界、个人、活动、意义的四位一体境界。

3. 自主建构是一种获得独特意义的活动

人的活动都是有目的的，尤其是作为自主自由的活动更是如此。关于活动目的的定位历来有两种取向，第一种定位是单一目的，一种或一个活动只以某一个目的为指引，以完成这种活动目的为最终结果，以目的的达成情况为判断活动价值的标准。第二种定位是综合目的，在活动展开之前，由活动的发起和组织者对活动将产生的各种收获通盘考虑，形成一个完整的一以贯之的活动计划，由此，参加活动的所有人的个性成分都被局限于框架之内，使活动失去应有的吸引力。这两种目的定位的共同缺陷在于经常产生因对目的的追求过强而影响活动本身、使活动为了目的而不是为了"人"的现象。

自主建构作为一种活动，其目的在于在一定范围之内，充分展示个人的内在力量，使个人在活动中形成其独特的意义，这种独特意义是因个人而异的，是因活动的激发而表现出来的属于个人拥有的精神收获，它超越可见的有限的空间，因此活动的结果具有彰显个人品性而非整齐划一的特点。

---

① 瞿葆奎. 教育学文集·教学：上 [M]. 北京：人民教育出版社，1988：711.

独特意义在个人发展中所起的作用可以归纳为：可以使个人的创新意识与创新能力增强，可以使整个社会涌动鲜活的生命力量，可以使参与活动的人在活动中感到幸福，也可以使参与活动的人在活动结束后仍然感到自由。

4. 自主建构是一种创造性活动

从文化的形成来看，个人作用应该是不容忽视的。尽管文化的惯性或传统具有无法摆脱的约束功能，但在这种最为宏观的约束下，个人的文化再造及创造就需要个人的独创了。而个人在文化繁衍中作用的发挥状况要由建构能力和建构机会来决定，这就要求组织起来的活动必须是创造性的，即活动能提供建构机会，发展建构能力。

自主建构活动的精神实质是在内外部材料积累的基础上，通过活动情景的激发和联络筹建起新的体系的过程。在这一过程中，活动者从获得材料出发，通过把握材料的意义、与自身发生联系、发现材料对自身的意义、整理意义体系、对意义进行合理性解释、表达等环节，逐渐创生出新的容纳知识、情感与态度、过程与方法、价值观的属于个人的体系。

创造的过程包含着对原有知识体系的批判，包含着对自身已有认识的扬弃，包含着对固有联系的怀疑，因而涌动着浓厚的创新意识与精神。同时，创造本身即是实践的预演，对于提高实践效率、增强实践能力也有重要的作用。更为重要的是，创造是活动所追求的目标，活动只有是创造性的，才能真正吸引个人，才能有效地避免当今较为普遍存在的问题：形式上的动而实质却是静的、表面上是活的而内心却是死的。没有建构，真正意义上的活动也就不复存在。

二、自主建构教学的标志

与传统意义上的教学相比，自主建构的教学在实质上发生了变化，这些变化是理解自主建构教学的关键点，也是自主建构教学的重要标志。

（一）关注体验是自主建构教学的标志之一

知识取向历来是教学的"重中之重"，这种取向包含着如下几种情形。第一，追求知识的系统性。严格按照知识本身的体系来教与学，而不是按照知识学习的真实情况来教学，把知识凌驾于学生之上，把本应是"学生的知识"变成了"属于知识的学生"。第二，着重对经典性知识的宣讲。毫无疑问，任何学科都有经典的内容，但这只是针对成人而言的，一般说来，只有到了成人阶段，才能真正理解这些经典。如果在基础教育阶段强迫学生遵照老师的理解咏记背诵，必然是在导致生吞活剥的同时丧失个人的空间，限制思维，扼杀想象。第三，致力于与知识的单向交流。教学中把知识当成纯粹客观的不容更改的存在，师生共同把精力放置在知识的研读中，忘却了教学的本体意义，知识作为一种符号却有着至高无上的地位。由于上述情形的存在，教学的性质就被定位在了知识的教学上，而对于学生在学习中所必需获得的"体验"却未能留下应有的空间，从而使教学忘却了人的精神世界，"如果人要想从感性生活转入精神生活，那他就必须学习和获知，但就爱智慧和寻找精神之根而言，所有的学习和知识对他来说却是次要的"①。

　　毫无疑问，学科知识具有极强的综合性和统整性，对于养成个性、增长见识、纯洁道德、学会方法、丰富情感、提升精神等有着不可推卸的责任。这些任务要求知识教学必须走体验之路，这是因为，首先，体验可以弥补单纯理性活动所带来的不足。教学不是单纯的理性活动，传统教学中一个突出的问题就是过分强调了理智的力量，由此招致分析性、孤立性的成分太多，塑造完整人的效率低下。其次，体验可以使得学生全身心地品味知识。学习的最重要的方法就在于使学生深切地感受知识，在与知识的对话中完成对事物的理解和创发，形成个人的意义世界。上述境界的达成，体验是必不可少的。最后，体验可以促进学生主体和教学文本的互动。我们在谈论"学生主体"时，包括了主体的地位、作用等命题，更包含了主体的机会和成为主体的方法。一方面，体验可以为学生提供多种多样的展示主体力量的机会，使学生面对教学文本可以自由自主地活动；另一方面体验可以作为一种标志主体状态的方法，留给学生把个人特征融入教学文本的空间，学生可以在这个空间中学会使用体验，使自己成为学习的主体。

　　沿着注重"体验"这一教学思路，自主建构教学要求当前的教学发生如下的改观。一是教师由知识的传授者转向体验的创生者。也就是改变教师以往把精力过多投入到知识上的做法，通过创造体验情景、激发体验欲望、引导体验方向、提供体验动力、把握体验状态等环节，促成学生体验的发生和有效持续。二是对待教材的态度由过分忠实到灵活使用。教材是学习材料，但不是唯一的学习材料；教材是精选的，但不是按照每位学生的需要选择的；教材是用来促进学习的，但不是学习的全部内涵。由于过分忠实于教材，学生和教师会被教材所牵引，把时间和精力全部投入其中，使体验的机会被教材剥夺。灵活使用教材，就是贯彻"教材是为了学生学习，而不是学生学习是为了教材"的原则，使教材服务于教学，服务于学生发展。三是充分肯定个人的学习经历，避免整齐划一。学习过程是促进个人成长的过程，由于每个人的生活经历、知识储备、价值观、思维方式、个性的不同，在学习上每个人必然会有不同的特点，尊重这些特点，是促使每个学习者充分发

---

　　① 雅斯贝尔斯. 什么是教育［M］. 邹进，译. 北京：生活・读书・新知三联书店，1991：4.

展的重要前提。体验的作用就在于使每个学生的特点得到充分地展示，使这些蕴涵丰富的种子于体验中更好地萌发。

（二）联系生活是自主建构教学的标志之二

知识来自于活生生的人类生活，学习也是为了更好地生活。从当前教学实际来看，脱离生活的现象屡见不鲜。首先，从内容来看，远离生活实际的情况仍然较多。这样的内容对于学生来说往往很难获得真切的感受，难以理解其中的道理，因而这样的教学内容对学生的发展意义就不是太大。其次，从方法来看，脱离生活的教学仍旧占据着课堂。由于师生双方对知识的偏爱，在一定的意义上说，课堂变成了与外界脱离的象牙塔，生活的痕迹在这里几乎消失殆尽。这样的课堂对于学生来说，与自己关联不大，学到的东西也是抽象的、乏味的，无法与实际相衔接，由此造成课堂缺乏应有的吸引力，教师厌教，学生厌学。最后，从效果来看，生活的教育意义不能体现。学习绝不单纯是知识的理解和累积，通过学校生活，学生应该学到的除了知识之外，还包括人际的、情感的、品性的、习惯的、价值的等许多内容。这些内容的获得单靠知识是很难完成的，只有把教学与生活相结合，从内容到方法都贯之以生活的内涵，才能使学生得到完整的提高。因此，教学的生活化，应该是当代教学改革的基本走向。

自主建构教学倡导生活化，其意义在于，首先，教学的目的不仅仅是定位于促进学生知识与技能的发展，还在于使学生各方面全面、和谐地发展，使学生的人格丰富多彩、表现丰富多样，使他们成为一个个真正意义上的人，一个个能够履行公民、建设者责任，充满着创造活力的活生生的人。这一切都要求学校教学面向生活、关注生活、为了生活。其次，从教学现实来看，虽然教学改革不断，教学方法层出不穷，但实然状态的教学在很多地方，或在很大的程度上"涛声依旧"。机械的流程，古老、僵化、脱离现实生活的教学情景仍然充斥着课堂，教师厌教、学生厌学的现象随处可见，教学缺乏应有的生命活力。在这种情形下，呼唤教学生活化，无疑是一剂良方。再次，从学生学习的实际情况看，他们在与文本的对话中，更为关注的是存在于教学过程中的价值和意义，因为过程的体验是持久的，而结果的成功是短暂的。要想使教学过程充满吸引力，要想使学生从学习的实践中获得愉快的、真实的体验，要想使他们通过学习感到学校生活的快乐与幸福，要想使这些体验成为他们日后生活的财富，我们的教学就必须走进生活。最后，从教师来看，一个真正优秀的教师，他所关注的不仅仅是知识世界，而一定是对生活有着真切、独特的体验，能随时关注现实的生活世界，并用以影响学生，而不限于"教学就是工作、谋生的手段或传递知识的工具"，否则教师在教学工作中就将缺乏教学激情。一个对现实生活漠不关心，对生活世界缺乏真知灼见、在教学实践中缺少激情的教师，很难想象能成为一名优秀的教育工作者。而现行的教学在较大程度上脱离了生活实际，许多教师局限于空洞抽象的书本知识，感受不到生活赋予教学的"精彩"，失去了应有的乐趣。要改变这种情况，教学的生活化应该是一条较好的思路和教学改革策略。

教学生活化要求教学进行如下的改革：第一，教学目标上，改变传统的知识、能力、品德的三个维度的表述方式，在教学目标设计中增加"通过生活、为了生活"的目标，并使之内化到师生内心中，最终落实到实际行动上；第二，课程内容上，调整陈旧过时的内容，补充符合时代精神的新材料，把抽象的知识赋予真实生活的诠释，在宏观框架的意义上保证知识逻辑顺序的前提下，适当补充与当代学生生活切近的课程资源，使之符合生活逻辑；第三，教学方法上，以活生生的真实生活提示和讲解知识，以生活语言解释书本知识，在生活的实际中学习与运用知识，从生活化的实践中发展学生的能力，提高学生在社会活动中的实践能力；第四，在教学评价上，提倡以生活情境、真实任务、现场作业评价方式等补充单纯的纸笔测验。

（三）倡导知识个人化是自主建构教学的标志之三

在传统班集体的教学组织状态下，教学中的整齐划一现象历来是难以超越的现实。其重要原因之一，是师生双方在教学中过分注重了陈述性知识与程序性知识，对建构性知识关心不够。由此，全体学生在同一时间内学到的知识都是相同的，思考的方式也是如出一辙，面临的问题与解决问题的思路往往是千人一面。这样，本来是生动活泼、丰富多彩的生活世界，具有很强"亲和力"的生活学习，到了课堂上就变成了一种硬性的任务。为了完成任务，学生不得不收敛个性，凝练神气，坚定意志，集聚毅力，进行艰苦的学习。这样的教学，在某种意义上来说，对师生而言是枯燥乏味，乃至是痛苦的。而更为严重的是，这样做的结果，恰恰违背了教学的初衷。原因很简单，在学生所获得的学习结果中，没有个人的意义理解在里面，在学习过程中缺乏情意的积极介入，更多的仅仅是对外部世界的机械掌握。在具体真实的情境之中，无法有效地利用所学的知识，更无法在今后无法预知的场景中创造性地驾取与使用知识，造成抽象的知识与实际运用之间无法逾越的鸿沟。因而，这样的学习，无论从哪个角度来说，都是不完整的、有缺憾的。

知识的个人化是对知识的普遍化而言的。知识的普遍化是指在学习中，课本等文本材料所提供的知识以及教师面对全体学生所讲授、讲解的知识是对每个学生等同的，学生通过这两个渠道所获得的信息数量和质量也基本一致。一般认为，所谓知识的学习就是这样的环节。实质上，知识的学习还应有另一个环节，也是最重要的环节，即知识的个人化。所谓知识的个人化，是说当学生接受了普遍化的信息后，需要一个内化的过程，也就是把这些普遍化的信息理解、加工并赋予个人意义的过程，在这个过程中，知识才能真正变成自己的财富。之所以在同一课堂上面对同样的材料、花费同样的时间，会有不同的学习效果，就是这种个人化的程度和质量不同导致的。正是在这种意义上，自主建构教学倡导知识的个人化过程。这种过程可以提高学生从实际生活中回忆、提炼、推断、发现、表达知识的能力；提高学生运用知识解决实际问题的能力；提高他们对知识的理解水平，使他们健康、快乐、富有创造性地学习。可以使教师改变教学观念，激发教学热情，把教学当做艺术去反省、发挥、创造，从而内在地提高自身的素质；可以提高教师对课程、教材、教法的反省、理解与创造性运用能力，使他们能够开发出更为广阔的、卓有成效的课程资源，开拓出富有新意的、切合实际的教学方法，综合提高他们的教学与科研能力。可以使我们的教学走进生活，让生活融入教学，提高教学的吸引力，有效地改变"教师厌教、学生厌学"的现实；可以调动师生的积极性、主动性，发挥他们的主体作用，改善目前学生在学习过程中所普遍存在的被动状况，让课堂成为师生共同向往的、充满着生命活力的地方。

从知识的个人化角度而言，自主建构教学要求以"面向个人、关注个人、走进个人、通过个人、为了个人"为基本的教学理念。坚持学生主体，坚持学生个人为本。坚持学生的个人实际状况为教学的先决条件，尊重学生个人的学习历程，尊重学生个人的学习成果。具体说来有如下几条方法论建议：知识的授受和学生个人的反思与实践紧密结合；尽可能为学生创设真实的个人情境；挖掘教学的个人意义；鼓励学生个人以自己的视角对待现有知识；引导学生个体在学习中发现和提炼知识，通过对个人的反思进行知识的反省。

（四）重视交往是自主建构教学的标志之四

从教学行为何以发生的角度来看，有两种根本性的推动力量。一是任务的推动，包括从国家到教师个人逐级布置的任务和教师、家长给儿童布置的任务两个方面。这种任务性质的推动对于教学形态的存在是非常必要的，它可以在时间、场所、人员、核心内容等方面保证教学的存在，是一种外部支持力量。但从这种任务性质的推动力量对于保证或提高教学对参与人员的吸引力而言，就显得无能为力了。另外一种推动力量是内在吸引力的推动，即如果教学对参与者而言是神奇的、有魅力的、令人向往的，那么积极的教学行为就很快能够发生，并能够长久地、高质量地进行下去。在这种内在吸引力的获得上，交往无疑扮演了重要角色。交往在教学中的价值是不容忽视的，然而这种观念长久以来并没有被接受。近年来，国内兴起了"交往教学"的探讨，交往意识才渐渐进入教学领域中。遗憾的是，目前的交往研究还主要停留在理论探讨层面，教学实践中有意识的运用还不十分理想。审视当前教学的现状，从教学整合的角度说，"交往教学"作为一种教学思想，抑或作为一种教学策略、教学方法，更多的还仍旧在教学的大门外徘徊，情况令人担忧。主要表现在两个方面，一是把交往单纯作为一种辅助手段，不能从本质上把教学当成是交往。在这种情况下，交往活动一般附属、服务于知识的学习，交往仅仅是为了学习知识，而不是在交往过程中去获得知识，由此发生的交往只是手段性的，浅层次的，不能达到交往教学本应具有的教学效果。二是交往质量偏低，交往对象、交往内容和交往渠道不够理想。交往对象过于狭窄，多数情况下学生局限于与教师、材料的交往上；交往内容单一，一切为了知识与技能的学习，即便是情感的交流，也主要是出于对增加学生学习的吸引力这一价值追求上；交往渠道不畅通，师生之间往往是单向的交流，学校和教师为学生所提供的交往教学的条件与机会也较少。

自主建构教学所倡导的交往是真正意义上的交往，这种交往应该具有如下的特征，第一，在把交往当做影响教学的重要外部因素、当做改善教学的辅助手段的基础上，把交往本身作为教学活动的重要内容，把交往作为教学固有的性质之一；第二，交往的内容包含了知识的同时，更包含了情感、人际、完整人格与精神境界的成分；第三，交往对象除了师生的双向交往外，还包含着生生交往、学生与家长的交往、学生与社会的交往；第四，交往手段除了有声有形的各种手段之外，还包含各种无声无形、潜移默化的手段；第五，从交往结果看，除了知识之外，更包含了个性的丰富完整、情感的成熟化、社会能力的提高、方法论的形成等。

以上对教学的交往定位，力求使教学实现以下改观，第一，改变现有的师生主客体关系模式，形成主体间平等、合作的关系。平等是交往展开的前提，在教学活动中，师生双方都是主体，两者是平等关系，这样才能保证民主、平等、对话、交流的课堂教学行为发生，才能产生真实的交往。第二，注重学生交往技能的培养。通过经常性的对话、辩论、讨论、情境模拟、小组讨论、合作学习等方法，为学生提供语言交际的广阔天地，提高他们的交往技能。第三，丰富交往的内容。由单纯注重认知性内容扩大到对情感和社会性内容的关注，丰富学生的文化背景，提高知识素养，使学生有可供交往的内容载体。第四，为学生创设交往条件。打破以教师为唯一信息源的单向信息传导模式，限制教师的讲授时间，为学生交往提供时间保证。改变传统的座位安排模式，为学生开展交往活动拓展空间。

三、自主建构教学的基本环节

自主建构教学的核心是：在教师指导下，通过开展丰富多彩、尊重并力求体现学生学习主体的教学活动，引导学生去探索与形成适合各自学习个性的学习策略、途径、形式与方法，以此提高教学的质量和促进学生的个性发展。由此可见，自主建构教学是一种带有很强生成性的个性化教学，其教学的基本策略是以教师的个性化教学引发学生的个性化学习。其基本的教学价值取向在于，在提高教学质量的同时，密切关注学生学习个性与个性心理品质的发展。从教学过程上看，自主建构教学是一个通过感知、领悟等环节，在自主建构教学活动中形成学生个人独特意义的过程。自主建构教学操作过程可分为五个环节。

（一）课前准备

自主建构教学的课前准备环节主要是指在教学活动具体展开之前，为自主建构的实现所做的前提性工作，它主要包括四个方面的准备，即教师的准备、学生的准备、学习材料与方法的准备。

在知识观上，教师要改变对知识的狭隘、静止的理解，以动态发展的观点看待知识，把注意力放在学生的发展上，而不是知识本身，更多地关注知识的教育价值而不仅仅是科学价值。在师生关系上，改变主客体二元对立的模式，形成民主平等的对话关系，减少教学中学生的心理压力和挫折，使学生放松心情。在教学方式上改变单一使用授受式的传统，多使用交往教学、协商式教学，能够尽可能多地了解合作学习、交往教学、合作教育学、建构主义等理论，从中吸取相应的教学思想、策略与方法。

学生作为自主建构的天然主体，更需要做好相应的准备。首先是改变过去的学习习惯，如被动地听取教师的讲述不进行自我梳理、机械地背诵书本不与自己的生活联系、把知识当做客观不容更改的体系而怀有过分的敬畏心态、不敢进行建构性的理解等。其次，要强化主体意识，充分发挥自己的主体力量，使自己的学习具有主动性、自觉性、创造性，能够使学习服从自己而不是相反，能够管理好自己的学习方向和进程，并形成独特的学习结果。最后，要打破学习的固有范围，重视课外学习和各种实践，积累丰富的知识储备，增长见识，为自主建构做好前提准备。

材料与方法的准备主要包括两个方面。一是在课程资源上，要改变过去狭窄、单一的认识，积极开发和利用各种课程资源，把最新的、与学生关系最密切的、最具有建构空间的材料引入课堂。另外，还要改变对教室的传统认识，根据自主建构的需要，提倡经常变换教室的环境布置，变换座位结构，为学生在学习活动中进行自主建构创造内容和形式方面的条件。二是要形成方法优先的意识。教师在学习具体内容之前先教方法，在学习过程之中理解和巩固方法，在学习结果中重视方法的习得。要使每位学生都有自己的理解与分析的方法、总结与评价的方法、陈述与表达的方法、感受、体验与建构的方法。这样，学生就可以在面对各种各样的材料时，能够运用方法与材料进行精神层面的对话，至此，意义建构也就是自然而然的事情了。

（二）创设情境

自主建构教学的情境创设要求体现以下几个特点。

1. 心理自由与安全的情境

罗杰斯在"非指导性教学"理论中倡导心理自由与心理安全，其中心理自由是指学生可以自由地思考、感受，不受他人包括教师的束缚。心理安全是指在这样的环境中，学生的任何想法与表达都是安全的，无须担心同伴的讥讽，担心教师的批评。这样的情境对于自主建构教学来说是至关重要的，只有在这样的情境中，学生才能敢于构建、乐于构建，不会有来自外界的不必要的压力和紧张。

2. 尽可能真实的情境

作为激发自主建构的要素和维持自主建构持续进行的条件，所创设的情境必须是真实的。当然，这里所说的真实并非是外界事物的真正搬移，而是指情境要与学生的感受能力符合，与实际经验一致。有时，尽管情境并非是完全真实的，但只要能够使学生融入其中并有所感受，只要情境能够让学生有所触、有所感发，也就符合了情境的真实性要求。

3. 与情感密切相关联的情境

当学习进入到了情感层次，学习行为就一定是自主的。当对教学内容的认识掺入了情感与个人价值成分时，建构也就必然发生。所以说，情感在学生自主建构过程中的作用是不可替代的。情境与情感相关联是指所创设的情境要能够使学生产生爱、恨、感动、蔑视、同情、喜悦、悲伤、激愤、惋惜等心理活动。在这些心理活动支配下，学生能够主动去深化、阐发、表达这些情感，或者主动寻找平衡情感的路径，这样，就必然使学生体悟材料，探索合理化的解释，从而建构出属于个人的意义。

4. 应该留有创造空间的情境

教师所创设的情境对学生来说有一定的想象、思考与感受的空间，而不是全部由教师预先规划好的。俗语说："留白天地宽"，创设情境的实质意义在于给学生进行自主建构提供机会，而不是诱导学生陷入情境之中不能自拔，否则，创设情境所发挥的作用就只能是表面的、浅层次的。

为了形成这样的情境，应该做好如下事宜：学习"情境教学""暗示教学"等理论；立足于学科特点，悉心揣摩具体的教学内容，针对具体内容灵活地创设情境；了解学生总体与个人的心理与情感特点，有针对性地创设情境；能够根据教学的实际进展，及时有效地调整情境；调动学生参与情境创设积极性，尊重学生的选择与建议。

（三）走进文本与文本对话

站在知识外部审视知识历来是学习的主要方式，它统治了人类学习数千年的时间，尤其在工业社会来临以后，更成为学习的圭臬。这种学习方式最大的不足在于对学习本质的误解，认为学习只是对内容的客观掌握过程，不能掺杂主观的东西，从而把个人的理解和价值观隔离于学习之外。随着人们对工业社会的工具理性的批判和人本主义、建构主义的兴起，加之解释学等方法论的支撑，学习本质认识发生了很大的改观。最主要的变化是从外部审视转向走进文本之中，在与文本的对话中形成个人意义。

走进文本与文本对话在教学中的具体内涵可以概括为以下两层意思：第一，把静态的文字或图表材料赋予生命气息，让学生把自己的独特精神注入静态材料之中，使材料活起来，成为学生精神世界的一部分，这样学生就可以在学习中与文本融合起来，综合贯通地认识和理解材料；第二，通过与文本的互动、交流，发现和提升文本的深刻意义，并在此基础上创发出新的内涵，超越文本的常规性的、大众化的意义，这样学生就可以把学习变成发现、创造的过程，变成属于自己的、充满生命活力的过程。

走进文本与文本对话，是自主建构教学的核心环节之一，为了能够使这一环节切实有效，就要在教学中注意以下几点：一是消除学生对文本材料的唯唯诺诺心理，鼓励学生敢于批判性、建设性地对待教材；二是引导学生以开放的心态对待课文与其他学习材料，更多地挖掘材料的背景、发生与发展过程，通盘把握材料的脉络，不能只看见呈现在学生面前的、结果性的材料；三是允许和鼓励学生多角度多层次地分析和理解材料，尽量摆脱教师已有的观点和思路，使课堂变成进行理解活动的殿堂而不是刻板模仿的教练场；四是激发学生的个人精神世界，赋予学生把握个人世界的权利，使学生能够自主地把个人已有的累积与现实文本相依相容、相辅相成，从而生成一个属于自己的新的精神世界。

（四）走进他人与他人对话

自主建构从最终结果上看是个体行为，但从过程上看则是群体互动的过程，需要在与他人的互动中形成个人的世界。这是因为与静态文本材料相比，他人更具有参照、借鉴与激励的意义。一方面，他人可以提供不同的思维视角，丰富自己的思考方式，为自主建构作出方法论的准备；另一方面，他人的生活阅历、文化背景、内心情感世界等都可以成为自己成长的源泉，使自己的精神世界更加丰满。另外，他人自主建构的过程与结果还可以成为自己进行建构的外部推动力量，推动自己从内心世界出发创生新的与众不同的内容。从这些意义上讲，走进他人与他人对话更是自主建构活动必不可少的外援。

在教学活动中，同学、老师都是自主建构活动中的他人，走进他人与他人对话就是要在理解材料的同时，积极地与同学、老师沟通，走入他们的内心世界，感受他们的精神世界，探询他们的心路历程，并把自己的内心世界与之观照，以自己的心灵感受对方的心灵，以对方的思想审视自己的思想，同时在相互的表达沟通中发现自己的盲点，弥补对方的不足，相互切磋、砥砺，最终使每个人都能刻画出自己的独特感受、理解与认识，超越自己原有的狭隘世界。在这一过程中，参与活动的任何人包括教师在内，都能够得到来自文本之外的丰富资源。在这样的课堂中，课程与人、知识与价值、内容与方法、教师与学生都可以实现统一，因此课堂的人性化味道会更加浓厚。由材料熟识层次进入思想与心灵交融层面，课堂的理性与情感性也会大大增强。这样，实现教学的个性发展功能就得以保证。

在走进他人与他人对话过程中要注意以下几点：一是教师与学生都要树立起他人即学习对象，甚至是更重要的学习资源的观念，拓展学习的范围，使"人"进入学习对象之列；二是要使学生学会倾听的艺术，从消极的听转向积极的听，由单纯认知的听转向共情的听，在倾听中向他人学习；三是要教育学生形成谦逊地对待他人的思想和情感的美德，杜绝肆意讥讽或盲目接受等肤浅的做法；四是要教会学生表达的艺术，能够在事实陈述清楚的基础上，融会个人情感在里面，并且条理清楚，说理充分，在表达出知识与观点的同时，更贡献出思想和智慧；五是要为每一位同学提供交流与表达的机会，合理安排发言的时间，不允许教师或某一个学生独霸课堂。

（五）自主探索生成意义

在完成了走进文本与文本对话、走进他人与他人对话之后，自主建构就进入了意义生成阶段。由于这时学生个体已经与文本和他人进行了充分的对话与交流，因此这时的活动主要是个体自己完成的。这里所说的自主探索有如下几个特点：第一，探索活动的发起和维持是靠自己内在力量推动的；第二，探索活动具有明显的创造成分；第三，探索活动是在与外界充分交流的基础上进行的；第四，探索的方向与进程是由学生自己调控的；第五，探索活动具有鲜明的逻辑与理性成分，不是盲目的试误性的；第六，探索活动具有可持续性，往往自动自觉地延伸到课堂之外；第七，探索活动具有一定的重复，但这些重复大多是螺旋上升的。由于自主探索具有这些特点，探索的结果也就会自然地生成新的意义。经过自主探索所生成的意义与一般情况下所获得的意义有一些明显的区别：首先，意义来源于内心世界而不是外部力量强加的；其次，意义具有明显的个人属性，每个人面对同样的材料所生成的意义都有区别；再次，生成的意义作为探索活动的结果是动态的而不是静止的，是开放的而不是封闭的；最后，生成的意义当中包含着建构新意义的可能性，也为新的意义建构提供动力支持。自主探索生成意义这一过程充分展示了学生的主体精神，从认知层面来看，是基于学生内心世界的认识，超越了具体材料的限定，有着广阔的创造空间；从价值层面看，打通了事实与价值的界线，使静态客观材料具有了生命活力；从实践层面看，由于学习的结果中已经渗透了个人的气息，经过了内化与升华过程，当具体的实践问题来临时，很容易迁移或创造性地解决问题。

在自主探索生成意义环节中，需要把握好这样几个关键点：第一，意义的建构是一个不断积累的过程，并不是每节课上都必须建构出一个独立的意义；第二，意义建构是为了学生个性的充分自由发展，因此在每一个独立的意义建构过程中，要注意学生个体生命发展的完整性；第三，教师要时刻进行积极向上的引导，不允许发展方向的放任自流；第四，所建构出的意义一定是自主探索的结果，而不是单纯的接受或模仿；第五，在自主建构过程中和结束后，学生需要对自主建构的总体情况进行反思和自我评价，主要是反思自己自主的程度、建构意义的情况，并结合实际内容参照其他同学的自主建构情况进行自我评价，为下一步的学习提供反馈信息，提高进一步学习的效率。

总之，自主建构教学是针对时代精神和教学实际的情况所提出的，这一理论之中包含了学生主体、活动教学、合作学习、体验学习、情感教学等许多理念。当然，"即使教育科学适当地完成了自己分内的任务，提供了最好的条件，教师在具体教孩子的过程中也应创造新的和改造原有的方式方法及其体系。不过，只有在认真地研究了教学和教育的过程，并且提示出它的客观规律的情况下，教师的创造性探索才有可靠的基础。此外，在这种基础上进行创造性探索才有广阔的余地可明确的远景"①。为了更好地实践这一理论，需要在具体教学实践中不断地尝试、探索、完善。

---

① 赞科夫. 教学论与生活 [M]. 俞翔辉，等，译. 北京：教育科学出版社，1984：151.

第三节　对话教学：含义、类型与性质

一、对话教学的含义

对话教学是哲学领域的对话潮流在教育领域的反映，其内涵包括六个方面，因此也只有从这六个方面分别进行描述，才能使我们对对话教学有一个较为清晰的认识。

从存在论意义来看，对话教学的含义有两种理解。一种观点认为，对话是教学得以存在的条件，教学是一种对话性存在。在所有的教学中，都进行着最广义的对话，不管哪一种教学方式占支配地位，相互作用的对话都是优秀教学的一种本质性标识。教学原本就是形形色色的对话，教学具有对话的性格，对话存在于自古及今的教学过程中。[①] 另一种观点认为，对话虽然在教学活动中较为重要，但不一定是教学存在的决定者，对话是教学的一种理念或精神[②]，或是教学的方法、手段或原则[③]。

从主体论意义来看，对话教学反对主客二分的师生角色分析路线，认为教师与学生之间是"主体间性"的关系，双方都是教学活动的主体。两个主体在教学活动中应该通过合作、交往与沟通，实现精神平等与意义分享，达成双方视界的融合。

从价值论意义来看，对话教学肯定教学活动的精神成长价值，对话教学鼓励学生在教学活动中摆脱被动接收的局面，倡导培养学生的参与意识、民主意识；鼓励学生摆脱教师权威与课本崇拜，培养反思与批判意识；鼓励师生双方的思想敞放与彼此悦纳，使得教学过程成为精神自由交流和生命自主成长的历程。

从知识论意义来看，对话教学表达的是以"传递"为核心任务的教学转向以"生成"为目的的教学。它反对教师以"知识代言人"的身份出现，反对教学中既成知识的唯我独尊情形，推崇教学活动中思想的沟通、碰撞与交流，从而建构与生成新的、产生于对话过程中的知识。

从方法论意义来看，对话教学把教学中的对象性存在转换成为关系性存

---

① 钟启泉. 对话与文本：教学规范的转型 [J]. 教育研究，2002 (3)：33—39.

② 李宝庆，等. 试析对话教学的基本理念 [J]. 天津师范大学学报：基础教育版，2006 (1)：5—8；李小红. 论作为教学精神的教学对话 [J]. 教育理论与实践，2006 (1)：38—41；米靖. 基于对话理论的教学关系 [J]. 课程·教材·教法，2005 (3)：20—25.

③ 刘庆昌. 对话教学初论 [J]. 教育研究，2001 (11)：56—60.

在，倡导从彼此间的关系出发来审视教师、学生和教材，力主以"对话关系"作为分析教学的基本视角，从而把教师的教学、学生的聆听与表达、学生对文本的阅读等都看作是对话意义上的"存在之交流"。

从实践论意义来看，对话教学认为，教学活动中师生之间、生生之间、学生与文本之间的交往方式主要是对话。对话需要创设民主、平等、自由、开放、宽容的氛围，以语言符号和行为动作为中介，通过问答、辩论、讨论等方式，实现主体间的尊重与接纳、实现主体与文本间的理解与建构，实现主体自我的认知与反思。

二、对话教学的类型

国内学者提出了四种类型的对话，一类是语言型对话、理解型对话、反思型对话。言语型对话是指以言语为主要表现形式的教学对话，可分为师生对话和生生对话；理解型对话是指人与文本的相互理解与阐释，包括师本对话和生本对话；反思型对话指以自我反思为主要手段的师、生的自我对话。① 第二类是显性对话与隐性对话。显性对话更多的是作为一种教学手段或现象呈现于课堂教学过程中。主要包括：问答、讨论、争鸣、写作、朗读。隐性对话更多的是指在师生相处过程中彼此之间精神交往的良性状态，主要包括：互相学习、互相影响、互相鼓励、共同参与、共同分享。② 第三类是以教师为中心的"问答"式对话教学、以学生为中心的"愤悱"式对话教学；师生关系平等的"交际"式对话教学；突出问题焦点的"辩论"式对话教学。③ 最后一类是教学主体与课程文本的对话，包括教师与课程文本、学生与课程文本的对话；教学主体与教学主体的对话，如师生、生生间的对话；教学主体的自我对话，包含学生的自我对话和教师的自我对话。④

这里尝试从主体与内容两个维度对对话教学的表现形式进行划分。

从对话教学的主体维度，对话教学可以分为四种类型，即教师与学生的对话、学生与学生的对话、学生与文本的对话、学生自我的对话。教师与学生的对话可以发生在教师与学生个体之间，也可以发生在教师与学生群体之间。在这种对话形式中，教师往往是对话活动的启动者，学生作为受话者身份与教师进行交流，在交流过程中，学生逐渐摆脱单纯的受话者身份，在说话者与受话者之间变换，这时候的对话，更多的是一种有明确目的的教育安

---

① 张增田，等. 论对话教学的课堂实践形式 [J]. 中国教育学刊，2004 (8)：42—45.
② 李镇西. 对话：平等中的引导 [J]. 人民教育，2004 (3—4)：45—47.
③ 朱德全. 对话教学的模式与策略探析 [J]. 高等教育研究，2003 (2)：82—86.
④ 李小红. 论作为教学精神的教学对话 [J]. 教育理论与实践，2006 (1)：38—41.

排。在学生与学生的对话中，发话者与受话者的身份是自由变换的，很少有明确的界限，更多的时候是一种自由的交谈或讨论与辩论，学生可以依据自身的经验与对问题的理解表达自己的观点或认同、批驳其他同学的观点，这时候的对话更多的是一种表达、交流和分享。在学生与文本的对话中，发话者是文本，受话者是学生。文本蕴涵着大量的答案和提问，（文本）"总是对向它询问的人给出新的答案，并向回答它问题的人提出新的问题"①。这些答案和提问为学生与文本进行对话提供了大量的可能性，使得对话可以不断进行下去。这时候的对话主要是学生进行独立的理解和建构。在学生的自我对话中，发话者和受话者都是自己，是学生自己在教学活动中进行的反思活动，是对自己在教学活动中的行为、学习方式、收获等问题的反省，因此这时候的对话往往是一种元认知活动。

从对话教学的内容维度，可以参照课程的三维目标把对话教学分为知识与技能对话、过程与方法对话、情感态度与价值观对话。知识与技能对话以知识与技能的传递与训练为教学的主要内容，以对话为学习手段。这种类型的对话教学改变过去知识与技能学习"教师宣讲""学生倾听""习题训练"的"授受"模式，代之以围绕知识点的广泛讨论、交流和自由表达，从中理解意义并进行知识的重新建构。在我国目前的对话课堂实践中，围绕知识与技能所设计和组织的对话活动仍占有重要地位，这种类型的对话教学需要进一步得到重视。过程与方法对话追求的是在对话过程中，除了就教科书本身进行对话外，超越所提供的教学材料本身，挖掘教学材料中的思想、过程与方法意义，并展示和分享学习者的思考路线、分析依据、个人的判断与评价、对学习过程与结果的感受等，实现对话主体间方法论意义上的讨论与交流。过程与方法的学习最为适宜的途径就是展开这种类型的对话。情感态度与价值观对话重视学生课堂学习与生活中情绪情感的表达与沟通，注重学习过程中个人良好生活、学习、交往等态度的形成，力图通过教学活动使学生形成系统化的价值观念体系。这种类型的对话教学对于学生摆脱权威崇拜、形成民主与平等意识、学会与人沟通、善于准确表达、尊重和理解他人、勇于探究等情感态度与价值观方面的发展有其独特意义。

---

① 加达默尔. 哲学解释学 [M]. 夏镇平，等，译. 上海：上海译文出版社，1994：56.

三、对话教学的性质

（一）对话教学表征的是"我与你"的关系

在传统师生关系中，主客二分的思考逻辑表达的是主体"我"与客体"他"的关系，而在对话教学中，师生关系转变成为一种主体间性的关系，是主体"我"与主体"你"之间的交往与共生关系。对话教学可以看作是"人与人精神的契合，文化得以传递的活动。而人与人的交往是对方（我与你）的对话和敞亮，这种我与你的关系是人类历史文化的核心。可以说，任何中断这种我和你的对话关系，均使人类萎缩"①。

在对话教学中，师生之间的"我与你"的关系是真正的"对话"关系。这种关系强调的是师生双方在教学进程中的"会合"与"相遇"，追求师生双方精神上的际遇；强调师生双方作为伙伴的相互性与平等性；强调师生间没有"术语""前见"等阻隔的无障碍对话。是具有"开放性""直接性""相互性"和"在场"的关系。②

（二）对话教学是教师与学生的生活样式

无论是从时间还是从内容来看，教学活动本身就是教师和学生的主要生活方式之一。每天发生在师生身上的教学活动就是他们生活的重要组成部分。当然，要想使"教学活动"这种生活方式变得有意义，就需要使活动提升至对话层次，否则师生生活的意义就会模糊不清。按照巴赫金的泛对话理论，教师与学生这些生活的主人公们"内心始终存在着两个以上的声音，正是这两个或多个声音的争论造成了其内部纵深的对话世界。对话昭示着主人公的生存状况。他的生活，他的思想，他的情感与思维，全都在对话中得到表达。对话，就是主人公对世界把握的基本的甚至是唯一的方式，生活就是同自己、同他人、同世界对话"③。

当然，对话教学式的生活与一般意义上的生活有着明显的区别，最主要的区别在于，对话教学是在生活中发现或体认真理。"对话的唯一目标便是对真理的本然之思。其过程首先是解放被理性限定的、但有着无限发展的和终极状况的自明性，然后是对纯理智判断力的怀疑；最后则是通过构造完备的高层次智慧所把握的绝对真实，以整个身心去体认和接受真理的内核和指

---

① 雅斯贝尔斯. 什么是教育 [M]. 邹进，译. 北京：生活·读书·新知三联书店，1991：2—3.

② 马丁·布伯. 我与你 [M]. 陈维纲，译. 北京：生活·读书·新知三联书店，1986：23—60.

③ 周卫忠. 巴赫金对话诗学中的存在论刍议 [J]. 学术研究，2006（8）：57—61.

引。"① "如果不是为了真理而对话，那么对话就是廉价的。"②

（三）对话教学是一种文化对话过程

笼统地说，教学对话的内容是文化，对话教学是文化对话的过程。法国学者埃德加·莫兰给出了文化对话的五个条件或特征：第一，文化对话的首要条件是观点的多元性或多样性；第二，文化对话意味着文化交往，文化交往由信息、思想、观点、理论的多种交流组成；第三，文化交流允许竞赛、竞争、对抗，即允许思想、观念和世界观的冲突；第四，这种冲突要靠一种规则来控制，这种规则把冲突维持在对话的层面上，避免出现思想战争变成肉体战争或军事战争的过激行为；第五，当社会非常复杂的时候，即当社会是多元文化的、并且一个人同时体验着多种归属的时候，这些归属和信仰之间的任何冲突都可能变成争论的根源、问题、内部危机，这就在个人精神的内部建立起了对话。③

在文化对话的过程中，表征对话程度的概念是"文化热量"，"它意味着观点、思想、观念之间交流、对抗、论战的激烈性或多样性"。"文化对话有利于增加文化热量，文化热量有利于文化对话。多元、交往、冲突、对话、热量的结合形成了文化的高度复杂性。"④ 在看待对话教学时，我们需要站在文化对话的立场上进行分析，适度把握"文化热量"的尺度，确保对话的质量。

（四）对话教学是一种理解过程

在教学过程的性质上，历来有"特殊认识说""特殊实践说""交往说"等不同的看法，当教学被赋予了对话的意义后，对教学过程性质的认识也就可以有了新的视角，即理解的视角。对话教学的过程在本质上是一种理解过程，这是由"对话"与"理解"的密切关联所决定的。在诠释学看来，理解过程就是对话过程，正是通过对话，理解者才能够真正把握理解对象，离开了对话，理解对象（文本）无法向理解者展示内在意蕴，理解者也无法把个人特质与理解对象的意蕴融合。倡导精神科学的狄尔泰也认为，所谓的理解就是一个人与另一个人的交流过程，理解就是一种对话的形式。梅洛·庞蒂则站在对话的角度，认为只有对话才能促进理解，因为真正的理解都是对话

---

① 雅斯贝尔斯. 什么是教育 [M]. 邹进，译. 北京：生活·读书·新知三联书店，1991：19.

② 赵汀阳. 论可能生活 [M]. 北京：生活·读书·新知三联书店，1994：191.

③ 埃德加·莫兰. 方法：思想观念——生境、生命、习性与组织 [M]. 秦海鹰，译. 北京：北京大学出版社，2002：21-22.

④ 同③，第32页.

和语言的结果。

对话教学作为理解过程，其意义不仅是实现教学主体之间以及教学主体与文本之间的交流，一个更为重要的意义在于获得创造性的认识。"在对话中，可以发现所思之物的逻辑及存在的意义。"[1] 理解的对象正是在对话过程中，其意义才获得充实并得到展示。因此，"理解不是重复说者，不是复制说者，理解要建立自己的想法，自己的内容"[2]。

（五）对话教学是学生自主意识的成长过程

对话教学给学生提供了一个品味他人与文本的过程，在这一过程中，学生势必要根据自身的特质对外部信息进行理解和建构，形成富有个人色彩的新意义。而且，随着对话过程的展开，学生也会有表达自己的理解的愿望，在与他人进行沟通后，也会有反思和修正自己观点的动力。可见，在对话教学中，始终有一个独立的"我"在行动和思考着，巴赫金把这个"我"称为"自己眼中的我""积极性的主体"。"我所看到的、了解到的、掌握到的，总有一部分是超过任何他人的，这是由我在世界上唯一而不可替代的位置所决定的。"[3] 因此，在对话教学过程中，学生的自主意识会不断得到激发和强化。对话本身就是个体自主精神成长的过程，"对话既是发展精神自主的游戏，又是发展精神自主的游戏规则"[4]。

对话教学得以发生的重要条件之一，就是学生必须具有对话意识，也就是对外在世界及自身进行观照并与之交流的意识，这种意识恰恰是学生自主意识的核心与灵魂。从这一点来说，对话教学对于培养学生的自我意识、使之称为真正意义上的主体有着不可替代的作用。在没有对话的教学中培养学生的主体性，可以说是南辕北辙的行为。因此，巴西著名教育家保罗·弗莱雷在他的对话教学思想中，反对以教师为绝对核心与主体的"储蓄教育"，提倡"解放教育"，这里的"解放"，在一定意义上就是要使人觉悟，具有批判意识，通过学习、思考，成为主体而获得解放。

---

① 雅斯贝尔斯. 什么是教育 [M]. 邹进，译. 北京：生活·读书·新知三联书店，1991：12.
② 胡经之. 西方文艺理论名著教程：下卷 [M]. 北京：北京大学出版社，2003：252.
③ 同②，第234页。
④ 埃德加·莫兰. 方法：思想观念——生境、生命、习性与组织 [M]. 秦海鹰，译. 北京：北京大学出版社，2002：23.

第 五 章

教学研究思辨

　　教学研究的起点是人的存在方式，这种研究起点观的方法论意蕴在于运用隐喻、重视被研究者自述和以实践为本。形而上学、科学主义、人文主义和结构主义是教学研究的主要范式，问题与主义是教学研究的两种取向。

第一节 教学研究的起点：人的存在方式①

传统的教学研究沿袭在主体和客体二分的基础上对立统一的思路，把研究主体和研究对象显著地区别开来，研究主体以发现研究对象中决定教学现象的规律和本质为目的，并以此来确定教学的概念，进而确定教学存在涉及的范围。尽管教学以及教学研究和人在多方面密切关联，但从多数的教学理论论著来看，研究者不是直接从人这个根本的要素出发，而是把人和人的活动当做一种存在物和特殊的社会现象，并直接就开始探寻其能够起决定作用的比较稳定的因素，而这些因素就是人们熟知的"规律"和"本质"。这是因为研究者存在着一种普遍的信念，即教学活动是客观的存在，它具有确定的因果性和必然联系，只要把握这种必然的因果联系，就可以有效地把握教学，并以此指导教学实践。至于人本身，则属于物质范畴，属于客观的存在，人及其组成的社会是物质运动的高级形式，它必然也被相应层次的规律支配。这种信念主要来自长期存在于人们头脑中的决定论的世界图景，这种图景有着悠久的历史，并受到自然科学的支持。

一、决定论教学研究起点观的反思与批判

"决定论是一种肯定事物以及事物之间具有客观的、普遍的因果性、必然性和规律性的学说。"② 或者说"决定论是一种承认一切事物、现象受因果性、规律性和必然性支配并由此而决定事物、现象发展的秩序性、确定性和规则性的理论。对此做出否定回答的则是非决定论观点"③。决定论的表现形态有很多种。决定论由于表现在自然和历史不同的领域中，从而划分为自然决定论和历史决定论两种形式。在持决定论观点的各个哲学家那里，有关决定论的哲学基础、决定论的核心内容、决定作用的实现方式等问题各有不同的看法，表述亦不尽相同，由此形成形态各异的决定论观点。近代由于科学的兴盛，传统的因果决定论和近代的机械决定论逐渐占了统治地位。

---

① 这部分内容是笔者在所指导的徐德华硕士学位论文基础上改写的。

② 庞元正. 决定论的历史命运：现代科学与辩证决定论的建构 [M]. 北京：中共中央党校出版社，1996：16.

③ 商逾. 决定论的历史形态——西方决定论史研究 [M]. 济南：山东大学出版社，1998：3.

（一）决定论教学研究起点观概说

尽管许多领域都表明了决定论的失败，如热力学第二定律揭示了宇宙中不可逆过程的存在，并成功地运用了几率和统计的概念进行解释；海森堡提出测不准原理，表明不确定性是客观的存在；系统科学提出整体不等于部分的简单的线性相加；控制论的反馈观念颠倒了因果的前后关系，等等，但传统的因果决定论和机械决定论中某些核心观念还是保留下来了，并在一定范围内发生着影响。

我国现代教学论的研究者基本上秉承了决定论的思想传统，无论是物质决定论还是历史决定论，都在一定程度上影响着教学研究。在他们看来，教学活动显然是一种特殊的社会活动，显然受社会领域的规律制约和决定。就西方学者看，由于受自然科学精神的影响，社会活动领域由某种类似自然规律的社会规律支配的思想仍然很盛行，教学活动作为社会现象之一必然有规律可循的信念仍较为普遍。

在国内流行的几本教学论教材中，对教学本质与规律的追求是论者的共识，几乎无一例外地在寻找教学的本质和规律，根本没有人对决定论提出质疑。这种寻找决定性规律的倾向显然是决定论的世界观影响的结果。决定论影响如此之大，以致教学研究者自然而然把它作为教学研究起点而不加审察。

在以决定论的世界图景作为教学研究起点的情况下，必然降低人的地位，在某种程度上忽视人的因素。这是因为，在决定论中，规律和本质是第一性的和首要的东西，人的意志及其活动是被决定的和第二位的东西，只要把握了教学的本质和规律，一切问题都可以迎刃而解。比如，人们普遍认为作为教学活动的核心要素的教学目的、内容受到社会的制约和决定，教学的实施受社会环境条件的影响，教师和学生都是在一定的社会规范下进行有限自由的活动，虽然教学也考虑到学生本身的特点，但这仅仅是从实施的可能性角度考虑，所以总的说来教学是由社会决定的，具体地说是由社会规律或社会系统的功能决定的。当然，人们也注意到人在教学系统中的重要地位，如有人认为教学存在是一种"人为的存在"，"教学是师生特殊的交往"[①]，但在研究教学存在的时候仍然只是把人看作教学系统中一种特殊的实体性要素，要寻找的仍然是异于人的某种抽象的存在物即本质或规律，因为在他们看来，人的活动必须符合规律而且也不得不服从规律。

（二）决定论的缺陷

决定论本身存在着理论上的缺陷，关于这一点现已可以找到很多科学上

---

① 张广君. 本体论视野中的教学与交往 [J]. 教育研究，2000 (8)：54—59.

的证据。热力学第二定律表明，世界的发展充满了不可逆过程，特别是在一个孤立系统中，所有非平衡状态都趋向于同一种平衡态，在达到平衡态后系统就"忘记"了它的初态，也就是说系统无法还原或恢复到它的初态。此外，不管是在热学中还是在量子力学中都可以找到许多随机现象，这些随机现象已不能用认识论加以解释，随机性和偶然性已经上升到本体论的地位。在微观世界中，不能同时准确测定粒子的位置和速度，因此也就无法像在经典力学所要求的那样充分地知道粒子的"运动状态"。线性科学已经逐渐被非线性科学所取代，线性的作用被当做非线性作用的特例，而非线性作用方式是复杂、混沌和不确定性的主要根源，在这种情况下决定论已经只能成为一种愿望。一般系统论强调的整体性、信息论中消息的随机本质、控制论中缩小可能性空间、分子生物学中 DNA 随机的变异性、耗散系统的自组织机制以及混沌学中确定性方程自身引发的不确定性等都表明，世界不再是由严格的决定论确定的世界，世界不再是先定的某种蓝图的展开和实现，它显示出丰富的创造性和新奇性。

决定论被抛弃的另一个理由是它的宿命论结局。因为根据决定论，一切偶然性都根源于人类认识能力局限性，世界本质上是必然的、确定的和可知的。如果这样的话，就意味着从根本上否认了人的意志和自由。既然如此，人的一切活动都在"造物主"的掌握之中，一切结局除对人自身而言有新奇性之外实际上没有什么值得惊奇的，一旦人类认识到这一点，悲哀感就会油然而生。即便是人自身的思想、意志和创造性，也可以归结为决定论的产物，它们只是对人自身有意义，这样看来，人就像牵线木偶。对于习惯于把自己看作宇宙的中心、万物的统治者，对于庆幸自己是上帝的宠儿的人来说，决定论把人最后的地位和尊严都剥夺了，因为决定论告诉人们，人什么也不是，人仅仅是某种绝对的力量如规律的工具和玩偶。这个结论是如此残酷，以致人类从感情上讨厌它。自古以来，许多智者一直在寻找各种各样的理论为人类寻找地位和尊严。

此外，决定论赖以存在的思维方式也在逐渐被淘汰。从思维方式上看，决定论是以实体主义为依托的。"实体思维以为，先有质，后有关系和过程。……以为自然本身内涵着叫'本质'和'规律'的东西；真理就是对事物本质的摹写、再现。……随着哲学问题的深入等原因，实体思维日益暴露出其缺陷。如：由于主体的缺位，它不能解释主体在显现存在中的地位和作用，不能表现主体、实践的能动性……"① 实际上，现在实体思维已经逐渐让位给关系思维和实践思维。关系思维认为"事物不是孤立的、由固有质构

---

① 孙美堂. 从实体思维到实践思维 [J]. 哲学动态，2003 (9)：6—11.

成的实体，而是多种潜在因素的缘起、显现的结果。……事物的质是在其'是'的过程中成为的，即所谓存在先于本质。……实践思维则是关系思维的深化和具体化，它的突出特点是突出主体及其实践在'关系'中的主导地位，把'关系'理解为由主体能动的实践不断澄明的动态系列"①。现代哲学的主流把作为认识和实践主体的人置于非常重要的地位，世界的存在不再是与人无关的了，而是依赖于人甚至是完全取决于人的。

（三）决定论作为教学研究起点的适切性问题

除了上述的原因，决定论作为教学研究起点的适切性也是有问题的。在决定论者看来，既然人的存在是被决定的，教学存在当然也是被决定的，只要找出那些决定性的东西，就可以轻而易举地解决与人的问题密切相关的各种教学问题，所以教学研究当然要以此为出发点。

实际上，就算我们能够找到教学的本质和相关的一些规律，也不能完全理解对人的感觉和需要，不能直接导致人的问题的解决。决定论的世界图景只是从总体上说明事物共性、稳定性或不变性，基本上停留在抽象的层面上，往往难以对真实的存在给出具体生动的描述，离具体问题的解决方面还有较长的距离。

另外，寻找规律和本质或者把握某些必然性和确定性，就其本身而言，不是教学研究的目的，而是一种手段，即解决与人相关的各种教学问题的手段。表面上看教学研究始于寻找规律，实际上在寻找规律之前，有一个人在实践活动中感受和体悟自身需要的过程，有一个感受问题、形成问题和表征问题的过程。因此，总是先有"人"的存在，再有人的"需要""活动"和"问题"，最后才有问题的解决过程。"人"是起点，而决定论的世界图景是存在于人的观念之中的、后天的东西。

在社会实践和教学实践中，决定论的世界观不会单独地先期地起作用，只有在实践提出具体的需要和问题之后，它才会与这些具体的需要和问题结合起来发挥作用。教学作为促进人发展的一个途径，本来就是一种功能性的价值追求，教学活动总是在人的活动中成为某种东西，它不可能有什么先在的本质。用现已认识的本质和规律去规范教学活动，仅仅是一种主观的愿望和行为，实际生成的东西往往出乎意料。实践的建设性作用和创造能力远比决定论观念更有实效。

教学研究强调的是认识主体与被研究领域之间的相互作用的关系和在此基础上的认识的动态生成。教学研究主体和研究客体的关系主要是人与人之

---

① 孙美堂. 从实体思维到实践思维 [J]. 哲学动态，2003（9）：6—11.

间的社会关系，即研究主体与教师、学生、其他教育工作者以及整个社会的关系。而人与人的关系在很多方面只能通过感觉和体悟去把握，仅仅通过理性思维很难把握背后某种神秘的也许根本就不存在的本质或规律。教学理论的基础如哲学、心理学、社会学等都是首先关注人的某方面的问题，教学实践主要关注如何解决问题，而不是要弄清"是什么"的问题。

总之，教学研究本身就是人为的活动，有一定的价值取向，针对着某些实际的问题，对世界和人的终极追问所获得的某些观念（如决定论的思想）仅仅是为人教学研究所用的，而不是研究的出发点。至于教学研究究竟为人做什么或某种价值取向到底合理不合理之类的问题，绝不是纯粹的理性所能解决的，它很大程度上取决于许多非理性因素，即依靠直觉。决定论世界图景是理性思维的产物，对于非理性认识则无能为力，因此对于人的直觉、需要等事物很难给出有效的理论描述，这也是决定论的局限所在。在直觉、价值等领域，恐怕只能直接从人自身的感受和体悟出发，而试图寻找一成不变的决定性东西的努力注定不能成功。教学活动是人参与的和以人为对象的，非理性的因素或现象非常普遍，决定论的世界图景在这方面没有太大的作用。通过以上的分析可以断定，决定论的世界图景不但本身存在问题，而且也不适合作为教学研究起点。

二、教学研究起点是人的存在方式

决定论的世界图景不再可靠，也不适合作为教学研究起点，因此必须重建教学研究起点。根据前面的分析，传统的教学研究起点把世界图景和人的关系颠倒了，因此要把颠倒了的东西再颠倒回来，即不把世界的存在方式作为研究起点，而是把人的存在方式作为研究起点。这里所谓人的存在方式是在广义上说的，包含相互联系的两个层次，即个体的人的存在方式和群体的人的存在方式（或称社会的存在方式），包括抽象的、形而上学人的存在方式和具体的、可观测描述的人的存在方式两个方面。穷究教学研究的方方面面问题，都可以归结为人的存在这一根本问题，因此，把人的存在方式作为教学研究起点是十分必要的，具体地说有以下两点理由。

（一）教学研究关乎人的存在方式

教学研究起点不应是决定论的世界图景，其主要原因之一是因为教学以及教学研究是与人的诸多问题密切相关的。既然如此，教学研究就必须密切关注人和与人相关的一切问题，这样关注的焦点即回到人自身。考察教学研究系统，至少可以分出三类人：作为教学研究主体的人及其组织机构，作为教学研究的直接对象的教育工作者和学生及其组织机构（也可能同时是教学研究的主体），作为教学研究系统之外的社会系统中的人及其组织机构。在这三类人中，每种人的构成都不是单一的成分，其性质状态或存在方式也不是一成不变的。下面我们简要地分析各种人的基本特征和他们之间的关系。

教学研究主体是教学研究活动的承担者，一个教学研究活动总是以研究主体为中心的，教学研究的发动、维持、变更以及其他方面面均受教学研究主体自身的各方面情况的影响。首先，教学研究主体的需要、动机和目的直接影响着教学研究活动。有学者研究了教育研究主体的研究需要、动机和目的，把教育研究的问题按两个维度分为四类，即是否符合研究者本人的需要和能力，是否符合教育理论发展或教育实践改善的需要，并强调对研究者来说"真"问题的重要性。"任何真正的研究其实都是研究者自己的研究，任何研究问题其实都是研究者自己的问题，都是研究者在其自身生活史的作用下'看'出来的问题。"① 也就是说，教学研究中的某个问题如果符合研究者的需要，那么对于研究者来说是有意义的，这可以激发研究者的研究积极性。有学者研究了教育研究主体偏离学术目的的表现、原因和危害，指出不少教育研究者为了捞取学术资本、晋升专业技术职务、注解政策和迎合上意等非学术的目的，对教育研究造成了多方面的危害：削弱了教育研究的科学性，因而削弱了教育研究的功能；造成了教育研究的巨大浪费；败坏了教育研究的道德形象。② 因此，教学研究主体的目的对教学研究的影响是很大的。其次，教学研究主体的知识能力背景直接制约和规定着教学研究。任何研究都是以研究者的背景观念为基础的，有什么样的观念就有什么样的思想方法和价值取向。研究者一定的心理特征特别是认知特征制约着观察分析的角度和形式。从研究主体与对象的关系方面看，研究主体是外在于研究对象，研究主体的介入就相当于新的条件的增加，这意味着研究主体对研究对象形成了干扰，在某种程度上使研究对象失真。虽然研究主体介入所产生的影响可以用各种方法进行控制，但这个"人为"因素总是无法忽视的。再次，教学研究主体的构成和组织形式也对教学研究有很大的影响。教学研究主体主要由两部分人构成，即专业研究人员和来自实践一线的研究人员，主要包括学校教师和各级教育管理人员。研究主体具有复合性，其中包括专业背景的复合性、理论和实践工作人员的复合性。教学实践的多层次性以及参与因素的多样性，使得人们要认识它的全部，几乎需要具备人类的全部知识，教学实践也需要而且可能使不同专业背景的人来共同研究。研究对象的实践性决定了专业研究人员必须接触实践和与实践者合作，同时实践人员也有从事研究的必要性和可能性。

---

① 吴康宁. 教育研究应研究什么样的"问题"[J]. 教育研究，2002（11）：8—11.
② 潘艺林. 教育研究偏离学术目的的表现、原因及其启示 [J]. 江西教育科研，1997（1）：35—37.

教学研究的直接对象即教学系统中的人，包括教师、学生和其他教育工作者，其中教师和学生是多数教学理论关注的焦点人物。关于教师和学生的研究可谓汗牛充栋，在不同理论中和不同背景条件下，教师的角色、任务和特性往往是不同的，学生的角色、任务和特性也是不同的，教师和学生之间的关系更是复杂多样。教师和学生都是自然存在和社会存在的统一，他们有着共同的自然性和社会性，同时在这两方面又有许多差异。当教学是在生活生产中进行时，教师主要是在从事生产和其他社会活动的人，学生也是正在参与社会活动的未成熟的人。到近现代，教学逐渐专门化，教师主要是一种专门职业，学生则是脱离直接的社会生产生活的专门从事学习的人。在不同国度和不同的文化环境中，教师和学生的身份、要求和活动形式都有比较显著的差别。同样是作为教学研究对象的人，在此却展示了如此多的差异，这在教学研究中的确不容忽视。教学的哲学基础主要关注的是人的存在方式和意义的问题，心理学基础则关注人的心理特征如情感、认知乃至生理特点。人的本质是什么，人应如何存在（或生活），人与人的关系应如何，学生是什么样的人，应该把学生培养成什么样的人，学生应该如何发展，由何种途径达之，如何兼顾学生的共性和个性，学生与教师究竟是怎样一种人际关系等许多问题都是围绕着人即学生展开的，对这些问题的回答深刻地决定着教学的理论和实践。"教育和人的关系实在是太密切了，也太复杂了：倘若要问某人'什么是教育？'也就等于问他'什么是人？'，如果曾经有过这样的问题的话，那就是一个哲学问题。"[①]

教学研究系统之外的人也是教学系统之外的人，他们组成了教学系统及其研究系统之外的社会环境，通常被称为社会系统。社会系统中的人和组织以及相关的许多问题是教学研究者关注的问题，这是因为教学系统在社会中存在和运行，脱离社会教学根本就不可能存在，更不可能单独得到说明。教学研究活动也是在社会系统中展开的，教学研究主体是和社会密切联系的人，教学研究的目的和条件主要来自于社会，教学研究不可能脱离社会制约。社会系统的主体是人，社会关系是人与人之间的关系，它包括经济、政治、文化等多方面的错综复杂的关系，因此，教学研究涉及更加广泛的人的问题。对于社会系统，要关注的不仅仅是单个人的存在问题，更重要的是处于社会关系中的人的存在问题。教学目的、教学内容或课程都主要取决于社会发展的要求，教育的经济、政治、文化和科技等功能的实现均要通过教学才能得以实现，而教学研究也必然以此为己任。强调教学系统与社会系统的关系，是为了强调社会系统是人组成的系统，教学与社会之间的关系归根结

---

① 扈中平，等. 教育人学论纲 [J]. 华东师范大学学报：教育科学版，2003（9）：1—9.

底还是人与人之间的关系，教学活动只有在这种关系中才能得到正确完整的理解。

至此，我们看到教学研究从研究主体到研究对象，再到作为研究系统的外部环境的社会系统，无不与人发生着直接的、密切的各种各样的关系。教学研究首先应该从人自身出发，在回答与人有关的一系列问题的基础上提出教学理论和实践问题。

（二）教学研究方法论难题的解决取决于人的存在方式

教学研究方法论存在着一些无法回避的难题，要彻底地解决它们似乎是不可能的。但是，不能因为无法彻底解决它们就选择逃避，实际上人们一直都以他们自身的各种独具特色的方式解决它们，并且获得相对满意的结论。教学研究方法论中的难题主要表现在以下几个方面。

首先，教学研究涉及由怀疑论带来的困难。一个困难是休谟提出的归纳法难题，即无论支持结论的例证的数量和种类有多少，都不可能证明该结论必然成立，它最多只能获得相对的确证和满意度。因此，通过归纳而获得的结论未必是可靠的，在运用该结论时必须保持谨慎的怀疑态度。另一个难题是赫拉克利特的特殊性问题，即世界上没有完全相同的两个事物，差异性总是普遍存在。如学生之间总是有差异的，每个教学过程都是有区别的，不能理所当然地认为对某些学生的了解可以推广到其他学生身上，不能肯定这一教学情况也适用于其他教学情境。其至我们无法证明在某一时间成立的结论也能在其他时间成立，在某一空间适用的规律在其他空间也适用。这样，每一个教学事件严格说来都是个别的事件，都是独一无二的，它不可能完全重复，在不同的地方有着无法避免的其至是相当显著的差异。我们无法通过研究一部分教学存在而获得普遍性的规律，访谈、实验、统计等所有方法都只能获得特殊性的认识，而且不可能指望通过归纳这些特殊性的认识而获得彻底成功。尽管如此，在实际教学研究当中，普遍存在着把某个结论推广到相似条件的情境中的现象，其至许多推广在没有得到充分的论证和说明的情况下就可以被人们接受。这一方面是因为人具有某种本能，对一些判断具有无可置疑的信心，对某些事物有着天生的偏好；另一方面是因为在后天的生活实践中某些联系被多次强化，形成了固定的逻辑结构，以致从不怀疑其真实性和有效性。此外，社会对某种观念的认可程度也影响着这种观念的可信度，一旦某种观念被多数的社会成员和权威机构支持，便被作为真理而存在，人们在运用时总是深信不疑。由此，怀疑论造成的难题就被消解了。这样看来，研究难题可以在人（包括社会）自身那里得到某种形式的解决。个人的实践史、社会的组织形式和社会文化对这些怀疑论难题的解决有着独到的意义。可见，在教学研究方法论难题的解决上，认识人的存在方式具有十分重要的意义。

其次，教学研究中存在着"本体论—认识论"悖论。这里所谓的"本体"是指研究主体观念中关于外在于主体的所谓的"客观存在"及其具体的形式。它一方面包含客观的内容，另一方面表现为主体的形式。认识论在这里强调关于人认识世界的可能性和方式途径。教学研究主体进行教学研究总是依据一定的认识论的，即总要先大致估计认识教学现象的可能性，并选择一定的研究方法。然而，一定的认识论总是建立在一定的本体论基础之上，有某种类型的世界观和教学存在观，就会有相对应的教学研究认识论；没有先在的某种本体论就不可能有某种认识论。但是，人们同样可以看到，对世界存在方式和教学存在的认识却是先前认识活动的结果，也就是说，特定的本体论是以特定的认识论为基础的，是特定认识活动的结果。这样，教学研究的本体论和认识论就相互依赖了，双方都以对方为基础和前提条件，悖论就形成了：如果不知道教学存在的方式，我们用什么方式去认识它呢？如果不知道如何去认识它，我们又怎么能知道教学存在的方式呢？面对这样一个悖论，哲学家和科学家们绞尽脑汁提出各种设想和解决方案，但至今都没有谁从根本上解决它。然而，人类并没有因为不能解决这个问题而放弃努力，教学研究也不会因其无法解决而逃避它。在实际的教学研究中，研究者生活在一定的文化背景中，接受了一些关于教学存在的先入为主的观念，形成了特定的本体论和认识论观点，因此他们实际上是在这些特定的观念的基础上展开研究的。当然，这些观念未必完全正确和可靠，但是依赖它们研究者可以不断形成新的观念，不断修正关于教学存在方式的观念和关于教学研究方法论的观念。由此可见，教学研究的"本体论—认识论"悖论在教学研究实践中得到不断深入的、相对的解决，这是一个不断反思和修正的过程，是一个螺旋式发展过程，它可以表述为：……认识论—本体论—认识论—本体论……在这个过程中，研究主体的文化背景、独特的观念和其独特的实践决定教学研究的具体发展进程。进一步考察研究主体观念形成的条件，可以发现社会文化背景决定着个体观念的总体形成，而个人独特的生活条件和实践形式则决定观念的具体形成。教学研究主体是社会中的人，社会的存在形式和研究主体个人的活动形式（或者说存在形式）从根本上规定着教学研究观念的形成和发展。因此，解决这一悖论，必须从人的具体的各层次的存在方式出发。

再次，研究对象的复杂性导致认识上的困难，即面对一个教学现象我们往往无法确定它到底是由哪些因素和什么机制决定的。在纷纭繁复的多因素联系中，研究者往往主观地剥离一部分因素进行研究，而且总是假定作用机制是简单的和线性的。显然，这很容易造成教学理论与教学实际的不符，从而无法有效地指导教学实践。此外，教学研究对象主要是人，学生、教师、教学管理者和其他教育工作者都是活生生的复杂的人，通过他们的某些表现不足以完全正确推断出其个性心理、行为及其变化。当这些人相互交往，构成一定的群体或组织，其思想行为会进一步复杂化，要理解其中任何一个人，就必须考察其个人的历史，考察与之有关的其他人和组织；要理解一个教学组织的情况，除了要理解它的结构、环境和功能，还要理解其中每一个人的详细情况。这实际上已经涉及个人与个人的关系、个人与集体的关系的问题，触及系统悖论（即要理解个人就要先理解组织，而要理解组织就要先理解其中每个人），对这些关系的研讨实质上就是对人的存在方式的研讨。人的存在方式极其复杂，通过观测人的各种有限的外部表现和运用传统的分析工具没有太大的效果。要真正理解人的个性心理、思想行为和其所在组织的真实情况，还是要通过与被研究者沟通思想的方式，让他们自己表达，而这必须以双方的信任、合作和特定的交往关系为基础。作为对付复杂性的一个手段，主客体双方的思想交流相对来说是比较有效的，如果能够更深刻全面地理解主客体双方存在的具体方式和关系，就可以选择和创造更好的研究方法。

三、作为教学研究起点的人的存在方式

（一）人是生成中的存在

对于作为教学研究起点的人的存在方式的问题，有不同的回答。一种观点认为人是预成的存在，另一种观点认为人是生成中的存在。

预成论的人的存在方式的理论基础是决定论，与之相适应，一般系统论对人的存在方式进行了具体描述。认为人的存在方式分成四个层次：第一个层次是物理学的，即把人作为原子、分子等微观粒子组成的集合体；第二层次是生物学的，即把人作为由细胞、组织器官组成的生物体；第三层次是个体人的存在，即把单个人的各方面特征和生活组成一个个人生活系统，个人的存在方式是个体特性加环境条件；第四层次是人与人组成的社会系统，人作为社会存在物而存在。每个层次都以决定论为依据，第一层次以机械决定论为基础，认为人的本质可以还原为物理规律；第二层次以基因决定论为基础，把人归结为某种先天的本性；第三层次以"刺激—反应"模式的决定论为基础，认为个人的活动是由其自身的特性集合体（某种内在的模式）和外界条件刺激的相互作用决定的；第四层次以社会决定论为基础，把人的本质看作是由社会塑造的、文化的东西，强调人的活动的社会制约性，只要理解了社会的存在方式也就大体理解了个人的存在方式。由于第一、二层次难以给出十分有效的直接的解释，所以以此为基础的教学理论不多，但许多人对它的正确性深信不疑；第三、四层次分别对应于心理学和社会学，可以比较

直接地运用于教学中与人相关的各种问题的解释中，因而盛行于教学研究领域。

尽管预成的人的存在方式为教学研究提供了许多可行的理论阐释，但在解释不少新出现的问题方面显得无能为力和牵强附会。教学研究发展的需要以及哲学和系统科学发展的成果表明，人是在不断生成的过程中存在的。生成论的人的存在方式是建立在这样一幅全新的世界图景上的：世界既有决定论的成分也有非决定论的成分；世界虽然有许多简单的现象，但更多的是复杂的现象；世界的许多过程是确定的，但更多的是不确定的；世界看上去是可逆的，但在本质上是进化的和不可逆的。

有两个关于世界的不同的概念，"一个是确定性规律所支配的世界，它没有给新奇性留有位置；另一个则是由掷骰子的上帝支配的世界，在这个世界里，一切都是荒诞的、非因果性的、无法理喻的"①。决定论选择前面那种世界存在方式，非决定论则选择后者。实际上，经过争论，科学家倾向于两种方案的折中：世界普遍存在着决定性的规律、确定性和可逆过程，同时也在各个层次上存在着新奇的混沌特性、不确定性、偶然性和不可逆过程。封闭系统总是走向衰败、平衡、无序，开放的自组织系统则不断创造出新的形式。这两种不可逆过程发生在世界的任何一个领域和层次当中，创造性、新奇性是宇宙固有的本性。在这个世界中，人既来自于过去，联系着历史，又面向着未来，创造着历史；人类可以摆脱无能为力的纯决定论悲剧，也可以摆脱荒诞和无所适从的纯非决定论的茫然感。

"既然如此，由主体思维和对象客体既有的状况逻辑地确定认识发展的轨迹，也就只能是一种幻想。也就是说，认识以及主体思维、对象客体的状况，虽然是先行状况发展而来的，但后继的状况却并不是先行状况完全决定了的。结论只能是，认识是一个不断创造、不断超越的过程，认识以及主体、客体都处在不停的建构之中，都是生成着的东西，对生成的认识的描述和解释，传统认识论不再有效。"② 这里，我们看到了在认识论中，世界的存在方式也是不确定的、不断生成和演化着的。波普尔在反对历史决定论中也有相似的思路，可以概括为：因为人类历史的进程受人类知识增长的强烈影响，而我们不可能用合理的或科学的方法来预测科学知识的增长，所以，我们不能预测人类历史的未来进程。③ 也就是说，对社会存在方式的认识也缺乏确定性，社会存在只能是一个不断进入我们头脑中的、不断显现生成的

① 伊利亚·普利高津. 确定性的终结——世界、混沌与新的自然法则 [M]. 湛敏，译. 上海：上海科技教育出版社，1998. 150.

② 吴彤. 自组织方法论研究 [M]. 北京：清华大学出版社，2001. 184 −185.

③ 卡尔·波普尔. 历史决定论的贫困 [M]. 杜汝楫，等，译. 北京：华夏出版社，1987：序.

世界。

　　人是新世界图景中的一种特殊存在，人的存在方式和上述的世界存在方式在总体上是保持一致的，人和世界一样，其存在是不断生成中的存在。

　　首先，人是在世界的存在、发展中不断生成的。人是世界自然发展的创造物，一旦产生了，人作为一种既成事实与世界共同创造和发展自身，在自组织和他组织双重机制的作用下人不断成为其自身。人是一个耗散系统，必须在开放的条件下时时刻刻和外界交流物质、能量和信息，才能自稳定、自适应、自发展、自创生。人只有处于动态平衡之中才能保持他自身，同时人又必须经常打破这种平衡才能发展。远离平衡态、非线性的作用、涨落是人自组织的条件，也是人的发挥创造性的必要条件。人是一个能够不断进化的系统，人在实践中不断地改造着自身，这种改造主要以文化的形式逐渐积累下来，同时人也改造着其自身的生理结构和心理结构。

　　其次，人与人通过相互作用和关联形成多类型、多层次的复杂的社会系统。社会系统绝非个体和个体间关系的简单相加，它是超复杂的耗散系统，复杂科学中所有的机制和特征都存在于社会系统之中。社会系统由于不停地消耗物质和能量，因此存在一个衰败和退化的进程，这使系统逐渐陷入混乱。同时，社会系统又是开放的，通过不断地与环境交换物质和能量从而自组织、自维生，在成千上万的非线性作用中，系统自主地改善着自身的结构，使之不断地有序化。社会系统就在无序和有序两种相反的力量和过程的共同作用下，通过无数微观机制的耦合，不断生成全新的形态。人们可以根据系统当前的状态作一个近似的估计和预测，但由于社会存在的生成性、复杂性以及人类认识的生成特点，对社会系统进行准确的长期预测根本不可能，因此社会存在方式在总体上说是不断生成的。作为耗散系统，社会系统仿佛有其自身的生命和自我意识，这种特殊的整体性制约着其中的一切子系统和个人的活动方式。社会在自我发展的过程中正不断朝着复杂的秩序进化，这种进程对其中的人提出了不可抗拒的要求，从而规定了个体的存在方式。不过，似乎可以庆幸的是，社会系统并非在绝对的意义上决定人的命运，它只着眼于总体设计，至于哪些人和要素来充当社会系统的哪个部分，却留给每个人的自由意志去选择和竞争。每个人的命运不是天生注定，他可以主动地选择和设计自己的道路并将它付之实施，这样，通过各个自由意志的竞争、合作以及系统的涨落机制，社会系统也实现了其自身的"意志"。

　　总之，个人的存在方式和社会系统的存在方式都是向未来开放的，个人和社会的本质是在发展过程中不断生成的，人的存在就是一个不断自我超越、自我更新、不断创造的过程。学习和实践是个人适应世界、改造自身的主要途径，人的本质在实践中生成。人与人的关系是在互动中建构出来的，是生成和演化的。

（二）人是复杂自适应系统

人是复杂适应性系统，适应性是人的存在的基本要求，而复杂性则是适应性的必要条件。教学的发生始于原始人的适应性活动，传授生活经验是教学的第一要义，它使人掌握与自然打交道的方法和人与人交往的规范。随着社会发展变迁，人不断开拓了自然空间，创造了更复杂的人类文化，这时教学就承担着传授更多的关于自然的知识和传承社会文化的责任，因为人必须适应新的自然环境和社会环境。人具有前瞻能力，认识到要主动地适应环境的变化，必须提前做好准备，所以人必须思考，推算将来可能的变化，预测未来发展的趋势，并给出适应未来环境的人的规定性，教学就是要促使人的这些规定性的生成。这些规定性可能是某种类型的知识、某些能力、某种品德、某些情感，规定性的具体内容只能依据现时的和未来的环境要求而定。人的适应性强烈地体现在自我发展的强烈要求上，人类在上万年的适应过程中生成和积累了一种心理，即超越有限自我的强烈的愿望或本能。在潜意识中人一直在寻找安全感，在寻找永恒的存在方式，意识到自己生而有限，意识到自身的和环境的不确定性带来的隐患，使得人不断寻求自身的发展以增加自身的适应能力。自我发展是人类学习的根本动力，学习愿望和能力伴随适应性而来。

社会是复杂适应性巨系统，社会系统自组织、自适应和自创生实际上是人类自适应行为的整体突现。社会系统表现出的自适应、自发展行为，为个人的自适应和自发展提供了保障，社会整体发展从根本上说是与每个人的发展是一致的。社会系统复杂的适应性机制促使社会不断发展，而社会发展要求各社会子系统和要素向不同的方向分化，必须生成不同规定性的人，必须使人与人的关系发生合乎要求的变化，社会系统的"意志"通过复杂的自组织机制，"迫使"每个人的发展从总体上符合社会要求。因此，社会系统的自适应行为规定了个人的自适应行为，前者是后者的前提条件。社会发展到今天，教学系统已经成为社会系统高度复杂有序的结构的一部分，承载着培养"社会人"的功能，即实现社会系统对人的分化的规定性生成的要求。这种要求在微观上未必一定达到，但社会系统总是通过各种非线性作用如反馈机制、涨落机制等实现它的总体设计。同时，社会系统也根据内外环境的反馈信息、其预见的未来的发展状态以及预期的目标调整它的内部状态，这种调整也时时对教学系统提出新的要求，这使得教学系统显得很不稳定。自组织理论告诉我们，不稳定正是系统自适应、自创生的必要条件。如果教学系统过分有序和稳定，就很难偏离平衡态，这反而缺乏适应性，不但教学系统难以适应社会要求的变化，教学系统里的各要素如教师和学生也会由于缺乏自由空间而失去活力。

（三）人是文化性、反思性和意义性的存在

如果说生成性和复杂的自适应性不是人独具的专利，那么文化性、反思性和意义性则可以说是人存在的独特之处。

人是文化的动物，这是人存在的独特性之一。人的自适应活动即实践创造了文化，文化成为人赖以生存和发展的不可或缺的工具。人类能够把自己的经验和规范积累起来并传递给下一代，形成某种文化，每个人一出生就与某种文化紧密联系在一起，人的成长过程是一个不断被文化塑造的过程。文化具有积累功能和创新功能，它不但珍视历史，还创造出新的文化，这使得任何一个人的存在都和所有其他人联系在一起，古人、今人和未来人融合成一个整体。教学存在显然是文化的存在。教学存在必须由某种文化派生而来，教学存在必须根植于深厚的文化之中，教学在合文化的基础上"促进人与文化的双重建构"①。文化关涉人存在的一切方面，教学的意义在于促进人与文化的和谐交融。

反思性是人独特的存在方式之一。人类迄今所能找到的系统中，人是唯一具有反思能力的系统。这种特性使人能够不断积累经验，改善自己以适应外部环境的变化。教学是人为的活动性存在，参与教学活动的人都在经常反思，教学研究主体更是反思的主体。反思使教学存在总是不断自我调整、不断更新，反思使教学存在处于动态的、面向未来敞开的状态中。这样，教学存在得到时间之矢的指引，具有强烈的历史感，它从过去中来同时又不断地改造过去、"忘记"过去，教学研究就是一个历史地建构教学存在的过程，是一个创造教学历史的过程。教学研究者反思历史，反思人的存在，尊重人类的过去，着眼于人类的未来，在反思之中没有任何权威，一切都须经过理性和直觉的批判。

追求存在的意义，这是人特有的存在特征。人意识到自己的生命是短暂的，认识到自己是一个物质性的存在，然而人并不就此满足，他总想把握自己的命运，希望给自己永恒的肯定。于是，人们总是不停地询问"我从哪里来？""为什么存在？""我和世界的关系是什么？"以及"怎样的存在更有意义？"等问题。在追求意义的过程中，人不断地超越自己，不断完善自己，使自己摆脱恐惧和空虚，让灵魂获得宁静并体味到生的乐趣。每个人都是一个独特的存在，独特性就是他存在的意义，每个人都希望自己独特的存在是合理而又优秀的，并且希望这种独特存在具有普遍和永恒的性质。就外部的世界来说，如果不通过人的认识和衡量，就不会有任何存在的意义。人的一

---

① 张广君. 本体论视野中的教学与交往 [J]. 教育研究，2000（8）：54—59.

切活动都是与其存在的意义相关的，世界的存在都是与人的意义相关的存在。人存在的意义决定着其他一切事物的存在形式，如果不是因为人的某种意义定向，人的认识根本就不可能进行。然而，人存在的意义究竟为何物？这也许只能是个别体验的东西了，因为答案太多了，除了个人的体验还有什么途径呢？或许，这正是世界美妙之处：独特的、生成的人的存在方式创造着丰富多彩的世界，人在探索世界和其存在意义的过程中成为永恒的一部分。

四、以人的存在方式作为研究起点的方法论蕴涵

（一）运用隐喻

人是生成中的存在，他并非由其先在的本质规定，人存在的生成性主要取决于其存在的开放性、复杂的作用机制（特别是非线性作用）以及内外随机性。传统的教学研究基本上是把人放在理想的环境中考察，其开放性是十分有限的，而且考察的重点往往是单个特性。实际上，人的特性总是于非常丰富复杂的环境相联系而生成、存在和变化的，开放性不能简化为极少的几个限定条件。人的各个特性也是相互联系成为一个有机的整体的，它们之间的联系方式主要不是线性的叠加。教学作为影响人的特性发展的重要途径，决不可能在很封闭的、线性系统中真正取得有效的成果。复杂的系统要达到最大程度的适应性，必须向环境充分开放，使得其内在的自组织过程朝向更高级的秩序发展。人作为复杂适应性系统必须在充分开放的条件下才能更好发展，而且所在环境越复杂、越有挑战性，就越有利于人的适应性品质的生成。现在的教学系统在目标、内容、管理等各方面都比较封闭，如果仅以此封闭系统为研究对象，显然得出的结论只能是封闭系统中人的成长规律和特点。另外，为了求得研究结论的可靠，研究者往往对教学系统的环境条件进行控制，在一定程度上使其走向更加封闭并导致条件失真，这时，教学系统已经为研究者先定的"本质"所约束，人的存在方式就不再是生成的了。教学研究还要避免线性假设的泛滥。人的存在和发展是由许多非常复杂的作用机制决定的，现实中最普遍的作用机制是各种各样的非线性作用，严格的线性机制几乎不存在，少数的线性作用机制基本上是近似处理的结果，为此，科学的方法必须恢复对非线性作用机制的重视。

首先，系统的输入和输出基本不存在着线性关系，因此通过用线性因果的思维模式分析输入和输出的情况并不足以推断其内在情况。其次，通过对系统的元素的控制来确定元素之间关系的方式其实是改变了系统的运行的方式，因而会导致研究的严重失真并常常得出错误的结论。最后，教学研究必须防止决定论的倾向，避免过于理想化的处理。社会系统和教学系统都存在

着大量的外随机事件和内随机事件，这些随机事件相对于认识主体而言是无法预测和控制的，但它们对系统的存在和发展却常常有非常关键的作用，如在系统的涨落变化中随机作用起决定性作用，蝴蝶效应中微小作用被放大等。尽管随机事件难以预测控制，但不能完全视而不见，必须采取适当的应对措施。

由于以往的各类教学研究对象是线性的、相对封闭的理想化系统，其方法不足以处理非线性、开放的和现实的系统，因此必须采取新的思想方法。新的方法是复杂性科学方法，它专门针对开放的非线性而创造，目前获得普遍的重视和应用。但在具体操作时，非线性作用引起的复杂分析过程特别困难，对付不确定性和演化的不可逆性还缺乏足够有效的手段，因此复杂性科学十分重视运用隐喻的方法。"隐喻可以将传统概念体系中的各种成分加以整合，即通过再概念化和理论间的链接与转换，不断提出新的科学研究方向，创造出新的科学理论。它是通过理解语境的传递，由已知到未知，由旧的理论知识通达新的理论知识的桥梁和媒介。"[1] 隐喻相当于类比方法，中国一直有运用隐喻的传统。隐喻实际上是建立在相信世界从根本上说是统一的基础上的，强调世界的多样性的同一，反映到系统论上就是相似性原理。个人、社会系统和教学系统都是复杂的自适应系统，具有生成性，既难以做实验，也难以控制，而且将来要生成的东西在研究者当前时空无法获得因而无法直接研究，因此必须通过隐喻，建立模拟系统，通过运行这个系统获得对实际的复杂系统的当前状态和未来发展可能的认识。

（二）重视被研究者自述

人存在的生成性导致了具体的某次研究难以准确地再现过去的情况或准确地预测未来的情况，人存在的复杂性导致了难以通过外部表现获知其内在的情形，但这些情况是教学研究所必须知晓的。解决这一困难的方法主要是依靠被研究者的自述。只有被研究者自身最清楚其历史和丰富独特的体验，因此自述方法远比其他方法更有效。对于感情等个人体验性的东西，通过外部测量和推测是很难说明的，被研究者的自述显得十分重要。社会对教学的需要和要求也常常难以通过实证的方式获得全面的认识，而常常要通过各种社会主体自己的陈述，在研究者广泛征求意见的基础上获得全面完整的认识。同样，在教学系统中，通过有限的观察、测量和实验也很难获得详尽的资料，但通过促进其中的每个人的自述其所见、所为和所感，就可以获得比较详尽正确的认识。人的存在的生成性和随适应性而来的复杂性使我们很难

---

① 郭贵春，等. 隐喻与科学理论的陈述 [J]. 社会科学研究，2003（4）：1—6.

通过传统的研究方法快捷实时地掌握当前发生的各方面情况，一切都是新的、复杂的和难以很快认识的，但对于与人密切相关的各种存在而言，则完全可以通过当事人自述让研究者迅速获得当前的较为全面的认识。

文化现象是极其复杂的现象，人的存在必然是文化的存在，清晰说明教学中涉及的文化是很困难的，只能通过人及其组织的行为和语言等方式显现说明。被研究者自述其生活，实际上就把其蕴涵的文化都包括在内了。个人的反思活动是内在的复杂的，不同的人其反思过程的差别常常有很大的不同，基本上难以做到以己度人，也难以通过归纳某些案例把结论推广到其他人身上，最可靠的方法只能通过促进被研究者的自述。人作为意义上的存在，体验到的存在意义更是独特而难以测量描述的，比如，存在主义谈到人存在的孤独感，这完全是一种独特的个人体验，几乎不能从外部观察和分析得到。因此，对存在意义的体验必须通过个人的自述才能被研究者知道，而且还必须为研究者所能意会。当然，通过自述获得的材料还必须经过整理，通过抽象，运用概念系统进行恰当地描述，然后再结合其他方法进行分析推理。

（三）以实践为本

面对教学研究遇到的方法论的难题，只能通过实践人为的解决。无论是休谟的归纳法难题还是赫拉克利特的特殊性问题，都可以实践地加以解决，这是因为对于无法断定的领域只能通过实践来检验，或得到相对的证实，或得到相对的证伪。同样，面对"本体论—认识论"悖论，研究者也通过实践把二者融为一体，使二者从对立到统一。观念中的"本体论—认识论"悖论构成一个平面的圆圈，认识没有实质性的突破，然而通过实践可以把圆圈变成螺旋，推动"本体论—认识论"矛盾的解决和认识的前进。人的存在的复杂性以及由此而来的教学的复杂性，使教学研究者常常感到困惑，然而教学和社会实践提出的问题又必须给予回答和解决，由于玄想本身无法克服研究的局限，所以最终还得通过实践来探索和验证，使问题得到相对合理的解决。尽管实践的解决方式不能保证一定是最理想的解决方式，但它对于教学研究者来说具有非常现实的意义，因为即使最蹩脚的决策也比束手无策强。

个人、组织和国家等社会主体都是适应性主体，教学系统则是适应性主体适应性行为的一部分，教学必须符合人的适应性要求。然而，"适应性"一词本身就包含人的能力的局限性的意思，是人类对环境变化而产生的被动的反应。所以，面对不确定的未来和复杂的环境，人不可能一劳永逸地适应环境，他必须经常积极主动地认识世界和改造世界，必须不断改造自己并调整其行为，这一过程就是实践的过程，可以说实践是主体适应环境的基本途径。教学理论中有许多很有争议的问题，由于方法论的困难，人们从不同的角度看问题，用不同的方法分析问题，就得到多种多样的结论，使教学实践无所适从。为此，教学研究必须以人类实践和教学实践为本，从实际出发提出问题，从现实中抽象概念并建立假设，在实践中不断地验证和修正假设。人的存在方式是生成的，人类历史和世界历史一样是不可逆的。人在实践中建构了他的世界并形成自身的独特本质，正是通过实践人创造属于自己的历史。人的存在意义也只有在实践中才能体验和解答。在茫茫的宇宙中，人类面对太多的问题和困惑，作为有限的存在，人除了依靠和相信自己的感觉和理性，还有什么可依赖和相信的呢？人只有不断实践、思考和体验，才能决定怎样去生活，决定如何教育自己和下一代。

第二节　教学论研究范式：背景、轨迹与特性

一、教学论研究范式简论

在教学论研究活动中，方法论作为一种观念型的研究工具对教学论研究的发展有着重要影响。然而由于研究者们观察理解的角度不同，方法论成了争议颇多的概念。当研究者在某种意义上使用"方法论"一词时，常会遭到来自其他理解层面的质问，先前的使用者不得不反复地进行"我说的方法论和你说的方法论不是一回事"之类的辩白。为了避免介入这种纷争，一些教学论研究者开始试图以"范式"为切入点来探讨有关教学论研究方法论的问题。

从教学论的方法论研究状况来看，引入"范式"一词还有另一层意义。在我国目前对教学论方法论的理论研究中，人们的视点往往集中在两个方面：一是具体研究方法的特点、操作程序、使用限度等；二是方法论的意义、含义、结构，以及教学论的方法论与哲学、自然科学、社会科学方法的关系等。"范式"可以使人们注意到，在教学论的方法论中，居于核心地位的是不同研究主体所信奉的形而上学观念、遵守的规范及思想方式而不是具体的操作方法、程序，更不是方法论的外在特征、结构等。这就启发我们，考察研究者的思想渊源、思考轨迹及行为方式，对它们的思维方法、研究方式进行哲学思考，从中抽象出教学论的研究规范，才是教学论的方法论研究的重心。

关注其他学科的方法论成就，历来是教学论的方法论的一个重要生长点。教学论研究的每一次突破性进展，都与其他学科方法论的变革有着密切的联系，对这些方法论成就作理性思考，无疑是教学论研究取得进展的先决

条件。因此，范式作为当代科学哲学中的一个引人注目的主题。进入教学论研究者的视野也是情理之中的事。

正是基于上述原因，"范式"这一术语一经流行，便引起了教学论研究者的浓厚兴趣。

在我国，人们对于范式有着种种理解。如有学者认为，范式就是一种科学信念以及在这种信念支撑下的一系列研究方法或方式的集合体。范式的更替也就意味着科学信念的变更和科学家共同体的改造与重构，科学正是在这一过程中向前推进。① 也有学者认为，范式是指为某一领域中研究者所遵循的、具有凝聚力和组织力的，并且取得了具有历史意义的研究成就的科学研究的典范、规则或模型。它具有三个基本构件：遵守它的研究者；一套规则、典范；所取得的历史成就。② 还有的学者认为，范式是指从事同一特殊领域研究的学者所持有的共同信念、传统、理论和方法。范式不是理论，从本质上说是一种问题——解题方式，它对理论的形成和发展起着十分重要的作用。③ 有的学者则认为，范式就是科学共同体用基本一致的思考方式来研究同一领域的特定问题。简言之，范式代表了一种近乎固定的问题和解题方法。④ 有的学者借用科学哲学界对范式的理解，认为范式不是认识论意义上的知识，而是某一科学家集团在某一专业或学科中所具有的共同信念，这种信念规定了他们共同的基本理论、基本观念和基本方法，为他们提供了共同的解决问题的框架。⑤ 从以上转述中可以看出，尽管人们对范式存在多重理解，范式的成分还是比较稳定的，存在一些共同性的东西：一是思想观念，包括哲学观、信仰、科学观、学科研究的基本法则与概念等，在科学研究活动中它起着定向作用。二是社会传统，包括经济、文化、民族传统、社会心理特征等，它在范式中直接表现为科学共同体约定的原则、规范、习惯等，起着规范的作用。三是典范，主要包括重大科学成就取得过程中积淀下来的典型问题、解题方法等，起着工具的作用。简约地说，范式的成分有：共同的信念（观念）、问题域及在何种框架内解决问题（习惯）、解题思路（方法）。由此，可以对范式作如下概括：范式是一定时期内科学家共同体所推崇的信念、遵循的习惯和采用的方法的集合体。其中，起关键作用的是某一科学家集团在某一专业或学科中所具有的共同信念。由此来观照教学论可以认为，教学论研究范式是指在教学论研究过程中，由持有相同研究信念的研

---

① 王坤庆. 论西方教育学的发展及其方法论启示 [J]. 教育研究，1994（7）：42—48.
② 张武升. 教学研究范式的变革与发展趋向 [J]. 教育研究，1994（12）：67—70.
③ 靳玉乐. 当代美国课程研究的五种范式简析 [J]. 课程·教材·教法，1996（8）：50—51.
④ 崔允漷. 范式与教学研究 [J]. 课程·教材·教法，1996（8）：52—54.
⑤ 迟艳杰. 教学论研究范式探析 [J]. 教育研究，1997（4）：50—54.

究者自发形成的一种规范，这种规范规定了共同的问题域及解决问题的基本框架、解题思路与方法。其中，教学论研究的信念起着重要的作用，研究信念的变迁有可能导致不同研究范式的出现。

教学论作为一门独立的学科，其研究范式有着丰富而独特的流脉，探讨教学论的研究范式，需要着眼于教学论研究本身，既要看到教学论的应用研究状况，也要顾及到理论研究的状况，更应历史地对两者进行把握。同时，范式本身也有其独特的规定性，它含有观念、习惯、方法三个构件，如果只从一个侧面来谈教学论的研究范式，难免有盲目追求新词之虞。为此，从教学论研究的自身特质出发，兼顾范式所固有的基本特征，应是这一课题研究的主流倾向。

教学论研究目前主要有形而上学、科学主义、人文主义和结构主义四种范式。它们的侧重点各有不同：形而上学研究范式致力于提供教学信念、演绎教学论体系、分析关系、理顺脉络；科学主义研究范式重在对教学中的具体实际问题进行探索，以求把握各种变量间的因果关系；人文主义研究范式则试图深入教师与学生的心灵世界中去，充满人情味地去认识和把握教学活动；结构主义研究范式则主张用结构主义的观点方法来探讨教学问题，它可以看作是一些教学论研究者试图借鉴结构主义的观念和方法来整合科学主义与人文主义两种范式的一种尝试。这四种范式之间没有取代与被取代的关系，在不同时期某一种范式是主流，但一种范式形成后，对以后的教学论研究总有着或多或少的影响。

二、教学论的形而上学研究范式

"形而上学"（metaphysics）直译为"物理学之上"，也有人译为"玄学"。在西方社会科学中使用"形而上学"一词，是泛指一切超感性问题的抽象科学，也特指哲学或哲学本体论。这不同于我们把反辩证法的宇宙观和思想方法称为形而上学。本文是在前一种意义上使用"形而上学"一词的。

教学论的形而上学研究范式是指研究主体在唯理主义观念支配下，主要运用逻辑演绎和理论分析的方法，从形而上学观中引出对教学问题的看法。其研究域主要在于教学论的理论问题，致力于提出系统的教学论、构建体系、分析关系与性质等。

（一）背景与轨迹

人类最初的教学论研究是泛化在生活当中的，随着生活技术的改进，人们有了闲暇去环顾自然乃至人本身，这样，教学活动也随之从生活当中提升出来，成为意识关注的对象。最初人们对教学的审视起于身临其境的体验，止于对经验的感受与记录，是对教学活动的常识性的描述与解释。这种描述与解释运用形象的日常用语，以类比与比喻为基本方法，以常识性知识为解释工具。在这种审视中，思考者的创造性仅在于发现教学现象与其他日常现象间的联系，很少能够深入探讨教学本身的属性，更无法自圆其说地说清各种教学现象间的前后关系。因此，审视的结果往往是直观的、表象的、零散的。

随着人类理智的日臻成熟，宗教、神话、常识的樊笼逐渐被一些人所突破，导致一门爱智慧的学问——哲学的诞生。特别是苏格拉底把哲学从天上拉回人间后，哲学的目光从自然转向了人，朴素的自然哲学让位于道德哲学。一些哲学家出于营造、论证或实践其哲学学说的需要，开始关注人的教化问题。

苏格拉底从"美德即知识"这个伦理学命题出发，论述了理性知识及其传授的意义。他认为"正义和其他一切德行都是智慧。因为正义的事情和一切道德的行为都是美好的；凡是认识这些事的人决不会选择别的事情；凡是不认识这些事的人也不会把它们付诸实践"①。而真正的知识（智慧）是事物本质的反映，是事物的"一般定义"，因此知识存在于概念思维当中。正是基于上述观念，他才在教学中注重理性知识的传授，强调原理与定义的意义。他才总是"由普遍经验概括开始，进而达到构成特殊事实的基本概念的更适当的定义"②。苏格拉底之后，柏拉图、亚里士多德等人对教学问题都有过精辟的论述，这些论述也都主要采用了形而上学研究范式。

在教学论成为一门独立的学科以前，演讲者普遍认同形而上学研究范式有其必然性。在当时，教学论研究作为一种智慧活动，是从属于哲学这门爱智慧的学问之下的，教学论尚未从哲学母体中分离出来。夸美纽斯《大教学论》的问世，标志着教学论成为独立的学科，但研究者们依然秉承了前人开创的形而上学研究范式，并成为19世纪中叶以前教学论研究的主流范式。这一点在夸美纽斯、赫尔巴特身上体现得最为明显。

可见，19世纪下叶以前的教学论研究主要采用了自古希腊以来的形而上学研究范式。对此曾有学者做出如下描述："以科学为取向的教育研究诞生以前，人们对教育的探究是以哲学、艺术、宗教、史学、神话等多种学问的混合体为其基础的。这种多种学问的核心，无论是东西方都可称为哲学，从约化的角度，可以称19世纪下半叶以前人们对教育的探究（不管是系统的

---

① 赵祥麟. 外国教育家评传：第1卷 [M]. 上海：上海教育出版社，1992：53.
② 博伊德，金. 西方教育史 [M]. 任宝祥，等，译. 北京：人民教育出版社，1985：27.

还是非系统的）为教育哲学研究，其基础就是广义的哲学。"① 进入 20 世纪以来，形而上学研究范式逐渐丧失其主流地位。尽管如此，这种研究范式并没有销声匿迹，仍然在一定程度和范围内影响着教学论研究。例如，凯洛夫等人以马克思主义的唯物论和辩证法为观察教学现象研究教学规律的认识论和方法论，来构建社会主义教学理论体系，就可以看作是沿袭着形而上学的研究范式。

形而上学研究范式在 19 世纪上半叶以前得以广泛流传，是出于下列原因。

首先，作为一种研究信念，研究主体十分崇尚理性的力量。苏格拉底不相信感觉的作用，认为真理性知识不可能通过感觉去获得，它的形成在于向心灵世界求索。柏拉图提出，理念是先于个别事物而存在的真理性知识，存在于人的灵魂之中，认识活动就是灵魂对理念世界的回忆。亚里士多德在贬低感觉灵魂、颂扬理性灵魂后，则宣称"理性的沉思是人的最完满的幸福"②。夸美纽斯反对用从互不联系的、肤浅的经验中拾来的方法来改进教学，他认为这种改良方法是后验的，他"从事物本身的不变的性质去证明，如从一口活泼的源泉引出川流不息的溪流，再将这些溪流汇成一道江河一样，这样去为建立普及学校的普及艺术打下基础"③。继而他开始用这种先验的方法去演绎他的教学理论。上述重理性轻经验的研究观念，使得研究者们在研究问题之前，就已经形成了认识框架。

其次，认识论上的唯理主义在方法论上必然表现为演绎主义。这种演绎主义采取了先验论的立场，断言人类理性中有不证自明的、绝对正确的先验真理，这些先验真理就是演绎推理的最初前提。演绎推理方法萌芽于苏格拉底，成熟于亚里士多德，后人又进行了完善。作为历史久远、成熟较早的方法一直占有正统地位。

最后，教学论当中存在的一些重大的、涉及价值判断的问题，如为社会和国家培养什么样的人（目的）、选择哪些内容来培养（课程）、培养谁（对象）等必然摆在研究者面前，而这些问题中价值的成分是相当大的，在解决过程中，国家观、社会观、人性观、发展观等扮演了重要角色。这也促成了形而上学研究范式的盛行。

---

① 张胜勇. 反思与建构——二十世纪的教育研究方法论 [M]. 济南：山东教育出版社，1995：139.

② 北京大学哲学系. 古希腊罗马哲学 [M]. 北京：商务印书馆，1961：27.

③ 夸美纽斯. 大教学论 [M]. 傅任敢，译. 北京：人民教育出版社，1984：3.

（二）特性

形而上学研究范式作为 19 世纪下半叶以前教学论研究的主流范式，在其发展和运用过程中表现出了一些特点，捕捉这些特点对进一步了解这种范式会有所帮助。

第一，形而上学研究范式除了进行抽象、概括、总结、反省之外，更重要的意义在于创造。

第二，就与现实存在的关系而言，形而上学范式所关注的内容有间接性。也就是说，持此种范式的研究者多不直接接触或远离课堂等现实存在的领域，而在教学中的道德、审美、价值观、终极关怀等领域进行非直接经验的探索。

第三，形而上学范式假定研究者可以直接接触并了解对象，无须借助外在工具。该范式崇尚理性力量，主要利用逻辑演绎和理论分析从形而上学观念中获得教学论认识。

第四，应用形而上学范式进行研究，其结果一般不能用实例进行检验，这种研究不能归结为实例的总和。其印证是通过在主体间产生共鸣或沟通，通过主体的内省进行的。

第五，形而上学范式虽然在形式上可以成为一种公认的理论探究模式，但其结果往往具有民族性、历史性、派别性。

19 世纪末，自然科学的典范意义使得一些研究者开始自觉地向它靠拢，一些人开始对传统的形而上学研究范式展开了批判。1875—1876 年在布拉格大学主讲教育学的德国教育家奥托·维尔曼主张教育学的主要功能在于以经验分析和归纳的方法来解释教育现象，至于指导和规范本不应该是教育学的功能，教育学是一种事实的科学，应坚持价值无涉原则。20 世纪初，欧洲一些教育家继续了这种批判。法国的涂尔干认为，由于对思辨的过分崇拜，教育学往往成了一种乌托邦式的作品，他主张按照科学的目的与实践的目的把教育学分为“教育科学”与“教育学”，并采用不同的研究规范进行研究。意大利的玛丽亚·蒙台梭利指出，事实上从未有过一门科学的教育学，原有的教育学内容十分不确定，几乎无法明确把握。进而她从医学和儿童心理学出发构想了“科学的”教学理论。费舍尔认为，德国的教育学与其说是实事求是的认识，毋宁说是别出心裁的作品，它的核心仍然是哲学，其信条和断言多于知识和证明。[①] 1921 年德国学者克里兹施玛尔写了一本书，在该书中倡导建立科学的教育学，书名赫然是《哲学教育学的终结》。

[①] 布雷津卡. 教育学知识的哲学 [J]. 李其龙，译. 华东师范大学学报：教育科学版，1995（4）：1—13.

尽管人们对形而上学研究范式颇有微词，但我们不能忽视以形而上的思辨为主要特征的形而上学研究范式的存在，应该相信，"通过经验所得来的科学世界观和现象学的世界，始终是一种近似值，是一种或多或少划分得很好的一种模式。正如在每一种感觉后面，都有一个物质的客体一样，在人类经验所显示的每一件事物后面，也有一个形而上学的事实"①。

三、教学论的科学主义研究范式

科学主义（scientism）作为一种哲学思想，认为科学是文化中最有价值的部分，是唯一的知识，是永恒的真理，自然科学是一切知识的标准和范例，一切自然、社会和人的现象都可用科学的方法探明其因果规律。

教学论的科学主义研究范式是指教学论研究者在实证主义哲学观的支配下，以自然科学研究为典范，强调经验感知的认识作用，运用精细观察、严格实验、统计分析等方法，对教学现象进行定量分析，以期获得关于教学现象的因果联系及其规律方面的知识。

（一）背景

文艺复兴以来，人类科学研究在认识论和方法论上取得了一系列突破性进展：在阿奎那把经院哲学推向顶峰，人们缱绻于烦琐哲学的意趣的时代，罗吉尔·培根就认为"有一种科学，比其他科学都完善，要证明其他科学，就需要它，那便是实验科学。实验科学胜过各种依靠论证的科学，因为无论推论如何有力，这些科学都不可能提供确定性，除非有实验证明它们的结论"②。哥白尼日心说的创立，是近代自然科学开始独立发展的标志，也是人类认识发展史上的一次革命。它使人摆脱了经院哲学玄思冥想、盲从权威的习惯，开始注重通过观察、实验等方式搜集事实材料，并对材料进行分析、计算，从而形成结论。伽利略把罗吉尔·培根所倡导的实验方法与哥白尼应用的数学方法结合起来，确立了物理学的研究方法。牛顿的贡献则在于两个方面，一是机械力学的自然观，这种自然观认为，"人是一个庞大的数学体系的不相干涉的渺小旁观者，而这个体系的符合机械原理的有规则的运动，便构成了这个自然界"③。二是创建了包括简单性原则、统一性原则、推理性

① 陈有松. 当代西方教育哲学 ［M］. 北京：教育科学出版社，1982：8.
② 丹皮尔. 科学史——及其与哲学、宗教的关系 ［M］. 李珩，译. 北京：商务印书馆，1975：149.
③ 同②，第 249 页.

原则、归纳法原则四条方法论原则在内的"力学认识模式"①。达尔文进化论的提出，表明了以系统观察和精细分类为核心的生物学方法对科学研究的意义，更为人们看待和整理纷繁复杂的人类社会提供了认识框架。在社会学领域，孔德和涂尔干明确、系统地主张用自然科学研究的模式、规范、方法研究社会现象，并为社会学研究树立了典范。

上述进展把如下的信念注入了人们的观念里：世界是一个严格按自己的步调行走的机器，一切现象，无论是无机物、有机体，还是人们的精神现象，都是受严格的因果律支配的；科学研究的目的就在于把实在分成更小的各个部分，弄清各部分的特质及其间的因果联系，各部分的问题解决了，整体的问题也就迎刃而解；科学研究的方法只能是精细观察、实验、统计分析，理论是经验归纳的产物；科学研究的结果应是以量化的形式表述的，数学是科学的最终语言。

承上所述，自然科学在观念和方法上都取得了斐然成就，而由这些观念和方法所带来的给人类生活产生巨大影响的种种现实成果又为这些观念和方法贴上了可信的标签，使科学成为继哲学之后的又一个权威。弗兰西斯·培根在理想的大学——所罗门宫里，描绘了一个科学主宰一切的社会。在这一社会中，人们的工作和任务就是运用归纳的方法认识自然，创造财富（精神和物质的）。他以幻想小说的形式表达了对科学分工和科学研究程序的基本认识：(1) 收罗（文字、数据、实验设计）；(2) 实验、编撰；(3) 研究与写作；(4) 概括与升华；(5) 提出报告；(6) 哲学概括。② 他认为，"人，作为自然的仆人和解释者，对自然的作为和了解正如他对自然的观察那么多。除此之外，他不知道，也不可能知道得更多"③。因此他反对亚里士多德逻辑学中对演绎方法的崇尚，主张以归纳法作为获取知识的"新工具"。

弗兰西斯·培根在提出归纳思想时，目光所及的是整个人类的学术研究，他的以科学为基本取向的学术研究思想对后来的教学论研究也有所触动，较早地与之呼应的是赫尔巴特。赫尔巴特提倡并试图筹建一种"科学的教育学"。然而由于当时大多数德国人正迷恋于黑格尔的成果，无暇倾听他的呼声，加之他所寄以希望的心理学当时仍是形而上思辨的产物，且把科学研究模式引入社会现象研究中要有个过程，要有条件的积累，因此他那"可

① 张念宏，等. 科学认识思想史 [M]. 南京：江苏教育出版社，1995：215—225.
② 华东师范大学教育系，杭州大学教育系. 西方古代教育论著选 [M]. 北京：人民教育出版社，1985：429—430.
③ 同②，第451页。

怜的教育学没能喊出它的声音来"①。

（二）轨迹

科学主义研究范式真正引入教学论研究是 19 世纪下半叶以后的事，其原因有三，第一，教育在剧烈的社会变革中扮演了重要角色，日益成为普通民众关心和参与的事业，教育实用化遂成为一股渐强的潮流。为此需要实实在在地研究教学的具体内容，如科目设置、课业进程、教学方式等，以保证教学的效率，满足时代的要求，而这些具体问题的研究靠形而上的思辨是难以完成的。第二，自然科学为教学论研究提供了观念和方法，尤其是 1895年达尔文发表的《物种起源》，运用了系统观察、精细分类等方法，从进化的角度提出了人类生存发展的基本规律，使人们形成了这样一种观念，即运用科学的方法研究人类的问题也是可行的。为这种观念提供佐证的有孔德和涂尔干的实证主义社会学、穆勒的经验主义心理学以及赫胥黎、斯宾塞用进化论思想研究教育的尝试。第三，一些经典性事件在促成科学主义研究范式与教学论联姻的过程中起了媒介作用，这些事件主要有：1869 年高尔顿在《遗传天赋》中建议把统计学运用于人类现象的研究，并开始与皮尔逊等人研究标准化、相关等概念；1879 年冯特在莱比锡大学创建第一个心理实验室；1882 年德国的普莱尔发表《儿童心理》一书，该书具备了科学儿童心理学的基本特征；1891 年霍尔创办评论性刊物《教育学研究》；1895 年美国"全国教育科学研究赫尔巴特协会"成立；1905 年比纳与西蒙的智力量表问世；1909 年国际儿童研究和教育实验协会在巴黎成立。

较早地应用科学方法研究教学问题的有费舍尔、约瑟夫·赖斯、梅伊曼、拉伊、桑代克等人。费舍尔在 1864 年的《量表手册》中提出了评估包括书写等主要科目在内的智力和知识的量表，他还把统计学引入教学论研究，运用算术平均数来检测学生团体的成就。约瑟夫·赖斯通过实验研究了拼读训练的效果，并于 1897 年发表了两篇这方面的论文，他的研究被认为是对教学问题进行客观研究运动的转折点。梅伊曼针对以往的教育理论多是思辨的产物，对教学的具体方法并没有规定与指导这一现象，提出教育学的研究对象应该是能由实验证实的普遍事实，如学习的经济性、儿童的个别差异、读写的心理过程与一般规律等。只有运用自然科学的研究方法，主要是实验的方法，找出事实背后的普遍规律，才是科学的教育学，因此他主张并实施像实验心理学那样的严格的实验室研究，力图建立起一门实验的教育学。拉伊与梅伊曼一样，主张教育学的研究对象是事实，认为教育实验是建

---

① 佛罗斯特. 西方教育的历史和哲学基础［M］. 吴元训，等，译. 北京：华夏出版社，1987：460－461.

立科学教育学的有效途径。他的《实验教育学》于 1908 年问世，该书即是他对识字、算术、自然等学科的观察、调查和实验进行的总结。与梅伊曼不同的是，他认为实验教育学的基础不仅限于心理学，其他的学科如生物学、人类学、卫生学、经济学、伦理学都应是观察、统计和实验的对象。因此他强调实验应深入教学实践中，他的实验多是专业研究者和教师在教室里进行的自然实验。桑代克与同时代的许多研究者一样，主张对教学进行定量研究。他曾在《教育心理学》中写道："教育科学，当它在发展的时候，就像其他科学那样有赖于对教育机构的影响作直接观察和实验，并且有赖于以定量的精确性研究和描述的方法。由于所要研究的题材是各种事实，因此统计学总是有助于研究的。当今，认真研究教育理论的人的主要责任，是要养成归纳研究的习惯和掌握统计逻辑。"[①] 在对教学进行定量研究方面，桑代克的主要贡献有两个，一是编制了一些成绩测验和量表，如 1908 年发表了斯通算术测验，1909 年发表了书法量表。二是他运用严格的实验研究了人类学习，提出一些学习规律，并在他的通过实验得来的学习理论中表达了教学思想，这一点对后来是很有启发的。

上述研究者的努力使 20 世纪初的教学论研究强化了"科学"的观念，他们形成了以实验教育学派为主体的科学共同体，在研究观念、策略与方法上模仿以物理学、生物学、心理学为代表的自然科学，研究结果更是以量化为显著特征。因此可以说，在这一时期，科学主义研究范式人主了教学论研究，并对以后的研究产生了深刻的影响。

（三）特性

科学主义研究范式的理论基础是实证主义，在基本研究观念、研究对象、方法、任务等方面，均表现了与形而上的思辨研究的不同。

首先，在科学主义研究范式看来，各种教学现象间必然存在因果联系，研究的目的在于探寻这种联系，而这种目的的实现可以而且只能被经验地感知，一切概念必须还原为直接的经验内容，理论的真理性必须由经验来验证。

其次，科学主义研究范式坚持教学论研究中的价值中立，认为教学论只应研究教学事实问题，应保持价值无涉。要排除先入为主的价值判断，对事物及存在加以客观描述。认为只有通过实验等摒弃价值成分的方法才会获得关于教学目的、教学手段和方法的正确、可靠的认识。

再次，科学主义研究范式在方法论上表现为归纳主义，在具体的研究方

---

① 康内尔. 二十世纪世界教育史［M］. 张琨琨，等，译. 北京：人民教育出版社，1990：207.

法上主要采用精密实验、精确观察和统计分析等，以此来追求量化的结果，这与自然科学的方法和程序是一致的：提出关于教学现象的因果关系的假说，运用相关工具取得量化证据。

最后，科学主义范式把教学实践活动当做一种可以完全操作控制的工作流程，认为教学中的一切问题都可以通过技术的途径得到解决。在这种工具理性的支配下，教学论研究的全部任务就在于解释现象，进而为问题的解决提供途径。

科学主义范式初入教学论研究时，一些人对它的到来欢呼雀跃，对这种范式所带来的令教学论研究耳目一新的种种成就激动不已。继而，这种研究范式的不足开始有所显露，表现为这一时期的教学论研究多以零散的、直接性的、枝节性的问题为研究对象，难以给教学论带来整体性的、革命性的进步。对此杜威作了中肯的批评，他认为，为了使教育不至于漫无目的地漂泊不定，它必须在两条道路之间选择一条。"其中之一就是试图劝说教育者回到科学方法还没得到发展的前几个世纪就已出现过的那种理智的方法和理想。这个呼吁在情绪上、理智上以及在经济上都处于普遍的不安定时期里，或许能暂时奏效。……然而这种愿望和现代生活条件是如此缺乏接触，以至我认为在这个方面寻求的出路是愚蠢的。另一个选择是系统地利用科学方法作为理智地探索和开拓内在于经验中的潜在能力的模式或理想。"[1] 但是"像教育这样一种事业，我们必须谨慎地和谦逊使用'科学'这个词；没有什么自称是严格符合科学的学科，会比教育更可能遭受到假冒科学的损害；要建立一种僵硬的正统观念、一套标准化的为大家所接受的信条的学科，再没有比教育更为危险"[2]。也就是说，缺乏一个在理论上有条理的和包括一切的体系，对于所取得的结果，仅仅因为借用了先进科学的公认的技术，并能用数量的公式来表达，就认为这些结果具有科学价值，这种研究就是在探索教学论的科学本性，是极端错误的。他认为，对教育科学化的真正促进在于能够把质的过程和结果组织成为某种有关联的理智形态，而不是过分崇拜量化。

科学主义研究范式本体论上的机械论、认识论上的实证论、方法论的原子论、价值观上的技术至上论、主体观上的被动论等是其存在的最大的不足。但是，作为继形而上的思辨之后的一种教学论研究的主流范式，它开创了人类发明和运用头脑思辨以外的工具（各种测量分析方法、实验设计等）进行教学论研究的先例，这与人类创造和使用工具进行劳动有异曲同工之妙。科学主义研究范式第一次给教学论研究者提供了一套明晰的、程序化的研究规范，使教学论研究逐渐摆脱心灵主义的纠葛，走入规范化的轨道。同

---

① 罗伯特·梅逊. 西方当代教育理论 [M]. 陆有铨，译. 北京：文化教育出版社，1984：11—12.
② 赵祥麟，王承绪. 杜威教育论著选 [M]. 上海：华东师范大学出版社，1981：254.

时，它所倡导的科学精神也砥砺着研究者，为教学论的科学化发展开拓道路。

四、教学论的人文主义研究范式

人文主义（humanism）又称人本主义、人道主义，有狭义和广义之分。狭义的人文主义是指欧洲文艺复兴时期的文学运动，其实质意蕴在于借古人之名，反抗中世纪对人性的压抑。广义的人文主义代表了一种哲学思潮。这种思潮强调人的尊严与价值，视人为自主的、自尊的存在物，是万物的尺度。目前人们谈论人文主义时，如果没有特别说明，一般都是指后者。

教学论的人文主义研究范式是指教学论研究者在人本主义思潮的影响下，以人文学科的研究传统为典范，运用理解、主体体验、现场研究、参与观察等方法，对教学现象进行自然的、整体的、定性的把握。

（一）背景

文艺复兴时期，一些人文主义教育家从社会现实和人文主义理想出发，特别是从宣扬人的主体精神，运用符合人性的方法去促进人的自由和谐发展这一主题出发，开始运用理解、直觉感悟的方式来把握教学，促成了人文主义研究范式的萌芽。这一时期的主要成果除了维多里诺创办孟都亚学校以实现其人文主义理想外，还有伊拉斯谟的《一个基督王子的教育》及《愚人颂》、莫尔的《乌托邦》、维夫斯的《知识的传授》、拉伯雷的《巨人传》、蒙旦的《论学究气》及《论儿童的教育》等。这些作品往往以小说、箴言等形式来表达作者对教学原理、原则、方法的理解，写作上通常采用非理性的表达方式。这些著作虽然缺乏严密的逻辑论证，也没有明确的理论框架，但却包含了学术性的智慧，自由地展示了崭新的教学信念，反映了人文主义研究范式的力量所在。

18世纪法国启蒙思想家、教育家卢梭是人文主义研究范式的积极倡导者，他针对笛卡尔的理性主义指出，当时的"错误之一就是过于依靠冷酷的理性，好像人们除此就别无可凭了，……事实上，单靠理性绝难产生积极作用，有时理性仅能抑制人们的活动，在更少的时候理性虽然能刺激人们的行动，但是理性从未完成伟大的任务"①。《爱弥尔》一书包含了许多真知灼见，直接影响了康德和裴斯泰洛齐等人。这部书正是卢梭运用直觉感悟的方法，对教学现象和规律进行的情感体验和直觉把握。

---

① 滕大春. 卢梭教育思想述评 [M]. 北京：人民教育出版社，1984：110.

在 18 世纪理性主义盛行的时代，康德曾对独断的人类理性观作过批判，指出人类理性有其限度范围，超出这个限度和范围就会导致谬误。18 世纪末19 世纪初的一段时间里，德国出现了浪漫主义者赫德尔、歌德、席勒、谢林等人，他们也被称为新人文主义者，所掀起的反理性主义运动在文学、历史、哲学等领域都有明显的反映。这一运动主张情感至上，情感应统治理智，强调感觉、直觉、潜意识、生命的作用。这些浪漫主义者关注人的感性生命，重视人的非理性认识能力，这无疑推进了人文主义研究范式的发展。

为人文主义研究范式作哲学论证并确立其正统地位的主要是生命哲学和存在主义。生命哲学是继叔本华、尼采的唯意志主义之后对理性主义的又一次反动，主要代表有德国的狄尔泰和法国的柏格森。狄尔泰根据研究对象的不同，把科学分为自然科学和精神科学两类，其中精神科学包括心理学、哲学和社会——历史学科。自然科学是用来说明、描述、解释有关物质原因的事实，而精神科学则要理解人类生活的意义与价值。因此他提供了与科学认识论不同的认识方式。认为精神科学的认识方式主要有三种：领会，指人把握一个被表达出来的意义的过程；说明，某种意义的表达过程；体验，它不是指科学认识上的那种被动的经验认识，而是指有限的生命对生活的反思。也就是说，精神科学的研究活动就是个体体验、以创造性表达方式表现这种体验、对这一体验的反思这三者之间的相互作用。由此他提倡的研究方法是"深切地去体验生活，否弃一切原则上的体系的假设，……指向人的生命过程，力图从中归纳出生命的普遍性特性"①。柏格森认为，科学和逻辑都有实用和理论价值，但他们只在由机械统治的惰性世界中才有效，对于一切都在成长、变化的精神世界是无能为力的。通常用数字、物理等方法研究和处理这类问题，对它们作机械的解释，是在进行破坏和摧毁，生命之流"是数学方法不能掌握的，只能由一种神圣的同情心，即比理性更接近事物本质的感觉所鉴赏"②。

存在主义者认为，全部哲学的核心必定是有思想、有情感的个人。他们以人作为基本的存在，以从个人出发作为基本的本体论。他们关注个人的存在意义，寻求人性复归，"不再重视理论上得到发展的那些知识和专业化的精神文化成果，而竭力倾听现代人的不断变化着的思想倾向和因境况与历史而异的感受"③。存在主义者把自我消失和异化的原因归结为技术增长和科学主义的渗透，认为科学与技术导致科学至上成了人们的思想定式。因此他们反对用实证科学的方法来研究人，认为"科学方法把人当做物质力量、心理

---

① 蒋永福. 西方哲学史：下册 [M]. 北京：中共中央党校出版社，1990：33.
② 梯利. 西方哲学史：下册 [M]. 葛力，译. 北京：商务印书馆，1979：351.
③ 同①，第 251 页。

力量、社会力量以及其他外在力量所决定的客体"①，主张通过个体存在去直觉和体验，以此把握世界。

（二）轨迹

生命哲学和存在主义在本体论、认识论和方法论上高扬了人文主义研究范式后，这种范式首先在社会学和人类学中被应用，继而应用于教学论研究中。

19世纪法国人莱普利研究了工人阶级的家庭。他与所研究的家庭住在一起，参与他们的生活，仔细观察他们的日常行为，这种方法被称为"参与观察"。20世纪20年代芝加哥社会学派的托马斯通过研究波兰农民的私人信件了解到了波兰农民对移民的看法，他开创了对私人和公开文献进行定性分析的传统。另一位芝加哥学派的人物帕克则经常鼓励他的学生去普遍而深入细致地研究具体的社区生活，并力争把社区当做一个整体来看待。人类学家博厄斯于20世纪初发表了文化相对论的思想，认为任何一种文化只有从它的内在意义出发才能准确理解它，"如果人种史学者想通过一种西方的框架来研究一种文化，则会曲解他们所见到的一切"②。因此，应把时间花在自然情境中。另一位人类学家马林诺夫斯基则很好地实践了这种思想，他长期蹲在土著部落观察所发生的一切，并介绍了这种现场研究的经验。通过上述研究者及后来的一些人的努力，"参与观察""深入交流""晤谈""内省研究""人种学方法""生态学研究""个案研究"等方法逐渐成熟起来。

1892年美国记者里斯进行了一项著名的教育调查，他走访了36个城市，与1200名教师进行了个别谈话，揭露了当时美国中小学课程与教学中存在的问题。继他之后，英国的萨德勒、美国的科南特等也开始用这种方式来研究教学问题。他们的工作可以看作是现代应用人文主义范式研究教学的开端。从此，人文主义研究范式逐渐在教学论研究中应用，并与科学主义研究范式争雄。在运用人文主义范式研究教学论的研究者当中，美国的沃勒尔较为出色。他反对定量化的倾向，主张亲自参与到教学活动当中去，从中获取具体的经验材料。他于1932年发表了《教学社会学》一书。在该书中他表达了这样的信念："儿童和教师不是脱离现实的天使，不是教与学的机器，而是现实由相互关联的复杂迷津联系在一起的完整的人。"③ 他认为对于教学问题的研究应是"具体的"研究，即不失人的本性与人的现实情境，"从我

---

① 陈友松，等. 当代西方教育哲学 [M]. 北京：教育科学出版社，1982：102.
② 瞿葆奎. 教育学文集·教育研究方法 [M]. 北京：人民教育出版社，1988：364—365.
③ 同①，第372页。

自己的情形来说，对具体的偏爱使我不大相信统计的方法，就我的目的而言，这种方法似乎没有什么用处"①。据此，在该书中他根据深入交流、生活史、现场观察、个案记录、日记、信件和其他个人文献具体地描述教师与学生的种种表现，为人们展示了教学活动中的社会特质。

大约在20世纪60年代，教学论研究中出现了一种生态学研究倾向，即强调在活生生的自然与社会生态环境中研究教学过程中的心理与行为，这种研究又称人种志研究、人类学研究、民俗学研究，经常采用的方法有追踪、参与观察、自然实验、深度访谈等。如美国的史密斯和杰弗理曾用现场研究的方法，每天观察上课情况并作大量的现场记录，经常与任课教师探讨，历时一个学期，终于弄清楚了教师行为的意向和动机。这种人种志研究通常具有下列一些特点：（1）研究者直接深入教室当中，了解自然的情境，以事实的记录为分析研究的主要资料；（2）研究者观察的对象包括日常学习生活中的大小事件；（3）研究者试图采取一种综合的情境的观点，来完整地把握教学的主要特征和各种因素的关系；（4）研究者把故事叙述和抽象概念进行适当地整合，以此形成研究报告，而不是依赖于量的说明；（5）研究者不采用严格的实验设计和正式的访谈，也很少使用标准化测试，显然这种生态学倾向当属人文主义研究范式之列。②

在当代教学理论研究中，人文主义研究范式也有许多成功的运用。罗杰斯非指导性教学理论的提出，就是他从存在主义的世界观、现象学方法论和人本主义心理学出发，运用人文主义研究范式的结果。他认为每个人都存在一个以自己为中心的、不断变化着的经验世界，把握和利用学生的意识活动和"此时此刻"的心理体验才是教学活动的本性。而这种把握利用靠科学方法是难以奏效的，因此他作了如此表白："我不是有意识地用一种周密筹划的或者分析的方式做出自己的反应，而仅仅只是用一种非反射性的方式对他人做出反应。我的反应依赖于我对那个人整体的机体的感觉。"③ 也就是说他是站在科学方法的对立面上，用内省、理解的方式来研究教学问题的。对于这种研究方式他深信不疑："当我对别人的内心世界投以好感，给予信赖，就能了解他，促进他的生长，我既不是以一个科学家进入其关系，也不是以一个'行为调应师'进入其关系，而是以一个人进入其关系的。"④ 苏霍姆林斯基也可看作是应用人文主义范式进行教学论研究的典范。他曾坚持几十年

① 瞿葆奎. 教育学文集·教育研究方法 [M]. 北京：人民教育出版社，1988：373.
② 朱永祥. 国外教育研究方法论的发展趋势 [J]. 教育科学，1991（4）：56—61.
③ 钟启泉，等. 美国教学论流派 [M]. 西安：陕西人民教育出版社，1993：239.
④ 张武升. 教学研究范式的变革与发展趋向 [J]. 教育研究，1994（12）：67—70.

记教育日记，每年听课达 400 多节，对 3000 多名学生作了观察记录。在对教学活动的日常观察中，他深刻体会学生的情感、行为和心理活动，并进行思考分析。在我国，许多一线教师的研究也可归入人文主义研究范式之列，尽管有时这些研究被冠之以"实验""整体实验"，但实质上主要是依靠自然观察、主体体验等方式进行的。

（三）特性

人文主义研究范式作为科学主义研究范式的反对者，表现了与科学主义范式不同的特点。

首先，在人文主义范式看来，教学规律不同于自然科学的规律，前者不是客观的不以人的意志为转移的，而是主观的，在根本上是由人的意识和觉悟自觉参与而生成的，而且认为对规律的把握靠实验、统计等量化方法无法实现，要靠整体的把握与意义的理解才会获得。

其次，人文主义研究范式认为教学行为背后必然存在某种意义，研究的目的在于对此进行揭示，而不是对因果关系的解释。把握住了存留于教学行为中的意义成分，才能真正从整体而不是化整为零，从深层而不是浮于表面地获得教学认识。

再次，针对科学主义范式的原子论研究特征和技术至上的工具理性主义的不足，人文主义范式强调整体主义和人的主体性的地位与价值，反对把自然科学的认识逻辑当做教学论的认识逻辑，认为在教学论研究当中，基于不同的角度，同一现象可以有不同的意义，即存在理解的适当性问题。

最后，人文主义范式认为研究主体与现象间是不可分离的，只能在互动中把握，主张研究者深入相关场景中与对象直接接触。具体的方法有体验、直觉感悟、参与观察等。

为进一步明确人文主义研究范式的特性，这里以科学主义范式为参照，进行一些细节性说明。对于这两种范式的具体特点，美国学者格巴和林肯在《自然主义探究的认识论和方法论基础》一文中运用比较的方法作了详尽的分析。他们认为，自然（科学）主义和人文主义范式之间的根本性差异表现在它们各自所依赖的公理的不同，"各种范式就是各种公理系统"。两种范式公理系统的差别见表 1。

除了公理不同外，运用不同范式的研究者所持有的态度也是不同的，见表 2。

美国另外两位学者博格丹和比克林在《教育研究中定性研究的传统》一文中从两种范式所使用的主要术语和概念上分析了两者的不同，见表 3。

表 1 科学主义与人文主义两种范式的公理对照①

公理的主题	科学主义范式	人文主义范式
现实	单一的、有形的、汇聚的、可分裂的	多元的、无形的、分散的、整体的
探究者与对象之间的关系	独立的	相互联系的
真理陈述	超越背景的概括——研究普遍性规律的科学的陈述——强调相似点	受背景制约的工作假设——特征独特的陈述——强调差别
行动归因和解释	"真正"的起因；时间上占先的或同时的；可控制的；或然的	归因的造就者；相互影响不可控；似乎有理的
价值与探究者关系	超越价值标准	受价值标准制约

表 2 科学主义与人文主义两种范式的态度对照②

态　度	科学主义范式	人文主义范式
所偏爱的方法	定量方法	定性方法
理论的来源	先验论	所探究的问题及资料
使用知识的类型	陈述的知识（能被转换成语言形式）	不言而喻的知识——直觉、理解、激动（可以体验到）
工具	非人的手段	人
计划	预先决定的	自然发生的
环境	实验室	自然

表 3 科学主义与人文主义两种范式的术语概念对照③

	科学主义范式	人文主义范式
术语	实验的；实证主义的；硬资料的；社会事实；外部透视；统计学的；经验主义的	人种学的；现象学的；软资料；生活史；内部透视；符号相互作用；现场调查；计实的

---

① 瞿葆奎. 教育学文集·教育研究方法 [M]. 北京：人民教育出版社，1988：284.（引用时略作调整）

② 同①，第 299－303 页。（这是笔者根据文字资料整理成的表格）

③ 同①，第 407 页。（这是笔者根据表格整理的）

续表

	科学主义范式	人文主义范式
概念	变量；效度；操作；统计意义；信度；重演；假设	意义；过程；情境定义；实践至上；日常生活；社会理解结构

针对科学主义范式理性崇拜、技术至上所造成的意义失落与主体沦丧，以及由原子论方法所造成的对教学现象支离破碎的理解，人文主义研究范式强调在教学论研究中主体因素的介入，强调运用理解、参与、体验等手段，对教学理论进行整体把握，这无疑是对科学主义范式的极好修正。但是，人文主义范式赖以生存的哲学基础决定了它的先天不足，相对于科学主义范式的弊端而言，有矫枉过正之嫌：由于过于纵容主体毫无规矩地去理解，去感悟，造成了教学论研究中的无政府状态。研究主体各行其是，不遵循基本的研究规范，过分强调了独立之精神，自由之思想，忘却了不依规矩不成方圆的道理。

五、教学论的结构主义研究范式

（一）背景

科学与人文这两种精神的对峙在康德时代就已有所显露，而后来的新康德主义则进一步扩大了自然科学与精神科学之间的对立。对于这种对峙，一些学者已有所察觉。如美国学者罗伯特·梅逊在考察了传统的文科教育、进步教育、学科结构运动、新行为主义和人文主义心理学五个教育流派后指出："本世纪（指 20 世纪——编者注）中期以前的进步教育和 1950 年以后的学科结构运动以及新行为主义比另外两种学说更重视科学、科学的方法、实验和实验的方法。传统的人文教育和人文主义心理学似乎较那三种学说更强调艺术、文学、宗教、诗歌和情感以及想象方面的内容。所以可以认为，本书检查了三种不同类型的科学的教育学说和两种不同类型的人文主义教育学说。"① 胡森则更为明确地指出："研究教育问题时使用的两个主要范式之间的冲突，在本世纪（指 20 世纪——编者注）初已显现出来了。一是模仿自然科学，强调适合于用数学工具来分析经验的、可定量化的观察。研究的任务在于确定因果关系，并做出解释。另一范式是从人文学科推演来的，所注重的是整体和定性的信息，以及说明的方法。"②

在当代科学研究中，对人文或科学研究范式情有独钟现象已不多见，寻

---

① 罗伯特·梅逊. 西方当代教育理论 [M]. 陆有铨，译. 北京：文化教育出版社，1984：24.

② 瞿葆奎. 教育学文集·教育研究方法 [M]. 北京：人民教育出版社，1988：179.

求人文与科学的沟通倒是一股强有力的潮流。正如美国著名脑科学家斯佩里指出的：“早先科学的范围及其局限、对世界和人的本质的看法，以及科学作为一种智力、文化和道德的力量所引起的社会作用都在发生根本的变化。过去在对待人和自然上，科学观点和传统人道主义观点间常常存在着分歧和不可调和的冲突。现在我们发现，这两种不可调和的观点已开始融合统一起来，一种新的统一的解释构架出现了，它的出现不仅对科学，而且对那些人类借以生活和找到意义的基本价值——信念的行动纲领都将具有深远的影响。”① 面对科学危机与文明危机现象，萨顿曾经提出建立新人文主义的构想，他认为：“科学是我们精神的中枢，也是文明的中枢。它是我们的智慧的力量与健康的源泉，然而不是唯一的源泉。无论它多么重要，它却是绝对不充分的”。因而，“我们必须准备一种新的文化，第一个审慎地建立在科学——在人性的科学——之上的文化，即新人文主义”②。

　　从科学哲学来看，科学与人文的融合也是一个引人注目的话题。对于逻辑实证主义所倡导的唯科学主义，波普尔首先作了积极的反应，他宣称：“我的著作是想强调科学的人性方面。科学是可以有错误的，因为我们是人，而人是会犯错误的。”③ 库恩进一步对此进行了阐释，在他看来，科学在本质上是一种社会文化事业，对于科学的合理性，每个人都可能由于各种历史的、社会的、心理的偶然性原因选取不同的评价标准。因此，科学史研究必须考虑社会和心理因素，不仅要研究发现的心理学，也要考虑科学共同体的科学社会学。费耶阿本德从人道主义立场出发，对科学所造成的新迷信进行了严厉的批判，指出必须按照“在什么程度上个人的幸福和自由增加了”这个最高的价值标准来检查今天的科学。他抨击“科学沙文主义”和“规范方法论”，欢迎在科学发现中使用任何方法与规则，无论是理性的还是非理性的，无论是科学的还是非科学的。④

　　上述情况表明，人文与科学的融合是当代科学研究的一个重要趋势。面对这种趋势，胡森认为，科学范式与人文范式各有长处与不足，它们不应互相排斥，而应是互相吸收、取长补短的。“固执地信奉被奉为‘科学’的范式，而又经受不起批判的那种哲学和思想方法”不利于教育研究。因为教育不可能存在于社会真空中，也不可能独立于它们所处的文化、社会背景和教育改革之外。⑤ 格巴和林肯则指出，在科学（硬科学和生命科学）研究中惯

　　① 沈铭贤. 科学主义与人文主义在当代的发展趋势 [J]. 哲学研究，1992 (6)：19-26.
　　② 萨顿. 科学史与新人文主义 [M]. 陈恒六，等，译. 北京：华夏出版社，1989：124-125.
　　③ 卡尔·波普尔. 科学知识进化论——波普尔科学哲学选集 [M]. 纪树立，译. 北京：生活·读书·新知三联书店，1987：自序.
　　④ 殷正坤. 科学哲学引论 [M]. 武汉：华中理工大学出版社，1996：311-312.
　　⑤ 瞿葆奎. 教育学文集·教育研究方法 [M]. 北京：人民教育出版社，1988：186.

用的范式应用到社会和行为科学研究时往往会失去功效，如果对这一范式的严密性过于关注，会使教育研究的成果越来越缺乏适用性，远离生活现实。因此，需要一种"以经验（体验）为特征的新范式"。在新旧范式之间，尽管在公理假说上毫无妥协的余地，但在具体的研究过程中，"属于这两种范式的各种'态度'上是有可能达到妥协的"①。

（二）轨迹

两种研究范式从对峙到融合的趋向表明，二者从恪守自己的信念发展到了彼此承认对方的优点，默认自己的不足。科学与人文两种范式应当融合，这是毫无疑问的了，但怎样才能融合，则是摆在教学论研究者面前的一个难题。对此，皮亚杰等人尝试用结构主义的观念方法开展研究，来抵消两种范式各自存在的不足，我们称之为结构主义研究范式。

结构主义（structuralism）始发于20世纪初，成熟于20世纪50年代，20世纪60年代后迅速流行。结构主义与其他西方哲学流派不同之处在于，结构主义不是由一个持有共同哲学观念的专业哲学家所组成的哲学流派，而是不同学科领域内的研究者们所持有的某种共同的观点和方法的总称。因此，所谓结构主义实际上不过是一种观念性的潮流，结构主义者也不过是对不同人文学科中运用结构主义的观念方法进行研究的人的统称。

结构主义研究范式最初来源于语言学，索绪尔等在语言学研究中提出了结构理论，认为语言不是一些词或声音的机械拼凑，而是一个记号系统，它具有内在的稳定结构。语言学的研究对象不是孤立的词，而应是词或词意的相互关系，即他们的内在结构。乔姆斯基还进一步提出了深层结构的理论。认为一种语言的语法规则是它的表层结构，而每一种语言的共同的句法规则是它们的共同的深层结构。正是因为有共同的深层结构，各民族语言才得以互译或转换。对上述语言学中的结构主义观念方法作哲学概括，并使之广泛流行的是法国哲学家、人类学家列维·斯特劳斯。在他看来，一切社会活动和社会生活的现象背后都隐藏着一种内在的起支配作用的内在结构，因此一切社会和人文科学都应像结构主义语言学一样，不局限于描述社会生活的表面现象，而是深入其中，寻找支配表面现象的内在结构。他把结构主义语言学的理论观点推广于人类学研究，强调了结构观点与结构方法在认识论中的意义。此后，把结构主义观点、方法应用于各门具体学科的研究越来越多，产生了结构主义文艺理论、结构主义历史学等。在不同的结构主义持有者中间，一般都具有下列基本观点：第一，任何事物、现象都有其自身的结构，事物、现象都因其具有结构而获得自己的本质；第二，事物、现象的结构分

① 瞿葆奎. 教育学文集·教育研究方法［M］. 北京：人民教育出版社，1988：311.

为深层和表层两种，深层结构是指事物——现象的内部联系，是带根本性的、起决定作用的，习惯上人们谈到的结构都是深层结构；第三，事物、现象的结构具有整体性、转换性、自调性等基本特性；第四，事物、现象的结构就其构成来说，是多元的、静态的、共时的。①

教学论的结构主义研究范式是指教学论研究者坚信教学论研究的对象是教学现象的内部结构，认为对结构的研究应坚持整体性原则，把研究对象看作是一个整体，运用系统方法、结构的方法、模型的方法去把握其关系、结构、联系等。

在结构主义研究观点、方法扎根落户于教学论研究，从而形成教学论的结构主义研究范式过程中，皮亚杰起了非常重要的作用。

首先，皮亚杰对列维·斯特劳斯所代表的结构主义进行了改造，在一定程度上弥补了它的不足，使这种改造了的结构主义在教学论研究领域中站稳了脚跟。皮亚杰的结构主义除了同其他结构主义一样，着眼于事物、现象的结构，从整体性、转换性、自调性角度来把握结构之外，还有如下独特的理解：一是开放性，虽然某一结构自身是封闭的，但它可以作为子结构加入到更广泛的结构中去，从另一角度看，结构可以整合其他的下位结构，具有开放性；二是历时性，结构可以是非时间性的，也可以是有时间性的，既是共时的又是历时的；三是主体性，结构没有消灭人，也没有消灭主体的活动，主体的本性乃是构成一个活动的中心。皮亚杰把结构和建构统一起来，使他的结构具有了上述三个特征，结构本身成了一个不断变化发展的过程。皮亚杰这种发展了的结构主义强调结构具有整体性、功能性、变动性、开放性，这同贝塔朗菲强调系统的整体性、结构性、变动性、开放性是基本一致的。皮亚杰强调结构具有主体性和变动性的过程，这也暗合了辩证法原则。

其次，从这种结构主义出发，皮亚杰着重论述了儿童认知发展的动力说及儿童认识发展的阶段说等问题。并论述了认知发展对教育的意义。认为"了解儿童思维的结构以及儿童与成人心智之间的关系，这对于学校来讲有根本的重要性"。"从结构的观点来考虑儿童的心理，这是新教育的一个令人瞩目的创见"②。儿童认知发展理论对人类智慧活动具有极强的解释性，这一点吸引了教学论研究者，并使他们逐渐认识到结构主义研究范式的力量所在。

运用结构主义研究范式取得斐然成就的当推美国的布鲁纳。布鲁纳深得结构主义精髓，认为"知识是我们构造起来的一种模式，它使得经验里的规律性有了意义和结构。任何组织知识体系的观念都是人类发明出来的，目的

---

① 蒋永福. 西方哲学史：下册 [M]. 北京：中共中央党校出版社，1990：332.

② 卢濬. 皮亚杰教育论著选 [M]. 北京：人民教育出版社，1990：54—55.

是为了使知识更经济、更连贯"①。在这种结构主义知识观的影响下，他提出了结构主义教学理论。结构是结构主义的核心概念，也是布鲁纳整体地综合地考察教育理论的切入点。他把儿童智慧发展分为动作表象、形象表象、符号表象三种结构迥异的再现表象阶段，并从整体上考察了三种结构的连续的、流动的、顺序发展的关系。这是他构建教学理论的心理学前提。布鲁纳认为，"教学论必然详细规定把大量知识组织起来的方式，从而使学习者易于掌握"，"教学论应当详细规定所由来的学习材料的最有效的序列"②。由此他写道："不论我们教什么学科，务必使学生了解该学科的基本结构。"③ 他认为通过一次学习而彻底掌握某种知识是不大可能的，要真正做到掌握，就必须使不同水平的同一类知识与不同水平的认识能力匹配起来，使该类知识能每次都以新的观点反复地展开学习。他思考教材的结构，提出了具有连续性和发展性的螺旋式课程。在教学活动的进行方式上，他从力图使学生掌握知识结构角度出发，提倡发现学习，并提出了教学方法——"发现法"。由此看来，布鲁纳从心理学基础、教材结构、教学活动进行方式等几个彼此密切联系的方面综合探讨了教学问题。他以结构为出发点，力图挖掘每一部分的内部结构，从中得出教学论结论，从而从整体上把握了教学论原理。

在巴班斯基看来，以往大部分的教学论研究者往往只从心理学或以控制论等一种角度研究教学现象，他们的研究只涉及个别方面，这容易使他们的观点带有片面性。巴班斯基试图以过去教学论研究的已有成果为基础，通过方法论的创新对各种教学论的观点进行综合研究。1977 年他的《教学过程最优化（一般教学论观点）》出版，书中提出了"教学过程结构"这一概念，他试图从分析教学论的这一重要概念出发，把教学目的、任务、内容、形式、方法、原则等教学论的主要范畴置于一个总的结构体系中加以考察，以便进一步探索教学过程最优化原理。巴班斯基广泛吸取近十年来在哲学、心理学、教育学、控制论等方面的研究成果，力求把教学论的研究提到一个新水平。他在研究中广泛运用了结构分析和系统方法，体现着结构的观点、整体的观点、相互联系的观点、动态的观点，因此可以看作是结构主义研究范式的成功运用。

（三）特性

结构主义研究范式在教学论中应用与流行主要有四个原因。一是从 20 世纪初到 20 世纪中叶，整个社会的经济、政治、文化的联系空前加强，社

---

① 罗伯特·梅逊. 西方当代教育理论 [M]. 陆有铨，译. 北京：文化教育出版社，1984：153.

② 张焕庭. 现代西方资产阶级教育思想流派论著选 [M]. 北京：人民教育出版社，1980：399.

③ 布鲁纳. 教育过程 [M]. 邵瑞珍，译. 北京：文化教育出版社，1982：3.

会关系的整体性、结构性日渐明显，理顺关系、调整结构成为促进社会发展的一种力量。这种现象反映到哲学领域中，逐渐提升为一种研究观念和研究视角。二是 20 世纪 60 年代的技术革命极大地促进了科学的分化与综合，科学发展的一体化倾向越来越强。同时，物质的结构性越来越得到显示，元素主义或原子论的方法已无法自圆其说，走向关系、结构、整体的研究已成为一种必然。三是存在主义者所宣扬的主体自由创造一切的观点不用说在自然科学领域，就是在社会科学或人文科学领域也是漏洞百出。人文科学家们开始对存在主义感到不满，要求以新的观点方法来取代它。这样，在自然科学和人文科学交互奔流、渗透的情形下，结构主义在人文科学中流行就是自然的事了。最后，一些人文学科在应用了结构主义的观念方法后，取得了一系列成果，这也为教学论研究提供了成功的典范。

结构主义研究范式具有下列一些特点。

第一，结构主义研究范式强调对教学的整体性研究，反对孤立、局部的研究。这是因为结构主义范式认为，与它的组成部分相比，整体的重要性更突出，整体性的结构规定着各部分的联系及其性质与意义。忽略了整体，各个孤立的成分是没有意义的。

第二，结构主义研究范式重视研究教学现象的内部结构，而不是现象本身。认为满足于经验现象的罗列和描述，是无法理清杂乱无章的教学现象的。在教学现象的背后起支配作用的是深藏于其中的结构。

第三，在对待教学现象变化的原因分析上，结构主义研究范式多重视内部因素，强调结构的自律性，肯定结构的各个成分是互为条件、互相制约的，结构中的某一成分发生变化，结构就会起变化。

第四，把握教学现象的结构的方法，主要是根据某种迹象，假定出某教学现象的结构模式，或借用别的事物现象的模式来说明某种教学现象。如果这种说明获得了合理性，这种教学现象就获得了结构。

结构主义作为一种观念和方法，强调对教学现象的整体性研究和内部结构研究，这无疑是正确的。但早期的结构主义排斥局部的研究、外部的研究、历时的研究，否定教师、学生在教学活动中的影响作用。经过皮亚杰对结构主义的改造后，结构主义研究范式强调从整体上把握教学现象的内部结构，把结构分析的方法作为教学论研究的基本方法，强调共时性观察，也重视历时性观察，强调结构对事物性质的决定作用，也重视主体在结构的认识和建构中的作用。这些观念和方法一方面克服了科学范式孤立、静止、唯数量化、唯技术化地进行教学论研究的倾向，另一方面也弥补了人文研究范式过分强调主体的作用、夸大直觉体验与理解的功效、过分贬低量化的意义的不足。因此结构主义范式在教学论研究中的盛行可看作是整合科学与人文两种研究范式的一种尝试。此外，结构主义所提倡的结构分析、系统方法、模型研究等也给教学论研究提供了新的视角，这对教学论的发展是有益的。但是，作为教学论研究的一种范式，其出现时间还不长，其有效性尚需进一步检验。其能否真正吸收科学与人文之长，发育成足以与前三种范式抗衡的第四种教学论研究范式，尚需时间来证明。

第三节　教学论研究取向：问题与主义

教学论研究无外乎要做两件事，一是研究问题，二是研究主义。所谓研究问题是指，研究者以发现和解决教学问题为己任，关切教学的事务，追求现状改进与效率提升；关心达成目的的手段，注重实用与技术；致力于教学事实的观察和解释，谋求教学中矛盾关系的和解。所谓研究主义，是对教学领域甚至超乎该领域的思想、学说、理论、理念、主张等的研究。一般说来，这类研究总是致力于教学世界的宏观筹划，以宏远关怀、宏大叙事与理想性诉说为其特点。问题与主义都是教学论研究应该关怀的，不能过分地厚此薄彼。

一、主义的推崇与问题的冷落

回溯近年来的教学论研究，可以发现这样一种倾向：主义的研究备受推崇，并且，这一迹象还有愈演愈烈的趋势。具体说来，主要有以下几种表现。一是研究主义的人备受推崇。遭遇问题甚至是研究问题的人习惯于仰视研究主义的人，称呼他们为"专家"，而"专家"则乐于陶醉在主义的温床上"指点迷津"，却不知温床的四脚都是由问题支撑的，不去查看这四脚是否稳妥牢靠。那些弄不清楚中小学开设哪些课程、很少翻看现行中小学课本、几乎不到课堂听课的教学论研究者肯定是存在的，但他们仍可以堂而皇之地称为"专家"，这是因为"专家"们掌握着中小学教师读起来就发晕的"主义"类的知识。二是主义式的研究备受推崇。把教学问题堂而皇之地赋予主义的光环，力图擢升为主义；或者把教学问题羞涩地蒙上红盖头，力图嫁入主义的豪门，抬高自己的身价。任何细小的教学问题，动辄戴上"存在""建构""生命感悟""人生关怀"等帽子，使得原本真切、实在的教学问题变得不伦不类，使得研究问题的活动变形、走样，不再像是对教学问题的研究，倒像是对某主义的宣传和鼓吹。"六经注我、我注六经"曾是教学论研究的缺憾，"主义注我、我注主义"又何尝不是教学论研究的悲哀呢？三是主义本身备受推崇。时代变革与交替时期，正是主义丛生之际。受主义潮流的侵袭，教学论研究也感染上了流行热。这种流行热有四种症状：研究者热衷于对各种主义的教学论诠释、注解，似乎这些学说对教学论都是适宜的；热衷于对别国的主义式的教学理论进行喋喋不休的搬抄，隐喻着"人家有的就都是好的"；热衷于翻捡搜寻那些新、奇、特、偏、怪的学说，把它们与教学黏合起来，追求"言他人未言之物"，不管是否能真正实现结合，也不管自己头脑中的无序混乱，自相矛盾；热衷于不断炮制种种主义式的教学理论，不给教学理论的阅读和学习者以喘息机会，通过狂轰滥炸，使其无所适从，听任摆布。四是主义研究的结果备受推崇。在教学论领域，研究主义更容易成名成家，研究教学问题则要准备忍受寂寞；主义式的研究成果更容易发表、转载，研究具体问题则往往因为"没深度"而自生自灭；主义可以马上成为"热点"，教学论的"热点"的几乎都是主义式的言说，主义的叫卖声高于问题的呻吟。凡此种种，使得人们更容易移情别恋于主义。

与主义研究红极一时相比，对教学问题研究却备受冷落，出现了种种问题研究的缺失现象。

第一，一般说来，一个完整的主义包含道理、价值、方案三个元素[①]，所以合乎规范的研究主义，应该是对这三个元素的整体研究，不能有所偏废。由于一种主义的方案元素最实际因而最容易受到指责，一些"聪明"的主义研究者只研究道理、价值，不涉猎方案，以此遮蔽了问题。审视目前的教学论研究可以发现，一些研究者经常在论及教学的原理、应然取向等方面时侃侃而谈，一旦涉及具体的操作方案，就显得软弱无力，无奈只好用理论色彩浓厚的强势话语替代对具体方案的交待。第二，一些研究者介绍了别国方案，却忘记了那是在人家问题基础上形成的方案，缺乏对本国教学问题的起码的意识、关心和责任，这是忘记了问题。近年来国外一些实践性较强的教学操作方案被介绍到国内，遗憾的是在介绍这些方案时并没有明确针对我们的具体问题，只顾埋头介绍，缺少融通的功夫。第三，研究问题要融入教学实践，或者起码密切关注教学实践，这其中有许多具体的困难，需要许多辛勤的操劳。由于懒惰和害怕，一些人宁愿躲在书斋里面研究教学，这是躲避问题。第四，认为教学论是至精至纯的学问，不屑于教学实践中的问题，或者沉迷于自己的思维困境，或者陶醉于自己的超然心性，对于实践工作者对教学问题解释、解决方案、策略、方法的热切期待极为蔑视，因清高而蔑视问题。这是超脱了问题。第五，在研究教学问题时故弄玄虚，以主义的表达方式和话语表述问题，让原本清晰明确的教学问题漂浮起来。其实质是对自己研究问题能力的不自信，或者就是个人在问题面前的灰暗苍白，软弱无力，这是虚化了问题。

---

① 徐长福. "主义"三元素：价值、道理、方案——对人文社会学说性质的审查 [J]. 求是学刊，2002 (3)，19—25.

主义备受宠爱，但问题却被遮蔽了、忘记了、躲避了、超脱了、虚化了，这是教学问题研究的无奈，但更是对教学进行主义式研究的凄凉。因为失去了问题之根基的主义研究，也必然会失去其研究的目的与方向，最终迷失自己。

二、主义研究的病症

主义倾向的逻辑结果，应该是我们对主义的研究已经比较完美了，但考察目前的主义研究，却遗憾地存在着若干病症，分列如下。

第一，教学论中的主义研究成了别的事情的工具而不是为了针对教学问题。研究主义的目的乃是"本着主义作实际的运动。免得阿猫、阿狗、鹦鹉、留声机来混我们，骗大家"①，但由于功利和其他一些外在目的，教学问题研究被赶出了主义研究视野。第二，哲学等学科成了教学论主义的源泉，主义的研究不是来自教学问题。研究者习惯于拿着某个主义作显微镜来查看教学有什么问题，主义反倒成了问题的源泉。第三，忙于大量进口外国的有关教学的各种主义，缺少进一步品味、吸纳、融通的功夫。教学论的中国化和民族化成了梦中的呓语。很少考虑这些美丽鲜艳的花朵能否在我们现实的土地上成活、开花并结果。第四，不加鉴别的拿来主义。不考虑该主义的背景、针对性和可行性，不考虑该主义能否在教学领域发生效用，只要是我们的教学论没有的，就一股脑儿地搬来。"输入学说时应该注意那发生这种学说的时势情形"，"输入学说时应该注意'论主'的生平事实和他所受的学术影响"，"输入学说时应该注意每种学说已经发生的效果"，② 这些有益的告诫已经尘封于历史之中。第五，在译介有关教学的主义时介绍或阐释得不周详。描述的或者是一套教学价值方案，或者是一套学理体系，不能完整地综合地进行描述。浮光掠影、蜻蜓点水的原因恐怕是对原本完整的主义的一知半解。第六，对有关教学的主义持嬉戏的态度不认真研究。一篇文章介绍一个教学理论然后就没有了下文，扒开某教学理论体系的门缝看一眼就急于跑开，并且还像阿基米德一样高喊"我发现了"，与阿基米德不同的是，这类高呼者没有经过苦思冥想和体悟，反倒都穿着庄重的外衣。第七，对教学论中的主义不尊重，任意为我所用。轻率地对待各种教学理论，召之即来挥之即去，有用就用，不用就置之不理。由此导致各种各样有关教学的主义在教学世界中我行我素，互不理睬。大家都忙于开拓和圈界自己的主义阵地，偶

① 李大钊. 再论问题与主义 [M] //姜义华. 胡适学术文集·哲学与文化卷. 北京：中华书局，2001：505.

② 胡适. 四论问题与主义——论输入学理的方法 [M] //姜义华. 胡适学术文集·哲学与文化卷. 北京：中华书局，2001：516-518.

尔有争论，也经常不是就同一个话题的争论，争论焦点经常错位：拿教学道理去和教学价值辩论，拿你的教学方案与我的教学道理或价值对照。

失去了问题研究之根基的主义研究必然会出现种种病症，出现了病症的主义研究越热，就越发会导致问题研究的并发症，这不能不让每一个关心教学论研究的人担忧。当然，我们不能因噎废食，不能因为主义的研究出了问题而不进行主义的研究。"主义的研究和鼓吹，是解决问题的最重要最切实的第一步。"① 但研究主义就要以研究主义的态度来对待这种研究。"一切主义，一切学理，都该研究，但是只可认作一些假设的见解，不可认作天经地义的信条；只可认作参考印证的材料，不可奉为金科玉律的宗教；只可用作启发心思的工具，切不可用作蒙蔽聪明，停止思想的绝对真理。"② 也"不要挂在嘴上做招牌，不要叫一知半解的人拾了这些半生不熟的主义，去做口头禅"③。更为重要的是要认清主义对问题的依赖关系，以问题为根基来研究主义。

三、主义对问题的依赖关系

主义对问题的依赖关系至少可以表现为以下五个方面。

第一，任何有关教学的主义都起始于教学问题。"凡是有价值的思想，都是从这个那个具体的问题下手的。先研究了问题的种种方面的种种事实，看看究竟病在何处，这是思想的第一步功夫。然后根据一生经验学问，提出种种解决的方法，提出种种医病的丹方，这是思想的第二步功夫。然后用一生的经验学问，加上想象的能力，推想每一种假定的解决方法，该有什么样的效果，推想这种效果是否真能解决眼前这个困难问题。推想的结果，拣定一种假定的解决，认为我的主张，这是思想的第三步功夫。凡是有价值的主张，都是先经过这三步功夫来的。不如此，不算舆论家，只可算抄书手。"④ 没有教学问题，何来有关教学的主义？凡是有关教学的主义都应该是针对实际教学问题的，因为主义的性质就是对问题的回应，不以问题作为起点、缘木求鱼或无端无据式的主义研究终究是一阵烟。

第二，教学问题中蕴涵着有关教学的主义。教学中的问题自身具有

---

① 蓝志先. 问题与主义 [M] //姜义华. 胡适学术文集·哲学与文化卷. 北京：中华书局，2001：502.

② 胡适. 三论问题与主义 [M] //姜义华. 胡适学术文集·哲学与文化卷. 北京：中华书局，2001：515−516.

③ 胡适. 多研究些问题，少谈些主义 [M] //姜义华. 胡适学术文集·哲学与文化卷. 北京：中华书局，2001：493.

④ 同③。

相当复杂的性质，主要是问题之间关联性强，每一个问题的发生都必然牵扯其他问题，而每一问题的解决也会引发出新的需要解决的问题，因此每一个问题实质都是一个问题系列。这个教学问题系列经常是由一种精神贯穿起来的，这个贯穿问题系列的精神就很可能是有关教学的主义的原初形态。当然，问题中蕴涵的主义不是问题自己就能彰显出来的，需要靠深刻思考、综合贯通才能咀嚼到其主义韵味。问题关涉的范围越大，问题的性质越复杂，问题的抽象性越强，问题的涵盖性越广，问题存在的时间越长久，关注此问题的人越多，分析问题的视域越辽阔，解决问题的线路越丰富，问题腹内的主义胚胎发育得就会越好，就越有可能诞生出主义之果实。所以有关教学的主义是对教学问题真正关怀后的自然结果，通过对教学问题的深刻洞察和切实解决来形成有关教学的主义，这实在应该是对教学进行主义式研究的基本范式。

第三，教学问题是鉴别主义的尺度。每一个有关教学的主义其实是一套价值方案，包含着主义制定者的好恶取舍，它可能针对教学问题但不会针对所有的问题和所有人的问题，因此主义也需要进行鉴别，特别是当主义有泛滥趋势的时候，这种鉴别的意义就更大。能够意识到我们的教学出了问题这是可喜的事，能够发现我们的教学出了什么问题这是可贺的事，能够找到解决问题的适切的主义则是难能可贵的事。我们可以通过逻辑分析检查某一有关教学的主义是否存在内部矛盾；我们可以考证某一有关教学的主义的价值取向与论理根据；我们甚至可以比较各个有关教学的主义所获得的鲜花与掌声的多寡，但最为根本的鉴别方式则是主义的实践能力，因为批判的武器永远代替不了武器的批判，也只有在解决教学问题的实践当中，各有关教学的主义的优劣才能昭然若揭。实践是检验真理的唯一标准，其实它也是检验价值方案合理与否的最终标准。

第四，解决教学问题是宣传有关教学的主义的最好方式。思想游历或智力游戏只能是研究主义的副产品，真正的研究主义目的绝不在于此，如果我们创造或发现了一种可以解决教学问题的主义，那么就需要使这种主义获得拥护、获得传播、获得实践，这样才能被接纳和深入人心而使教学问题发生改观，这就需要对该主义进行宣传。当前教学论领域中的主义宣传主要有报刊印发、集中宣讲、辩论争鸣等。这些方式在初期的主义认识阶段或许是有效的，但想要使之深入人心并成为行动纲领，就需要让人们看到这种主义的实践威力。只有那些能够使教学问题得到解决的主义，才能成为人们心仪的对象，"能够解决教学问题"是人们对主义的最终期待，也是主义的信誉凭证。至于那些披着漂亮外衣、满嘴华丽辞藻却面对问题手足无措的有关教学的主义，再着力进行长篇累牍的印发、洗脑式的灌输宣讲、炒作式的争鸣都是无济于事的，不能解决问题的主义基本上是无用的主义，这样的主义不会有什么吸引力，宣传的结果也只能是始乱终弃。

　　第五，研究教学问题才能发展有关教学的主义。任何主义都不应该是静态凝固的，都需要发展，能够观照我们的教学问题的主义也需要以动态发展的心态来对待，不是拿来一个主义或制造了一个主义之后就可以高枕无忧了。一般说来，观念形态的主义无论是在逻辑上还是论理上都是比较完美的，它自身在遭遇实践的责难之前缺乏自我更新的意识、动力与方向。正是在以主义观照教学问题的过程中，我们才有机会审视主义的不足，也正是在教学问题解决——这种实践主义的过程中，有关教学的主义才能显现自身的缺陷。离开了教学问题，主义的完美体系不会受到实质性的冲击，也就不会有发展的愿望。研究教学问题、研究教学问题解决的状况是对有关教学的主义的实践批判，也正是在这种实践批判中，该主义才会不断地抽身反省，谋求解释力度与指导能力的提高，进而使自己得到发展。

　　上面五种关系决定了在教学论研究中，研究主义要以研究教学问题为根基，要为了分析教学问题来研究主义，要为了解决教学问题来研究主义，要为了研究教学问题而研究主义，要通过研究教学问题来研究主义，所以，尽管我们不能武断地说"多研究些问题，少谈些主义"，但是至少我们应从胡塞尔对那些喜好空谈的哲学家们的呼吁中得到启示："不要总是谈大钞票，先生们，小零钱，小零钱！"①

第四节　山村小学青年教师的需要：一个叙事研究②

一、研究的背景与意义

　　改革开放以来，我国农村教育有了迅速的发展，同时，农村教师队伍也发生了巨大变化，目前已形成了一支数量可观、质量较高的教师队伍。他们扎根农村，辛勤耕耘，培养了上百万适应我国农村经济建设和社会发展的各类初级人才。但是，由于受多种不利因素的干扰，我国农村师资队伍建设潜在问题日趋明显。其中，山村小学青年教师的问题尤为突出。囿于条件，他们的需要得不到满足，于是心理失衡，工作积极性受挫，这直接影响了山区学校的教学质量。

　　当今教育改革日益深化，教师是教育实践的直接承担者和教育改革的实

---

　　①　加达默尔. 哲学解释学 [M]. 夏镇平，等，译. 上海：上海译文出版社，1994：131.
　　②　这部分内容是笔者在所指导的肖正德硕士学位论文基础上改写的。虽然在体例风格上与前面各章节有所不同，但为了进一步表达"基于人及其存在方式、整合科学与人文、关注问题而非单单执著于主义"等研究方法论取向，这里还是提供了这样一个研究例子。

施者，一切教育改革与发展离不开教师的参与，而教师的参与度（主动性和积极性）又直接决定了教育改革与发展的成败。在学校管理中，广大教师在想什么？有什么心理需要？这是值得管理者认真思索的重要问题，只有清楚地掌握他们的心理需要，因势利导，才能充分调动他们的积极性，才能最终提高学校管理水平和工作效益，才能从根本上提高教学质量，保证学校教育目的的实现。影响山村小学青年教师需要的相关因素有哪些？如何满足他们的需要？这些是亟待教育管理人员和教育研究人员关注和探讨的重要课题。基于以上的认识，研究山村小学青年教师的需要具有重要的实践意义。

同时，研究山村小学青年教师的需要具有重要的理论意义。一方面，以往我国教育研究在探索教育问题时，主要着眼点是城市，而广大农村则遭到有意或无意地忽视。山村小学青年教师作为"弱势群体"，教育管理者很少予以关注，教育理论研究者对其也很少论及。另一方面，以往我国学者对教师需要的研究比较侧重于理论层次，而实证研究方面又大多采用问卷调查法。但对教师需要进行研究，必须要求研究者作深入细致的访谈和观察，需要研究者和被研究者互动并作较深的交流。因此，对山村小学青年教师的需要进行叙事研究，可以在一定程度上弥补以往教师需要研究的不足，从而为相关研究提供方法论借鉴。

二、研究的实施

（一）研究对象的选取

为了能较好地完成这项研究，本着便利和有效的原则，我们选择目的性抽样的方法，即按照研究的目的抽取能够为研究问题提供最大信息量的研究对象。鉴于此，我们最终选择了浙江省 Y 县西部的一所山村小学的李老师作为该项研究的对象。

李老师这个个案不仅具有典型个案抽样的特点，还有强度抽样的特点，可以为研究问题提供非常密集、丰富的信息。李老师，男，28 岁，未婚，汉族，中师学历，在当地小学已任教 10 个年头。目前承担四、五年级复式班语文和常识、全校的音乐课的教学工作，每周课时 18 节，并担任四、五年级复式班的班主任。作为"半走教"老师，李老师周末要下山到父母那里住。1993 年李老师中师毕业后，带着几许无奈、几许惆怅来到这所山村小学。经过自我调整，自我安慰，他曾想在这贫瘠的山沟沟里干一番事业，他奋斗过、追求过，但是囿于条件，他的理想难以实现。而后受城乡教师利益差异的驱动，他迫切要求调到城镇里教书。然而，调工作"难于上青天"。他窝在山沟沟里，需要得不到满足，于是心理失衡，事业心渐渐泯灭。选取从教于浙南地区典型的贫困山村小学的李老师作为研究对象，能够较为典型地展现浙南地区山村小学青年教师的需要现状。

（二）进入现场及其研究的实施过程

经过一段时间的准备，我与研究对象进行了接触。2002 年 6 月 26 日上午，我从县城出发，在小四轮货车里折腾了一个半小时，"抖"到北山乡政府所在地。这时，天下起了毛毛雨。山道弯弯，两旁茅草丛生，一不小心，脸就会被茅草割破。途中历经一个多小时，也没遇见一个人。到达学校后，李老师与其同事正在办公室里判期末试卷，我简单地说明了来意后，对方就接受了访谈。

初次访谈效果并不好，主要表现在访谈很难深入，李老师对提出的问题几乎都是以简单的短句来回答。访谈后，只在学校里走马观花地转了一圈，第二天就匆匆回来了。这次观察与访谈收效甚微。

8 月 18 日，我前往李老师的家中。李老师的父母在一个相对发达的镇上打工，他们暂住在一间仄仄的出租房里。那天，李老师关起门来复习，准备 10 月份的自学考试。我主要从李老师的父母那儿了解到许多有关李老师学习、工作、生活的情况。

暑假过后，我又到了李老师所在的小学。从 2002 年 9 月 2 日开始，第三次对李老师进行观察与访谈。这次，我与李老师共同生活了三天。在此期间，对李老师进行详细的跟踪观察，并且随堂听了四节课。此外，我对他作了三次正式访谈，一次在他的办公室，其余两次在他住处，每次访谈时间均在两小时以上。访谈时，主要由研究对象自己讲述，遇到不明白或自己感兴趣之处，我再加以追问，每次访谈我都进行录音。通过这次观察与访谈，我对李老师的故事有了大致了解。

10 月 17 日，我第四次对李老师进行观察与访谈。这次，我又与李老师一起生活了三天，对他作了三次正式访谈。我跟他共同生活，对他了解得更加深入，我俩俨然成为好朋友。这次收获最大的是经过李老师的同意，我得到一些实物，如日记、书信。

11 月 15 日，我第五次对李老师进行观察与访谈。这次，我进行了两次正式访谈，而与李老师结伴回家路上的闲谈更为精彩。星期五下午，我与李老师相伴回家（他父母打工处与我家同路）。走了一个多小时的山道，没遇见一位行人。在我们两个人的世界里，我们无话不聊，我聆听了李老师更多的倾诉。

通过前后六个多月的时间，我对研究对象共进行了五次接触十次正式访谈。

（三）资料的收集、整理和分析

根据叙事研究的相关理论指导，我在收集资料时，综合运用了多种方法，下面就几种资料收集的方法予以说明。

1. 结构性访谈

我在收集资料过程中，主要采用半结构性访谈。访谈前，我备有一个精细的访谈提纲，根据自己的研究设计对研究对象提出问题。但访谈过程中并不完全被访谈提纲所束缚，我在提问的同时鼓励受访者提出自己的问题让其畅所欲言，并且根据访谈的具体情况对访谈的程序和内容进行灵活的调整。访谈时，在征得李老师同意后进行录音。在前后六个多月的研究过程中，我多次与李老师进行正式访谈，整理访谈录音文字三万多字。

2. 非正式交谈

课余时间，我与李老师进行了多次无主题的交谈，聆听其个人的故事。在非正式交谈时，大家话题广泛，自然轻松。对某些重要的细节或故事，我在事后根据记忆笔录下来，以作为下次访（交）谈的话题之一。同时，我对李老师的同事和学生的谈话也尽可能一并收集，以期对研究对象有更深入、更全面的了解。

3. 现场笔记

在征得李老师的同意后，我在课内课外对其实地观察，主要采用参与型观察，我与李老师一起生活、工作，在密切的相互接触和直接体验中，倾听和观看他的言行，并把观察结果及我的感想详细记录下来。在研究过程中，我记录下了两万余字的观察笔记和一万余字的感想。

4. 实物

在研究过程中，我非常注意搜集与李老师相关的实物，一类是正式官方记录，如上级教育主管部门颁发的文件、学校的规章制度等；另一类非正式的个人文件，经过合作教师的同意，我得到有关他的日记八篇，书信七封。在整个研究过程中，共收集相关的实物二十九件。

5. 口述历史

在交谈中，通过拉家常的方式，我询问并邀请李老师讲述他的生活、工作的经历，同时辅之以其同事、学生、家庭成员的补充讲述，以期从生活史的角度，为分析山村小学青年教师需要提供背景性支持。

在研究过程中，面对收集到的大量原始资料，我综合运用了类属分析和情境分析的方法。在类属分析时借鉴马斯洛需要层次论，把山村小学青年教师的需要也分成五个层次。为了使资料分析更加直观、明了，我画了"马斯洛需要层次与山村小学青年教师需要对照图"，然后把山村小学青年教师需要的相关资料归入相应的层次里。如基本工资、福利奖金等归入生理需要，工作稳定、人身安全等归入安全的需要，同事关系、恋爱婚姻等归入归属与爱的需要，社会尊重、个人自尊等归入尊重的需要，职称职务、进修提高等归入自我实现的需要。与此同时，结合情境分析，在山村小学青年教师每个层次需要之后，穿插一些访谈片段、观察事件、日记书信、采访札记等，让这些故事性、情景性的描述对该层次需要加以展示和说明。

三、研究结果

（一）有关李老师需要的故事

叙事研究的结果集中体现在建构的故事上，下面这个有关李老师需要的故事是由李老师生活的点滴片段组合而成，是经研究对象和研究者反复讨论过的。它是真实的，而且有意义地反映了研究对象的需要现状，它虽不像实证量化资料通常所说的那样确凿，却也非研究者随意的臆造。

山，连绵不断，云雾缭绕。站在学校往四周看，除了山还是山，天空只有巴掌那么大。

学校蹲在茂林修竹之中，黑魆魆的。学校前有一块空地，是为操场。操场上有一棵百年老槐，树叶稀疏，枯干龟裂，像一个被遗弃的老人。

初来乍到，学校借用"李氏大宗"祠堂作为教室，上课要从棺材下面走过，我的心都在发毛。所谓的教室，就是祠堂的左右两厢和后面的小礼堂。小礼堂的神龛上还陈设香炉。由于多年失修，教室顶棚上好几处都没有瓦片，抬头就可以看见天。一到下雨就遭罪了，外面下大雨，里头下小雨。学生只好移桌椅，哪儿不漏往哪儿躲。光线特别差，阴天下雨，黑板上的字根本看不见。祠堂前部戏台的屋檐下，悬挂着半截钢轨，算是上下课用的钟。天井里，插着一株长毛竹做成的旗杆，升降国旗都由老校长一个人掌管。

学校里没有住宿的地方，老校长是本村人，一放学就回到家里，农忙时节还要干农活。其他二位也是老教师，邻村人，每天到校离校都像邻村学生那样翻山越岭。而我，只好住在老家的旧房子里。自己生火做饭，麻烦极了。村子里没有商店，买米买菜都要到乡里。我星期日下午到校，从爹娘那里带足一个星期的米和菜。到学校要转三趟车，特别是从县城到乡里那段机耕路，虽然只有十五里，但是要折腾一个多小时。到乡里后，还要爬十余里的山岭。山道旁，树木阴森，野草蔓生，时有野兽出没。有时候，一路上碰不到一个人。

山区交通不便，信息闭塞。学校所在地没装闭路电视，电视只有"单个脑"（只有一个频道）。手机、传呼机不能接收，全村也只有一部电话。接电话时挺有意思，接收者听到高音喇叭里发出"某某电话，某某电话"（由公用电话守机员发出），然后拼命跑去接，接后要付一块钱的服务费。山村的夜晚，像死一般的寂静，至于文娱活动，当然连想都不敢想。

这里的学生大多是贫苦人家的孩子，吃的穿的都很简朴，有些学生常常付不起杂费，我一年带的班级里，28 名学生中杂费全交了的只有 11 名，一分没交的有6名，剩下的仅交了一部分。

山里的孩子虽然贫穷，但很热情。我把孩子的家当成自己的家。有时到村头转悠，孩子家长都会亲切地询问："吃过了没有？没吃过，随便吃点吧。"那我就不客气了，山里没有饭店，但每家都是饭店。每逢过节，这家来邀，那家来请，应哪家好倒成了问题。假如不去应邀，他们就觉得不好意思。特别是端午节，送粽的送粽，送蛋的送蛋，房间里往往堆成一座"小山"。

日常生活中，咸菜、青菜之类向来是"免费供应"的。不光是开水，甚至酱油、酒、醋都可以随便进哪一家去倒，仿佛所有这些都是与山民公用的。哪一家的孩子提着书包跑了，我就得去家访。一到家，主人赶忙拭板凳，嘴里更忙着说："老师，请坐！请坐！"接着麻利地洗杯泡茶，尔后锅里"吱——吱"地烧点心。山肴野味，倾其所有，主人盛出陈年老酒，一声声地劝。饭饱酒足，我便与主人磨起嘴皮来。山里孩子辍学，或家长观念陈旧，或家庭困难，或家长受经商热影响，但经我一说，孩子也就回课堂了。

这里的孩子把羽毛球之类的活动看成是极奢侈的享受。于是，我特地下山到县城买来两副球拍，在学校前的空地上竖起两根竹竿，拉上草绳，作为球网。每天课后，便教学生来玩。山民们站在旁边，看西洋景似地注视着那"鹅毛"一来一去，看了一阵子后，他们悻悻地走了，一边走一边你一句我一句：

"真不像话，我们送孩子上学是来识字的，不是来玩的。"

"这样下去，孩子会被他教懒了。"

"我从来没有见过这样教学生的。"

……

我连忙向他们解释说，这是运动，孩子需要这样的运动。他们却振振有词地反问："运动运动，山里孩子天天爬山岭，挑担子，还没运动个够？"

这件事虽使我哭笑不得，但我不在乎，我知道山里人就是这样的。最使痛心的是我担的班级有几名学生突然不明不白地跑了。我又换上回力鞋去家里追，当我问他们干吗不来读书时，他们却守口如瓶。我苦口婆心，想方设法，终于拧开了他们的"瓶塞"。他们轻轻地对我说："我听不懂您的话。"

听不懂我的话？我简直不敢相信自己的耳朵——我是一名堂堂的师范生，我操的是一口标准的普通话呀！

事后，我从老校长那里得知，过去从没人给这班学生教过普通话！老校长和其他两位教师都不会讲普通话！

这次，我没能把学生动员回来。他们的家长都说："算了算了，反正有你来教，孩子也听不懂，再混一二年也没学到什么的。"这儿的学生家长就是不相信我、不理解我啊！

那天夜里，我又一次失眠了。但这次没有流泪，我把泪水咽进肚子里去了。

第二天，我起得很早，苦苦向老校长哀求："您能帮帮我把学生动员回来吗？"

老校长在这山沟里可算是个人物，虽然不会讲普通话，但毕竟识一些字，山民们写证明、打报告，诸如此类，多要请他。碍于面子，家长总算让孩子回校了。

接着，我跟学生家长订了"军令状"：第一，教他们的孩子学会普通话；第二，明年考试，四五年级语文成绩挤进前三名。

"嗬！小伙子好大的口气"，山民们最后表示："给你搞搞看，反正我们的孩子混混毕业算了。"

于是，我咬紧牙关开始了。我用两个月节省下来的工资买来一台录音机和十几盒磁带。每天早上，我没吃饭就进教室，先教他们学"a、o、e"，然后教他们学日常用语。课后，我就放带子给他们听。这真可把他们迷住了，校园里顿时掀起一股学普通话热，那老校长也不失时机地洗耳恭听。当学生学会喊"lao shi nin hao"时，我心中感到一丝欣慰。

皇天不负有心人。等到第二年山花烂漫时，他们基本上学会了普通话。6月份，全乡统考，我教的四年级语文平均分获第一名，五年级语文获第二名。这时我满怀激动而泪眼蒙眬……

山村除了生存条件、教学条件差外，这里的老师受到的福利待遇和进修提高的机会也完全不一样。

1999年下半年开始，我参加了汉语言文学专科自学考试，目前已拿到6张单科合格证书。我们想进修提高，也只能参加自学考试，因为它工学矛盾小，又省钱。若是参加函授什么的，学校百分之百不同意，一来出去了课没人上，二来学校缺经费。我自学考试所需的考务费和课本费，也都要自己掏腰包。

可是，我的一些在城镇里工作的同学就不一样了。他们参加进修时什么费都可以报销，工作没几年就"五子登科"（票子、房子、妻子、车子、位子）。他们有的入了党，有的评为先进，有的任了职，而这些简直与我无缘。老校长早向我说过，像我们这些在山旮旯的村小，什么优秀，什么先进，就是轮不到的！他们与我一同从师范里出去，而我还是"三优毕业生"，他们凭什么比我强！我不免哀叹：也许这就是命运，城里的教师与山村的教师截然不同的命运！

这样一比较，我就感到心寒。

有些城里的同学劝我，赶紧调动工作吧。即使调动时斩五关过六将，花了三万五万块，也值啊！——在城里两三年就可以赚回来。

在山沟里待了十年，我何尝不想调下山！但是我们调动要过"七关"（调出调入双方学校、双方乡镇政府、双方教育学区和县教育局），想调动真是"难于上青天"。有同学怂恿我，干脆走人，跑到城里的私立学校。我就是放不开，想当年，我好不容易考上师范，跳出农门，吃上公饭，如今怎么能舍得辞职呢？

咳！当年刚来到学校时俨然是一个欢蹦乱跳的"孩子王"，随着山上的杜鹃花开了一茬又一茬，如今居然成了28岁的大龄青年。28岁啦，还没找上女朋友，我焦虑，爹娘比我更焦虑。他们瘦刮的脸更加瘦刮了，他们经常提醒我：该建个窝啦！

我何尝不想建个窝？可是目前能行吗？找山里姑娘，说句心里话，我还是老大不愿意。而城里的姑娘怎么会看上我？一来我在山沟里工作，二来我还没有房子，三来无分文积蓄。

去年秋天，我的一个在县里工作的远房阿姨，替我介绍了一个县城里来的姑娘。第一次见面，她大概看中了我端正的五官、一米八的身高，就开始跟我谈起来了。第二个晚上，她就约我到"贵族天地"里跳舞，我倏地红起脸，嗫嚅地说："我，我不会跳舞。"

她一听，感到十分惊讶，然后万分感叹："山沟里待久了才会这样呢！"

于是改变主意——去看电影。我木然地跟着她，她从售票处接来两张影票，然后在我面前舞弄了一下，又在售票口舞弄了一下。我半天才理会——她是在向我示意，要我掏钱。我机械地掏出几张钞票递过去，等了老半天，怎么没有找钱？"没错儿！"她嘟着嘴解释，"坐双人包厢的。""哦，哦"，我颤抖地捏着影票……电影散场后，她又拉我去吃夜宵。她麻利地点了八样时令菜，要了两瓶饮料。我很不自然地问："要多少钱？""只管吃，大概三百多吧。"她似乎不关己事地回答。三百多？我带来的一个月工资一个晚上就要"消灭"光了。我咀着醉虾，仿佛在嚼着烂泥。也许她猜出了我的心事，于是变把戏似地把几张"单百头"溜进我的口袋……

那个晚上后，我的心头总有一片阴影。以后的交往中，她和她的父母亲向我提出，要我告别那山沟里的三尺教台，"下海"到他们的公司里当会计。

又是怂恿我辞掉公职，我思忖了几天后，做出了艰难的抉择：继续留在山沟执教鞭。这时，她就不冷不热地向我抛来一句："你还是扎在那穷山沟当和尚算了。"

此后，我只好向她道一声"珍重"，又一步一步地移到那待了十来年的穷山沟……

这个非常概括的故事摘要是在整理资料的基础上建构的，它当然不可能全面揭示李老师个人的各层次需要，但是我们还是能从中看到他需要的某些方面。

（二）山村小学青年教师需要的满足水平

经由上面建构的故事，我们可以明白李老师个人需要的大致情况。访谈结束后，我对大量的资料进行分类整理，运用马斯洛的需要层次理论，试图对山村小学青年教师的需要现状进行综合性地分析。

1. 生理需要

山村小学教师生存条件差，工作艰苦。学校经费匮乏，一些学校连正常的办公经费也难以保证，教师工资低，福利待遇差。

李老师：我每月工资 758.5 元，无一分奖金。去年年终，才拿到 200 元的"压岁包"。山村穷啊，50 元杂费，70 元代管费，这么低的收费标准还有一半学生交不起的。（2002 年 6 月 26 日教师访谈）

李老师：我的收入比城镇里的低姑且不论，其实我的花费比他们要大，我到校要转三趟车，走山路又费鞋，参加进修要自己掏腰包。我工作了十年，到如今还没有半分存款。（2002 年 6 月 26 日教师访谈）

可见，山村小学青年教师生理需要的满足程度相当低。

2. 安全需要

由于山村小学大多没有实施"三制"（校长负责制、教师聘任制、工资结构制）改革，很多山村小学青年教师意识到自己职业的稳定性较高。

李老师：虽然我们工资低、福利差，但是我们压力不大，我们干得最差也不会怎么样，不像我城里的同学，工作压力非常大，大家唯恐成绩上不去会被校长"炒鱿鱼"。（2002 年 10 月 18 日教师访谈）

但是在原有"分级管理、分级办学"的农村基础教育管理体制下，地方政府有时对教育造成不应有的影响和干扰，任意调动教师，出现了教师队伍的不稳定性因素。访谈中，李老师向我透露了一个令人深思的案例：

2000 年上学期，我有一位在某乡中心小学任教的同学，只是因为在一节课堂上出现几名学生不遵守纪律的现象，恰被出来检查的乡政府领导发现，该领导就大发雷霆，数落他不会教书，在没有征得上级教育行政部门和学校领导的同意下，把他调离到该乡一所十分偏僻的山村小学当厨工。（2002 年 9 月 3 日教师访谈）

此外，由于学校在偏僻的山沟里，一些社会青年法制观念淡薄，时来扰乱学校的教学秩序。一旦教师出来劝阻，被骂被殴的现象时有发生。还有，到校离校要走山道，山道上人烟稀少，有些地方还有野兽出没，许多小学青年教师深感到在大山里工作人身安全得不到保障。

李老师：山里的一些小青年吃了饭没事干，就摇头摆尾地来到学校吵吵闹闹，如果老师出来制止，他们就不高兴了。他们来滋事，我们做教师的有时真的不敢吭声。据校长说我来之前，有一位外地青年代课教师就因此遭殴打而逼迫离开教台。（2002 年 10 月 17 日教师访谈）

李老师：走在山路上有时也有几分害怕，特别是阴雨天，层层的山峦被雾气笼罩着，根本看不到一丈以外的东西。山道弯弯，过了一山又一山，而陪伴我的只有风声和雨声，我心里仿佛有一只小鹿在跳：万一从山里蹿出野兽，或者遇到一个歹徒或疯人，那就糟了。（2002 年 11 月 16 日山路上交谈）

所以从整体上说，山村小学青年教师的安全需要满足水平也不高。

3. 归属和爱的需要

山村小学青年教师面临淳朴的学生、热情的家长、要好的同事，归属需要的满足水平较高。

李老师：在山村工作，条件是差的，生活是艰苦的，但是这儿的学生娃蛮可爱，有时会给我带来一个小小的惊喜——书包里掏出几枚鸡蛋或几颗板栗什么的。这儿的家长也很热情，经常送青菜之类的给我，有时还邀我喝酒。（2002 年 9 月 3 日教师访谈）

李老师：同事对我的生活总很照顾，特别是老校长，怕我不适应，时常嘘寒问暖。另外，我们总共也只有四人，人际关系不像有些单位里那样复杂，大家拉帮结派，钩心斗角。我们有时也搞一些活动，譬如，课后关起门来背着学生玩几局牌，输者出几十块钱，到农家买一只鸡改善改善生活。我们聚餐时，其乐融融，俨然是一家人。（2002 年 9 月 2 日教师访谈）

可是，在恋爱婚姻方面，山村小学青年教师找对象高不成，低不就，所以大龄未婚青年比较多，他们渴望得到爱情。

李老师：28 岁了，还没有女朋友，爹娘替我干着急，我也很焦虑。去年老校长替我介绍一个邻村的姑娘，人虽然长得蛮漂亮，但不识字，这就没谈头了。我阿姨替我介绍过一个县城的姑娘，但她嫌我迂，嫌我在山沟工作，又没钱，我俩没谈一个月就吹了。现在待在山沟沟里，只听见前面流水淙淙，后面山鸟啾啾，天空只有巴掌那么大，接下去谁能跟我谈恋爱呢？（2002 年 10 月 18 日教师访谈）

4. 自尊的需要

在大山里工作，条件艰苦，待遇低，社会上普遍认为待在山沟里是无能的表现，于是山村小学青年教师有许多失落感，与城镇里的同行相比有一种自惭形秽的心理。山村小学青年教师自尊需要的满足水平低。

李老师：在山沟里工作，待遇低先别提，人格也似乎比人家低微！人家认为我们窝囊，很瞧不起我们。下山到城里，有人问我在哪里工作，我往往吞吞吐吐。我到县城的一些大学校里办事，总觉得自己样样比他们差，办完事后就赶紧逃回来，我总有一种自卑感。(2002 年 9 月 4 日教师访谈)

1996 年 5 月 23 日　多云

山村教师用自己的生命之光，为偏远山区送去文明的圣火，我们自己却像牛一般，忍受着各种艰辛，在这贫瘠的大地上，默默地耕耘着……

社会从我们这里吸取了血和奶之后，却戴着"有色眼镜"瞧我们，这不知道是为什么？百思不得其解！(李老师日记选)

同时，山村小学青年教师与自己同年龄层次、同级别但工作在城镇里的教师或非教育系统的员工相比，往往觉得差距悬殊，于是心理上产生很大的反差。亚当斯（Adams）的"公平理论"认为，每个职工会把自己付出的劳动和所得报酬与他人付出的劳动和所得的报酬进行社会比较。比较的结果，如果比例相等，就会产生公平感，带来激励作用；如果比例不等，就会产生不公平感，"不公平会引起个体以及个体之间的紧张焦虑"[1]，带来消极作用。山村小学青年教师通过比较后，心理失衡，于是越发觉得工作不令人满意了。

5. 自我实现的需要

很多山村小学青年教师认为无论是从个体发展方面还是从农村经济和社会发展角度分析，山区教育工作确实重要，特别对于我国这个农业大国，其重要性是不言而喻的。他们大部分有较强的事业心，在各自的工作岗位上做出了不小的成绩。

王老师（李老师的初中班主任）：

您好！

经过一段时间的痛苦思索后，我发觉大山深处太需要教师了，我逐渐体会到我在这儿的价值。我老是思考这个命题：大山贫穷致使教育落后，大山贫穷是教育落后所使然。我们虽工作在艰苦的教育最底线，但由我们点燃起文化蛮荒的最初火种，我们工作的意义在于驱逐贫困。这样一想，我应该扎根山区，把自己的一点点光和热献给山里娃。(李老师书信选)

但是，由于条件限制，他们的自我实现的需要受到抑制。譬如，学校缺经费，外出"取经"或培训的机会甚少；升职（职称晋升、职务晋升）的希望渺茫；优秀、先进的名额轮不到。

在确立研究对象之前，我跑到县教育局的一位老师那里，我要求他替我

---

① 赫尔雷格尔，等. 组织行为学：第九版 [M]. 俞文钊，等，译. 上海：华东师范大学出版社，2001：234.

介绍一位工作在边远山村的男性青年教师作研究对象。他却摇了摇头说："山村小学青年教师都不怎么样。"我追问："你说的是什么意思？"他赶忙解释："我的意思是说山村小学青年教师里几乎没有先进，近几年我们评出的县教坛新秀、教学能手之类的先进，都没有村小教师的名字。"（2002年6月24日采访手记）

因此，可以说山村小学青年教师自我实现的需要都是十分强烈的，但是现实中囿于条件，却远远未被满足。

（三）山村小学青年教师需要不能满足带来的负面影响

通过上面的综合分析，我们发现：总体上说，山村小学青年教师的五层次需要满足程度都不是很高，那么他们的工作积极性如何？对学校教学质量会产生怎样的影响？

1. 工作积极性受挫

从根本上说，人的积极性来自于人的需要。由于需要得不到满足，直接影响了山村小学青年教师工作积极性的发挥。

李老师：我初到山里，虽有几分惆怅，但工作了一段时间后，充分认识到山区工作的重要性。既然上了山区教育这只船，我也想把它驾驶好。头几年，我工作蛮卖劲的，也出了一些成绩，但后来受到一系列"刺激"后，我渐渐心灰意冷了。工作油起来了，上课吃老本，有人戏称我们山村教师为"维持委员会"。（2002年10月18日教师访谈）

目前，一些山村小学青年教师的工作用一个"混"字来形容并不过分。他们不得已而执教，不愿钻研教材，上课"临渴掘井"，多年重复一本教案，勉强应付教学。工作倦怠，责任感淡化，进取心泯灭。

2. 工作不安心

大部分山村小学青年教师收入低，把自己跟在城镇工作的人相比，心理失衡，于是想方设法要调入城镇，或改做其他工作。

今年某县向社会公开招收36名公务员，教师特别是山区的教师听到这消息后欢欣鼓舞，大家摩拳擦掌，把这次招考看作改变命运、人生重新定位的好机会。于是出现某山区学校20余名青年教师置教学工作于不顾，关起门来复习迎考的局面。这一事件被县教育主管部门知晓后，于是采取"紧急避险"——在报考条件里加上四个字：教师除外！（2002年6月26日采访手记）

由于政府和教育行政管理部门对教师流动的控制，正式调入城镇的山村小学教师毕竟只占少数，于是出现"隐性流失"。所谓隐性流失，是指一部分教师虽仍然在教学岗位，但是从事与自身专业无关或关系不大，且以增加教师个人经济收入为目的的第二职业，最终导致教师在工作上主次错位的现象。山村小学青年教师"走教"现象比较普遍，上完课之后就跑到城镇里来，或在城镇学校兼课，或帮家属经商，凡此种种，不一而足。简言之，教师流失中，真正改行的并不多，但"身在曹营心在汉"的倒不少。

3. 学校教学质量滑坡

山村小学教师因在学校里需要得不到满足，致使积极性受挫，工作不安心，直接影响了学校的教学质量。学校教学质量滑坡，于是出现学生"大逃亡"（转学或流生），山村小学呈现萎缩状态。

当然，山村学校学生流失严重、规模变小的原因是多方面的，但教师工作积极性不高，导致学校教学质量下降是其中一项重要的原因。

（四）山村小学青年教师需要的深层理解

山村小学青年教师需要得不到满足，工作不稳定，工作积极性不高。对此，我们不应过分指责他们，而是应该静下心来，指出症结以便对症下药，因为特殊地区的事情总有特殊的深层次原因。

1. 城乡二元社会结构使然

山区教育问题的根源不在于农村教育本身，而在于社会结构的变化。1958年我国公布并使用户口登记条例，当年的1月9日，我国人大常委会通过了《中华人民共和国户口登记条例》，这是我国建国以来第一部关于户口制度的法律文件。自此之后，"城乡二元"便成为中国社会的基本结构。城乡对立的二元模式，在用工制度、户籍制度方面把人牢牢地束缚于其所在之地，对农村的束缚更有甚。现行的户籍登记制度，人为地造成城乡和地域间人们身份、地位和待遇的不平等，影响人们的公平竞争和人的全面发展，也影响了劳动力资源的优化配置。城市与农村之间有一条不可逾越的鸿沟，农村总使人联想到贫穷、愚昧和落后，农民不只在中国，在国际社会也常常是与贫穷、愚昧和落后联结在一起的。农民在受教育、就业、社会福利保障等方面常常受到不公平不公正的对待。农村青年只有发愤图强，寒窗苦读，金榜题名，才能跳出"农门"，摆脱农村，走向城市。

李老师：我爹是斗大的字也没识一箩筐的"地球修理工"，我娘是目不识丁的农村妇女。他们在贫穷、落后的山沟里喝尽了不识字的苦水。于是，像其他千百万农民一样，他们要把自己失去就学的机会在子女身上弥补。我爹娘暗暗发誓，无论如何也要让我上学，而且还要上比较好的学校。1982年，也就是我开始上学的那一年，我爹娘跟着村里的"淘金队"到本县经济最发达的镇"淘金"。爹干的是踩三轮车的活儿，娘替人家打短工，他们虽然辛苦，但每天可以攒回一些钱，于是交了一笔寄读费，把我安排到该镇教学质量最好的中心小学上学。上学的第一天，爹在送我到学校的路上语重心长地对我说："要用功啊，如果你想跳出穷山沟就得认真读书。"爹娘把全家的希望都倾注在我身上。为了我将来能跃出龙门，他们累弯了脊背。为了让我不分心，好好学习，打上初中以后，他们很少叫我干家务活儿，而且还听从了班主任的建议，把我寄宿在学校里。爹每星期送米送钱到学校，临走时，总是千叮万嘱，一步一回头，目光中充满期待。我注视着他渐渐远去的背影，眼泪总是簌簌而下，同时我在心里暗暗下了决心：要努力，决不能辜负爹娘的期望。（2002 年 10 月 18 日教师访谈）

李父（李老师的父亲）：我辛辛苦苦踩三轮，勒紧裤腰带供我囝读书。我囝本来也很争气，考上了师范，迁了户口，当时我二老乐得合不拢嘴。哪知分配时受"哪里来哪里去"政策的限制，还是要回到山里老家。一到山里，就被乡亲见笑。有乡亲问我："你囝户口也迁出去了，不是在城里有好饭吃了吗？怎么又回老家了？"我只是长长地叹了一口气，没有回答。在山里教了一年又一年，就是调不出去，都没有明眼人看看他呀！我们这些老百姓，一无铜钱、二无背景，有什么法子呢？唉，把我囝死死困在山里，太不公平了。（2002 年 8 月 18 日李老师父亲访谈）

在这样的社会背景下，山村小学青年自然而然会成为"弱势群体"。像李老师这样的师范生，本已"鲤鱼跃出龙门"，照理应该实现许多人梦寐以求的理想，但是现实把他的理想击得粉碎。"哪来哪去"的政策重新把他拉回山里去，在这种境况下，李老师心理失衡是不难理解的，而其深层原因就是城乡二元的社会结构使然。

2. 都市化浪潮冲击使然

现代化的过程中，整个社会要从一个农村为主的社会转变为一个以城市为主的社会。城市化是现代化的一个重要标志，纵观世界各国和地区的经济社会发展，无不与城市化进程连接在一起。所以，城市化应是我国现代化进程必不可少的阶段。

城市化进程中，必然出现人口流动。我国人口的大规模流动是从 20 世纪 80 年代内地流向沿海、北方流向南方、农村流向城镇的"民工潮"开始，现已持续二十余年。二十余年来，我国农村人口社会流动的速度呈增加趋势，并将维持一段时间。这些被家乡土地挤出或主动脱离土地的农民，主要为城乡之间、工农业之间的利益差异所驱动，以致富与谋求新的利益为追求，他们进城寻找机会，圆城市生活的梦，向往甚至渴望成为城里人。

李父：我早在 1982 年就与村里的八个后生来到这里，因为没文化，我们只得踩三轮、做衣服皮鞋、种菜园甚至打短工、捡破烂，镇里人叫我们"淘金队"。打我们下山后，接着一批又一批。现在村子里的后生几乎走光

了，只留下老人和一些孩子娃。(2002 年 8 月 18 日李老师父亲访谈)

3. 教育政策缺陷和教育体制弊端所使然

我国政府和教育主管部门在制定教育政策时，主要着眼点是城市，而广大的农村遭到有意或无意的忽视。有人认为农村教育不需要太多的投入，他们不应与城市教育相比，只能因陋就简发展。持有这种观点的人无视有些山村小学连教师用的粉笔也买不起这一现实，从某种程度上可以说，他们就是这一现实的始作俑者。

现行教育政策对山区教育的倾斜没能很好地体现出来。如山区学校教育经费短缺不能得到较好的补充，每年递增的教育经费，投入山区的比例很少，改善教师待遇的愿望只能是一种奢望。

原有"分级管理分级办学"的农村基础教育管理体制暴露出许多弊端，主要有：在财政管理上，由于教育是周期长，见效慢的事业，容易使一些地方政府在工作中产生重经济轻教育的现象。由于切块包干，许多乡镇政府没有稳定的财政来源，许多乡镇干部法制观念淡薄，乡镇克扣、挪用、侵占教育经费的现象普遍存在，拖欠教师工资、贪污私分教育基建经费的现象时有发生。在人的管理上，农村小学教师们调配权、农村小学校长任免权由乡镇政府独揽，教育主管部门往往丧失"主管"的职能，成为鞭长莫及的机构。而且，一些乡镇干部对教师的选用随意性过强，出现农村教师队伍的不稳定因素。

"我们向你反映反映情况，现在我们山村教师的待遇太低。"

"山村教师的生活、工作条件都很差。"

"教师的待遇与乡里的'八大员'根本没法比。"

"乡镇领导对教育不重视，没把教育经费用在刀刃上，而经常挪用借贷、补缺口。"

"我说话可能有点偏激，对于'尊师重教，提高教师待遇'之类的口号，我耳朵都听得生茧了。真要激起我们的积极性，该是它的真正兑现。"

"你把我们的情况向上头反映反映好吗?"(2002 年 10 月 18 日教师访谈)

现行教育以城市为中心，采取往城市"一边倒"的政策，山区教育被视为"弃儿"，造成教育的极大不公平。在同一片蓝天下，在同一片国土上，山村教师不能享有同样的待遇，形成同等学力、同样工作年限、同样的工作量，得到的报酬却相差悬殊的现状，加之原有"分级管理分级办学"的农村基础教育管理体制弊端，致使山村小学青年教师的需要满足水平低，积极性受挫，自我价值得不到实现，献身教育事业的热情处于一种慢性的泯灭之中。

四、研究发现与研究过程的反思

(一) 研究发现

本研究主要采用质化研究的重要分支——叙事研究方法，通过访谈、无主题交谈、个人故事、口述历史、现场笔记、采访札记、书信日记等具体形式，对山村小学青年教师展开个案研究。通过研究，我发现了如下一些问题。

第一，山村小学青年教师工资、福利待遇低，生理需要的满足程度非常低；在安全需要方面，工作相对稳定，但人身安全时有威胁；归属与爱的需要方面，同事关系融洽，但爱的需要满足程度低；对于自尊、自我实现的需要十分强烈，但囿于条件所限，自尊心受到伤害，自我价值得不到实现，导致自信心、责任感、事业心慢性泯灭。

第二，山村小学青年教师的需要满足程度低，这在很大程度上影响了他们积极性的发挥，致使在工作中出现"懒教""厌教"等现象，他们要求调动或改行的需求十分迫切，这直接影响了山村小学的教学质量。

第三，影响山村小学青年教师需要满足程度的因素是多方面的。"城乡二元"社会结构，乡村的封闭、贫穷和落后是其历史根源；都市化浪潮的推动，市场经济的冲击，人们价值观念的改变，是其社会根源；政府与教育行政部门对山区教育的忽视，教育体制的弊端，是其政策原因。

(二) 研究过程的反思

1. 效度问题

效度对于质性研究来说是至关重要的，它关系到研究结果的真实性。就本研究来说，我作为一个研究者与研究对象有着类似的经历。我曾是县里偏僻山区中学的一名教师，我在那个山头待了十余年之久，在类似的环境中，与研究对象有着类似的体验。所以，在这项研究中，我是一个局内人。因此，在研究开始之前我头脑中就有一些前设，这在访谈中可能会误导研究对象，从而影响研究的描述型效度；再者，由于我与研究对象有类似的经历和生活体验，所以在访谈中经常与研究对象产生共鸣，用自己的感情去推论研究对象的感受，这有可能影响研究的解释效度；但是对于理论效度，我基本上是满意的，我以扎根理论的方法，在资料分析中建立起研究的结论，这在研究后对访谈对象的反谈中也基本得到认同。

2. 推广度问题

关于研究的推广度，我认为我的研究对象只是一名山村小学青年教师，与他建立关系到研究结束只有六个多月的时间，所以不足以代表所有的山村小学青年教师。这也不是本研究的目的，质化研究的目的是"对某一社会现象进行细致的调查，尽可能真切地再现其本质。由于人类行为越深入到本质层面越具有普遍性，因此对本质的揭示可以为处在类似情形的人和事起到一种观照作用。如果这些人和事从研究结果中得到了某种认同，此研究便发挥了一种推广的作用"①。将本研究结果拿给本学区和外学区的一些山村小学青年教师看，他们都"对号入座"，惊呼本研究道出了他们的心声，并且要求把他们的现状向上级反映。总之，本研究的研究结果得到了他们的普遍认同，这说明研究本身具有一定的推广度。

3. 伦理道德问题

对于本研究遇到的伦理道德问题，我们做了以下工作。

遵循自愿与公开原则。在确立本研究的研究对象时，是在征得研究对象的同意下进行的。在整个研究过程中，一直非常尊重研究对象的权利，任何有悖于研究对象意愿的事情都要事先征得他的同意。譬如，在征得研究对象的同意后才对访谈过程进行录音；访谈前与研究对象商量他认为适宜的访谈时间和地点；有关资料特别是日记、书信的呈现是完全征得他的同意并经由他遴选过的。

遵循保密原则。为了保护个案的隐私，在行文时将有关人物及学校的名称全部采用化名替代。

遵循公平回报原则。在整个研究中，研究对象与我们配合默契，并花费了他的许多时间和精力，且提供了许多宝贵的资料。为了表示谢意，在研究结束时，我们向他赠送了一份小礼物。至于研究对象和他的同事们多次提出要我们向上级反映他们的现状，虽爱莫能助，但要用自己的文字为他们这一教育领域的"弱势群体"申诉与呼吁。

---

① 陈向明. 旅居者和"外国人"——留美中国学生跨文化人际交往研究［M］. 长沙：湖南教育出版社，1998：51.

参考文献

[1] 埃德加·莫兰.方法:思想观念——生境、生命、习性与组织[M].秦海鹰,译.北京:北京大学出版社,2002.

[2] 康内尔.二十世纪世界教育史[M].张法琨,等,译.北京:人民教育出版社,1990.

[3] 北京大学哲学系.古希腊罗马哲学[M].北京:商务印书馆,1961.

[4] 伊利亚·普利高津.确定性的终结——世界、混沌与新的自然法则[M].湛敏,译.上海:上海科技教育出版社,1998.

[5] 陈向明.旅居者和"外国人"——留美中国学生跨文化人际交往研究[M].长沙:湖南教育出版社,1998.

[6] 陈友松,等.当代西方教育哲学[M].北京:教育科学出版社,1982.

[7] 刁培萼,等.智慧型教师素质探新[M].北京:教育科学出版社,2005.

[8] 胡塞尔.欧洲科学危机和超验现象学[M].张庆熊,译.上海:上海译文出版社,1987.

[9] 雅斯贝尔斯.什么是教育[M].邹进,译.北京:生活·读书·新知三联书店,1991.

[10] 黑格尔.小逻辑[M].贺麟,译.北京:商务印书馆,1980.

[11] 李凯尔特.文化科学和自然科学[M].涂纪亮,译.北京:商务印书馆,1986.

[12] 恩斯特·卡西尔.人论[M].甘阳,译.上海:上海译文出版社,1985.

[13] 加达默尔.哲学解释学[M].夏镇平,等,译.上海:上海译文出版社,1994.

[14] 威廉·狄尔泰.历史中的意义[M].艾彦,逸飞,译.北京:中国城市出版社,2002.

[15] 皮埃尔·布迪厄,等.实践与反思[M].李猛,等,译.北京:中央编译出版社,2004.

[16] 冯契.智慧的探索[M].上海:华东师范大学出版社,1997.

[17] 冯契.冯契学述[M].杭州:浙江人民出版社,1999.

[18] 冯平.评价论[M].北京:东方出版社,1995.

[19] 冯友兰.中国哲学简史[M].北京:北京大学出版社,1996.

[20] 马丁·布伯.我与你[M].陈维纲,译.北京:生活·读书·新知三联书店,1986.

[21] 柏拉图.理想国[M].郭斌和,等,译.北京:商务印书馆,1986.

[22] 国际21世纪教育委员会.教育——财富蕴藏其中[M].联合国教科文组织总部中文科,译.北京:教育科学出版社,1996.

[23] 华东师范大学教育系,杭州大学教育系.西方古代教育论著选[M].北京:人民教育出版社,1985.

[24] 斯宾诺莎.知性改进论[M].贺麟,译.北京:商务印书馆,1960.

[25] 胡经之.西方文艺理论名著教程:下卷[M].北京:北京大学出版社,2003.

[26] 姜义华.胡适学术文集·哲学与文化卷[M].北京:中华书局,2001.

[27] 联合国教科文组织国际教育发展委员会.学会生存——教育世界的今天和明天[M].
    华东师范大学比较教育研究所,译.北京:教育科学出版社,1996.

[28] 刘安刚.意义哲学纲要[M].北京:中央编译出版社,1998.

[29] 卢濬.皮亚杰教育论著选[M].北京:人民教育出版社,1990.

[30] S.拉塞克,等.从现在到2000年教育内容发展的全球展望[M].马胜利,等,译.北京:
    教育科学出版社,1996.

[31] 夸美纽斯.大教学论[M].傅任敢,译.北京:人民教育出版社,1984.

[32] 蒋永福.西方哲学史:上、下册[M].北京:中共中央党校出版社,1990.

[33] 金生鈜.理解与教育——走向哲学解释学的教育哲学导论[M].北京:教育科学出版
    社,1997.

[34] 布鲁纳.教育过程[M].邵瑞珍,译.北京:文化教育出版社,1982.

[35] 佛罗斯特.西方教育的历史和哲学基础[M].吴元训,等,译.北京:华夏出版社,1987.

[36] 赫尔雷格尔,等.组织行为学:第九版[M].俞文钊,等,译.上海:华东师范大学出版
    社,2001.

[37] 罗伯特·梅逊.西方当代教育理论[M].陆有铨,译.北京:文化教育出版社,1984.

[38] 萨顿.科学史与新人文主义[M].陈恒六,等,译.北京:华夏出版社,1989.

[39] 梯利.西方哲学史:上、下册[M].葛力,译.北京:商务印书馆,1979.

[40] 爱德华 W. 萨义德.知识分子论[M].单德兴,译.北京:生活·读书·新知三联书店,2002.

[41] 乔伊斯·阿普尔比,等.历史的真相[M].刘北成,等,译.北京:中央编译出版社,1999.

[42] 杜威.民主主义与教育[M].王承绪,译.北京:人民教育出版社,1990.

[43] 小威廉姆 E. 多尔.后现代课程观[M].王红宇,译.北京:教育科学出版社,2000.

[44] 牟宗三.中国哲学的特质[M].上海:上海古籍出版社,1997.

[45] 南京师范大学《教育学》编写组.教育学[M].北京:人民教育出版社,1984.

[46] 瞿葆奎.教育学文集·教育研究方法[M].北京:人民教育出版社,1988.

[47] 瞿葆奎.教育学文集·课程与教材(上册)[M].北京:人民教育出版社,1988.

[48] 瞿葆奎.教育学文集·教育目的[M].北京:人民教育出版社,1989.

[49] 瞿葆奎.教育学文集·教学:上[M].北京:人民教育出版社,1988.

[50] 瞿葆奎.教育学文集·智育[M].北京:人民教育出版社,1991.

[51] 西田几多郎.善的研究[M].何倩,译.北京:商务印书馆,1965.

[52] 凯洛夫.教育学[M].陈侠,等,译.中译本.北京:人民教育出版社,1956.

[53] 舒伟光,等.当代西方科学哲学述评[M].北京:人民出版社,1987.

[54] 孙培青,李国钧.中国教育思想史:第1卷[M].上海:华东师范大学出版社,1995.

[55] 司马云杰.文化价值论[M].济南:山东人民出版社,1992.

[56] 陶东风.知识分子与社会转型[M].开封:河南大学出版社,2004.

[57] 滕大春.卢梭教育思想述评[M].北京:人民教育出版社,1984.

[58] 王治河.扑朔迷离的游戏——后现代哲学思潮研究[M].北京:社会科学文献出版社,1998.

[59] 王晓华.个体哲学[M].上海:上海三联书店,2002.

[60] 吴彤. 自组织方法论研究[M]. 北京:清华大学出版社,2001.

[61] 熊十力.体用论[M].北京:中华书局,1994.

[62] 博伊德,金.西方教育史[M].任宝祥,等,译.北京:人民教育出版社,1985.

[63] 丹皮尔.科学史——及其与哲学、宗教的关系[M].李珩,译.北京:商务印书馆,1975.

[64] 弗兰克·富里迪.知识分子都到哪里去了[M]. 戴从容,译.南京:江苏人民出版社,2005.

[65] 卡尔·波普尔.科学知识进化论——波普尔科学哲学选集[M].纪树立,译.北京:生活·读书·新知三联书店,1987.

[66] 怀特海.教育的目的[M].徐汝舟,译.北京:生活·读书·新知三联书店,2002.

[67] 罗素.教育论[M].靳建国,译.上海:东方出版社,1990.

[68] 特瑞·伊格尔顿.文化的观念[M].方杰,译.南京:南京大学出版社,2003.

[69] 沛西·能.教育原理[M].王承绪,等,译.北京:人民教育出版社,1992.

[70] 卡尔·波普尔.猜想与反驳——科学知识的增长[M].傅季重,译.上海:上海译文出版社,1986.

[71] 汤因比.历史研究:上[M].曹未风,等,译.上海:上海人民出版社,1997.

[72] 汤因比.历史研究:中[M].曹未风,等,译.上海:上海人民出版社,1997.

[73] 约翰·洛克.教育漫话[M].傅任敢,译.北京:教育科学出版社,1999.

[74] 殷正坤.科学哲学引论[M].武汉:华中理工大学出版社,1996.

[75] 赞科夫.教学论与生活[M].俞翔辉,等,译.北京:教育科学出版社,1984.

[76] 张焕庭.现代西方资产阶级教育思想流派论著选[M].北京:人民教育出版社,1980.

[77] 张念宏,等.科学认识思想史[M].南京:江苏教育出版社,1995.

[78] 张胜勇.反思与建构——二十世纪的教育研究方法论[M].济南:山东教育出版社,1995.

[79] 赵汀阳.论可能生活[M].北京:生活·读书·新知三联书店,1994.

[80] 赵祥麟,王承绪.杜威教育论著选[M].上海:华东师范大学出版社,1981.

[81] 赵祥麟.外国教育家评传:第1卷[M].上海:上海教育出版社,1992.

[82] 赵中建.教育的使命——面向二十一世纪的教育宣言和行动纲领[M].北京:教育科学出版社,1996.

[83] 钟启泉,等.美国教学论流派[M].西安:陕西人民教育出版社,1993.

[84] 周国平.尼采——在世纪的转折点上[M].上海:上海人民出版社,1986.

后　记

思考虽然痛苦，但却是达成智慧的过程。追求智慧是人生的意义，而智慧只能是一种历程，这个历程永无止境，因此思考也不应该停止。虽然生有涯而知无涯，但我仍愿意继续思考下去。

在对教学论问题进行思考的过程中，才真正体会了读书的意义。因"读书未遍"，故不敢"妄下雌黄"，所以本书只能算作是一点体会而已，以后的道路还很漫长且充满诱惑。

感谢所有帮助过我的人，在一定意义上这本书是他们的成果。

感谢教育科学出版社的李东总编、杨晓琳主任，他们为这套丛书的出版提供了极大的帮助，感谢本书的责任编辑谭文明，他是第一个阅读本书的人，也为别人阅读本书提供了可能。

李长吉

2009 年 2 月于浙江师范大学

责任编辑　谭文明
版式设计　贾艳凤
责任校对　刘永玲
责任印制　曲凤玲

图书在版编目（CIP）数据

教学论思辨/李长吉著．—北京：教育科学出版社，
2009.6（2014.4 重印）
　（教学新探索丛书/裴娣娜，李长吉主编）
　ISBN 978-7-5041-4757-8

Ⅰ．教…　Ⅱ．李…　Ⅲ．教学理论—研究　Ⅳ．G42

中国版本图书馆 CIP 数据核字（2009）第 109035 号

出版发行　**教育科学出版社**

社　　址　北京·朝阳区安慧北里安园甲 9 号　　　市场部电话　010—64989009
邮　　编　100101　　　　　　　　　　　　　　　编辑部电话　010—64981277
传　　真　010—64891796　　　　　　　　　　　网　　址　http://www.esph.com.cn

经　　销　各地新华书店
制　　作　北京大有图文信息有限公司
印　　刷　北京京华虎彩印刷有限公司　　　　　　版　　次　2009 年 6 月第 1 版
开　　本　169 毫米×239 毫米　16 开　　　　　印　　次　2014 年 4 月第 2 次印刷
印　　张　12.25　　　　　　　　　　　　　　　印　　数　5 001—6 001 册
字　　数　224 千　　　　　　　　　　　　　　定　　价　25.00 元

如有印装质量问题，请到所购图书销售部门联系调换。